在静心阅读写作中成长

ZAI JINGXIN YUEDU XIEZUO ZHONG CHENGZHANG

程浩平 著

西北大学出版社
·西安·

图书在版编目(CIP)数据

在静心阅读写作中成长 / 程浩平著. —西安：西北大学出版社,2022.9
ISBN 978-7-5604-5005-6

Ⅰ.①在… Ⅱ.①程… Ⅲ.①中学语文课—教学研究—高中—文集　Ⅳ.①G633.302-53

中国版本图书馆CIP数据核字(2022)第171269号

在静心阅读写作中成长

程浩平　著

出版发行　西北大学出版社
（西北大学校内　邮编：710069　电话：029-88303593）
http://nwupress.nwu.edu.cn　　E-mail: xdpress@nwu.edu.cn

经　销	全国新华书店
印　装	陕西隆昌印刷有限公司
开　本	787毫米×1092毫米　1/16
印　张	17.75
版　次	2022年9月第1版
印　次	2022年9月第1次印刷
字　数	298千字
书　号	ISBN 978-7-5604-5005-6
定　价	58.00元

本版图书如有印装质量问题，请拨打电话029-88302966予以调换。

序：静水流深

李仁甫

我和浩平兄是"可以合并的同类项"，皆起于草根，皆有乡村工作经历，后来都漂泊到一座城市。当然，他比我履历更复杂，还有从初中到高中的特殊轨迹。

越是艰难的路，越是容易被寒风吹彻。然而，正如最近莫言在《致年轻朋友的一封信》中所说的，人应当"不被大风吹倒"。是的，浩平兄从"大风"中一路走过来了，况且他还有一个同样教书的兄长在向他投射光芒，照着他脚下坎坷的路。

他人的鞭策或鼓励毕竟只是外因，生命之路上最大功率的光源往往来自一个人自身。人自己不"发光"，自己不成为"发光体"，任何一条路都不会越走越光明。纵观浩平兄30多年的教学生涯，我们会发现他其实就是这样一个"发光体"。无论何时，无论何地，浩平兄总是处于蓄电状态，而且电量越蓄越多，终于带来属于他自己的高光时刻：成为陕西省教学成果奖获得者，成为陕西省特级教师，成为陕西省教学名师，成为陕西省教师培训骨干专家，成为正高级教师……

蓄电状态，需要的是静悄悄，静得悄悄，悄悄地静。这便是浩平兄追求的一种生命境界吧！他倡导"静心语文"，莫非就与此有关？这本近30万字的著作，无论是实践篇《我静心阅读写作的故事》，还是理论篇《我静心阅读写作的成果》，无不体现"静心"这一核心理念。

阅读需要静心。

静心，才有机缘走进文本。他说："身居城镇，街道虽小，居然还有一个小书摊，我便成了那里的常客。"他"在最初每月只有一百多元工资的情况下，毅然能坚持买书"，"为了教好教材，一学期下来竟然买了七本教辅书"，"订过《语文教学通讯》《作文成功之路》《中华读书报》《文史知识》《中国古典文学》《文学报》《外国文学》等报刊，花费近千元"。这不就是为了走近文本么？静心，才能最终走进文本。读文化经典，他"采用的大多是边抄写边理解和理解后再抄写的方法"，于是在这种类似于"裸读"（感谢浩平兄联想到我的一个小主张）的方式中洞见文本的堂奥。

写作需要静心。

他"写了不少像文学的东西，尤其是大量的所谓的诗"，这样他断断续续写完五六个工作笔记本。他说"一个教师善于写最占便宜"，而他本身就是最具说服力的范例。身边很多同行羡慕他发表那么多有价值的文章，其实真正应该羡慕他写作时的"静心"。

阅读和写作是整个语文教育的两块奠基石。在这两块奠基石上构筑的语文课堂，一定是精彩而高效的。他的读写心境犹如磁场，使一届届学子自觉自愿地跳进来，并且共同做大了这样的磁场，于是他的学生王晓瑞发表了《我爱我的日记本》，蔡亚宁发表了《拾元钱》，王桂滋发表了《在家里发生的一件事》，杨晓美发表了《夏天与裙子》……

静心，让浩平兄潜心于教育教学，走出自我，超越自我，让他的教育教学之路走得更远。他说："在乡村工作，晚上校园就只有我们几个住校的老师了，所以最适合读书写作。可惜刚刚工作，满足于混日子，读的书有限，写的东西也少得可怜。唯一欣慰的是，自己还在坚持读书写作，这成了我以后弥足珍贵的习惯和财富。"

这不禁让我想到朱光潜先生。朱先生也是一位"静心者"，静心读写也是他一生中的"习惯和财富"。朱先生还专门写过一篇《谈静》的趣文，他说："现代生活忙碌，而青年人又多浮躁。你站在这潮流里，自然也难免跟着旁人乱嚷。不过忙里偶然偷闲，闹中偶然觅静，于身于心，都有极大裨益。"

是啊,"静心"在我们这个时代变得越来越稀缺,越来越奢侈。物质的诱惑、信息的迷幻、别处的吸引、他者的表演,无时无刻不在转移我们的视线,使我们存在于书斋的场景里却只是盯看掌上的电子产品,而身边的文卷和手边的笔墨常常被弃置一旁。对于很多教师来说,经典的阅读和神圣的写作确实早已成为陌生的姿态——只是偶尔会出现在形式主义的摆拍中。有人质问:为什么如今中小学生的读写能力如此之差?其实,更应该质问:为什么现在的语文教师读写习惯如此之差?没有语文教师的静心阅读和静心写作,哪有学生的高效阅读和高效写作!

常常有人问我,如何指导学生高效阅读和高效写作?浩平兄的这本书就作了最好的回答:真正的指导,需要教师具有源头活水——通过静心阅读和静心写作,积聚智慧,生成屠龙之计。胸中有丘壑,永远是语文教师教好学生的重要前提。

有老师曾经跟浩平兄说,你教的学生有30%会写作不能算是你的功劳,而至少60%的学生的写作水平有明显提高,才算你的功劳。他认可这样的话,他以实绩来告诉我们:"我的学生中确实有至少60%的同学写作能力有很大提高。"其中有一位学生在高考中夺得语文单科139分的优异成绩。这一切都是"静心语文"所带来的。这说明"静心语文"是有生命力的。

这本承载浩平兄30多年来读写成果和"静心"主张的著作,具有很强的实践性和可操作性。他一直"贴在地面步行,不在云端跳舞"(维特根斯坦之语),所从事的研究带有"故事性""叙事性"。这是"回到事实本身"的现象学研究。这样的研究最具说服力,最能使广大一线教师"看得懂""学得进"——有作序之便,能先睹为快,其荣幸莫大焉。

古人读书,往往"想见其为人"。如果让我想见浩平兄之"为人",那么我只想说四个字:静水流深。

2022年5月

(李仁甫,国家级教学名师,江苏省特级教师,江苏省教授级中学高级教师,江苏省首届教学名师,国家级教学成果奖获得者,"生成语文"倡导者。)

目 录

上编（实践篇） 我静心阅读写作的故事

第一次编书写"下水作文" ·· 3
学生的作文发表了 ··· 7
那些年，我的读书和写作生活 ·· 20
那几年，我编了好几本书 ·· 24
我学写对联的故事和收获 ·· 27
我和《语文月刊》 ·· 37
那一次约稿 ··· 40
那篇文章，我断断续续写了两年多时间 ··································· 44
我读诗写作的故事 ·· 48
我静心抄录读书的实践与启示 ·· 55
从撰写教学反思开始写作教学文章 ··· 61
静心读写两相宜 ··· 64
从解析高考真题到原创高考模拟题 ··· 71
发表在《语文报》上的那些"豆腐块" ····································· 75
我和"诗意语文"的故事 ·· 79
在同读共写中一起成长 ·· 83
在读书写作中成长 ·· 89
静心，让我渐行渐远 ··· 92

下编（理论篇） 我静心阅读写作的成果

教研论文 ··· 99

 以学习冲突促使课堂精彩生成 ··· 99

 "高中文言文教学有效性研究"报告 ····································· 104

 充满活性的场景，精彩纷呈的对话

  ——评特级教师李仁甫的课例《春江花月夜》 ····················· 107

 课堂的精彩来自"灵动" ··· 111

 微博式作文教学的基本特征和课程价值 ································· 113

 静心阅读提升解读经典文本能力 ··· 118

 静心"读抄背"：阅读文化经典的"终南捷径" ························ 121

 巧引智导强能力，激疑启思成境界

  ——也谈钱梦龙《愚公移山》一课的教学艺术 ····················· 124

 经典的叙事，鲜活的人物

  ——解读《烛之武退秦师》 ·· 128

 以"静心阅读"读好精美散文 ··· 131

 引导学生巧梳结构，解读《长恨歌》之主旨 ··························· 134

 精读作文批注，提升作文水平 ·· 137

 现代诗歌阅读之如何表达情感 ·· 139

 对偶与反复的运用技巧 ··· 141

 高考作文：带上"素材"善思维 ·· 143

 怎样做真正的名师 ··· 146

 名师要做"四项全能"的好老师 ·· 148

 骨干教师专业成长的三种方法 ·· 150

 感谢学生 ··· 153

 教育高中生践行社会主义核心价值观，贵在坚持知行合一 ········· 155

文本解读 ··· 158

 《归去来兮辞》的诗歌之美 ··· 158

饱蘸诗情品"风雪"
　　——也谈《林教头风雪山神庙》中"风雪"的诗化描写 …………… 163
迷离意象演绎的"惘然"之情
　　——也谈《锦瑟》意象的朦胧美 ……………………………………… 166
《荷塘月色》中比喻修辞手法的妙用 ………………………………………… 168
谈谈《说"木叶"》一文的引用举例 ………………………………………… 170
《动物游戏之谜》的语言艺术 ………………………………………………… 172
老子散文的对比艺术 …………………………………………………………… 174
庄子散文的思辨艺术 …………………………………………………………… 176
庄子"无端崖之辞"折射出的睿智哲思与"清洁精神"
　　——解读《庄子选读·无端崖之辞》的思想内容 ………………… 178
刘备的"仁君"范儿 …………………………………………………………… 180
美丽、纯真、脆弱的奥菲莉娅 ………………………………………………… 182
以《涉江采芙蓉》为例谈谈古诗之美 ………………………………………… 184
苏轼《定风波·莫听穿林打叶声》艺术手法多维解读 …………………… 188
一个美丽而鲜活的形象
　　——也谈曹禺话剧《北京人》中女主人公愫方的形象 …………… 191
"之乎者也"品《师说》 ……………………………………………………… 193
韩愈《师说》对比艺术手法探微 ……………………………………………… 196
谈谈博喻在朱自清写景抒情散文中的妙用 ………………………………… 199

高考研究 …………………………………………………………………… 201

稳拿语文高分的秘诀 …………………………………………………………… 201
高三同学在语文复习应考中要善于归纳和整合 …………………………… 204
谨记"四项注意",答好语文试卷 …………………………………………… 206
做与悟：高考语文应考的两大制胜法宝 …………………………………… 209
文言虚词"之"用法的"三特点" ………………………………………… 211
突出强化写作训练,稳拿高考作文高分 …………………………………… 213
巧妙审题,精准立意
　　——与高三同学谈谈高考作文的审题立意 ………………………… 214

把握特点，精准应考
　　——2017年高考全国卷Ⅱ试题特点之分析与2018年应考策略方法 …… 222
抓住诗歌特点，鉴赏古代诗歌………………………………………………… 229
把准脉搏，科学应考
　　——2009年高考古诗文试题命题特点之分析与2010年高考古诗文应考
　　之方略 ……………………………………………………………………… 233
品读《师说》，打造议论佳作
　　——与高中同学谈议论文写作 …………………………………………… 236
情缀美文吐心曲
　　——以情驭文，情盛文灿 ………………………………………………… 239
解读试题的"暗示话语" ……………………………………………………… 243
瞄准赋分，精细作答
　　——高考现代文大阅读的答题技巧 ……………………………………… 247
织就清晰脉络，缝缀无缝"天衣"
　　——高考作文行文过渡技法例谈 ………………………………………… 250
叙议水乳交融，举例巧妙灵活
　　——议论文论证时如何举例论证 ………………………………………… 253
紧扣文本，调动积累，精细作答
　　——鉴赏古诗人物形象和事物形象的方法和技巧 ……………………… 258
品鉴诗歌韵味，提升人生境界 ………………………………………………… 264
聪敏和谋略过人，政绩与口碑名世
　　——走近贞观贤相房玄龄 ………………………………………………… 268

跋：静心致远 …………………………………………………………………… 273

上编(实践篇)

我静心阅读写作的故事

第一次编书写"下水作文"

说起第一次编书,那是30多年前的事了。那时我还在乡下的一个初中任教,工作仅仅一年时间。接到编书这个任务后,油然而生一种神秘之感。窃以为,出书是神秘的事情,也是神圣的事情。特别看了人家前面已经出版的样书上有著名教育家刘国正的题诗:"教泳己不泳,总觉隔一层;教泳己能泳,指挥乃纵横。"当时隐约觉得,写"下水作文"就好比教别人游泳,只有自己游泳好了才可能把别人教好。这活是家兄找来的,在他引导下,我开始了自己第一次的编书。

在乡村工作,晚上校园就只有我们几个住校的老师了,所以最适合读书写作。可惜刚刚工作,满足于混日子,读的书有限,写的东西也少得可怜。唯一欣慰的是,自己还在坚持读书写作,这成了我以后弥足珍贵的习惯和财富。

我写的是山东省中考作文题,作文的题目是"榜样",题目要求有两个:"1.除诗歌外,文体不限;2.全文不少于600字。"看了人家的编写体例,觉得从文题到作文要求都得认真细心琢磨,最后才可下笔。

在研究体例的基础上,我先完成了【文题点拨】和【写法导引】部分的写作,因为是写给初中学生看的,我们写得都简单明白,尽可能地让他们看懂,然后好跟着写。

我的【文题点拨】和【写法导引】分别是这样写的:

【文题点拨】

首先,应当搞清"榜样"一词的内涵。所谓"榜样",就是值得学习的好人或好事。因此,不好的人、事(或者好人好事中不好的方面)均不能作为榜样。其次,要明确体裁。从要求看,此文可以写作议论文,亦可以写成记叙文。再次,要考虑好写法。如果写成议论文,要选好角度,确立好论点,再考虑如何论证;如果写成记叙文,要交代清楚记叙文六要素,尤其是原因(即为何为榜样)要交代清楚。总之,不论写成哪种文体,一定要独辟蹊径,有新颖感。

【写法导引】

1. 议论文

写法一：按照层进式安排论证思路，即提出问题（何谓榜样）、分析问题（为何为榜样）、解决问题（怎样成为榜样）来层层深入地进行论证。

写法二：按照总分式安排论证思路，即由一句名言、警句（如"榜样的力量是无穷的"）等提出问题，然后分别从认识高度加以论述，再联系现实生活加以印证，最后用一句名言（如"见贤而思齐"）或富有总结性的话来归结全文。

2. 记叙文

除交代清楚记叙文六要素外，还要在立意、选材、结构和语言等方面下功夫。选择典型的有代表性的事情是写好《榜样》这类记叙文的难点。因为一提起典型事例，就有不少同学会想起带病学习、学雷锋做好事、拾金不昧等事例。当然这类事情有一定的典型性，但不够新颖。因此，选材要独特。把那些真正从心底里感动了自己的事例写出来，加上独特的感受，文章就有真情实感。角度有二：一是通过一件或几件具体事例来写人物各方面的优秀品质；二是用几个片段表现人物某一方面的高尚品德。另外，构思要在尽可能短的篇幅中容纳尽可能多的信息，给人留有想象、思考的余地。这就要求语言一定要简洁、朴实，不靠华丽的辞藻取胜，而以真情实感来感染人。写法有二：一是总分形式，先开头总起，再叙述具体事例，最后再照应开头；二是先设置悬念，再通过叙事，最后点题。

这样的引导，对于初中的同学来说，现在觉着还是有点儿抽象，个别引导方法也笼统，操作性不是很强。不过，文章写作方法的说法，过去好多人就反对。实际上，到底应该怎样做，那时的我不很清楚。只是作为老师，我们还是要讲写作方法的。因此，我觉得我们老师最好在自己写作的基础上去引导学生写作，这个方向和做法是值得肯定的。

按照体例，重点是要写一篇示范作文。面对"榜样"这个题目，我应该写什么呢？写英雄人物也可以，但容易写得空洞；写身边的事情，作为一名初出茅庐的老师，生活素材相当贫乏，似乎又没有什么可以写的。在苦思冥想无果之后的一天，中午没课，我打算去看看大学同学金良。他与我大学同班，因为是自费生，毕业后在我任教的这个乡的中心小学担任代课教师。去之前，我跟我们的校长打招呼，他很高兴，并且说了这样一句意味深长的话："你早应该去看看他了。"去了老同学那里后，看到他很忙，生活很充实，让我感动。回到学校后，这篇作文我就构思好了，接着用不到一节课时间就写好了。之后自己改了两遍，觉得差强人意了，就让家兄修改。这中间，我们兄弟还真的交流过几回。等看到最后的稿子时，我终于明白了"精益求精"真正的内涵和价值。

下面就是我当时写的"下水文"和范文简析。

【示范作文】

榜　样

下午，我给校长打招呼说，去看看同学金良。校长一听，连声表示同意，并意味深长地对我说："你早应该去看看他了，学学他的样了。"

金良是我大学的同学，境遇够糟的了。他是自费生，毕业后工作问题没能够解决好，一直在一所小学担任代课教师，每月仅70来元的工资。我心里总不大好受。我想：安慰安慰他是应当的，可校长说"学学他的样"，我就有些茫然。

秋日的下午，太阳早没有了夏日的火热，骑上自行车，身上竟有些凉意。我骑得飞快，不到半小时就到了。

老同学见面，格外亲热。他把我拉进卧室兼办公室的房间，一边让座沏茶递烟，一边连声埋怨，弄得我这个大学里无话不谈的好朋友也有些不好意思。他仍然那么乐观、热情，丝毫没有改变脾气。路上想好的安慰他的话，也觉得是多余的了。他的房间里摆满了书，办公桌上除了书之外，还有一厚沓学生的作文，其中打开的一本，有好几处红批。我翻了翻发现作文批得细致极了：词的优劣，句的成败，整个文章的立意、构思谈得十分具体。我惊讶起来："这样批，多费时间呀？"他坦然地一笑……

正在这时，上课铃响了。他说声"抱歉"上课去了。我便翻起他的书来。嗬，他添了不少书——《特级教师教案选》《教学资料汇编》《教学艺术谈》……我随意打开几本，发现里面都有用钢笔添加的批语、心得。我惊奇了：短短一年，他读了这么多书！更让我惊奇的是，那本厚厚的"自选集"里，有十多篇教学论文，其中两篇是已经发表过的——原来"金牛"是他的笔名！那篇让我佩服得五体投地的文章《班主任工作浅见》，让人感到特别亲切！当我翻出那张大红烫金的"省小学语文研究会"的请柬时，一下子悟出了校长的话味。我抬起头来，目光被墙壁上的话吸引住了："人生最大的乐趣，莫过于追求他所向往的事业。"我明白了：这就是他的追求，一个青年教师的追求！

"不等他了！"我心中忽然冒出这样的念头。于是草草写了张留言条，就骑车回校了。

此时，夕阳映红了西边的天空，显得那么美好。凉意颇浓的秋风，竟给人一股力量……

【范文简析】

此文构思时，曾想把"金良"的诸多事情都写进去，并想通过与他的交谈写出其内心世界。但考虑再三，如此写来势必拉长篇幅，且过于松散。于是我们采用了第二种写法，通过"看望"这件事，集中表现主旨并注意采用悬念的设置、前后的照应、景物的衬托等手法，力求自然朴实，而留有余地。这样，在较短的篇幅里，给人较多的东西，信息量是较大的。这也是为了引导学生克服那种意短文长的毛病而有意为之的。

这次编书，对自己以后教学产生了很大的影响：同事看到我的这篇文章，对我很佩服；学生读到书中的文章，更认可我；而我自己呢，也发挥了自己的写作特长，这令我深感欣慰——我的文学梦虽然暂时没有实现，但这也让我满足。在初中教学的10年时间里，我曾经为自己这点成绩自鸣得意过，因为这使我最早通过了初中阶段的市级达标，后来才知道那是很高水平的一种标志。

编书这活，现在觉得简单，但当时是很难的。那种艰苦磨难的境遇，最容易磨炼人，成就人。对于我们，最重要的是知难而进，干好自己喜欢的事情。我原来喜欢文学，教书后，自然转化角色，为教书而写作。写作点亮了我的教书生涯。我经常说，一个教师善于写最占便宜。我就是鲜活的事例。在评特级前任职5年时间内，我没有县级荣誉，有的是发表的30多篇文章和编写的10多本教辅书。第一次写"下水文"开启了我教学写作之路，教学写作让我起步不凡，开端良好，为自己以后的专业发展打下了坚实的基础。

学生的作文发表了

一、学生王晓瑞的文章发表了

谈到学生作文的发表,我就会想到我20多年前的学生王晓瑞,因为在我教的学生中,第一个发表作文的就是她。至今我还清楚地记得她当年发表作文时的情景。

那是1995年年底的一天,王晓瑞收到了外地一名学生的来信。那位同学告诉她,她的文章在《语文报》发表了。这之前,王晓瑞本人还没有收到样报,根本不知道自己文章已发表的消息。这喜讯不胫而走,大家奔走相告。此后,王晓瑞还陆续收到了不少全国各地同学的来信,足见她发表的文章在全国的影响力了。

下面,我们一起欣赏一下当年引起轰动的这篇文章和我的评语。

我爱我的日记本

王晓瑞

每当迷人的夜晚悄悄降临,我就坐在窗前,挥动手中的笔,用满天闪烁的星星,编织一个个五彩斑斓的梦。

我九岁那年,姐姐送给我一个精美的日记本,我非常爱惜它。记得写第一篇日记的时候,好几次提起笔来都不敢往上面写,生怕自己的笔会骤然不听使唤而留下一些歪歪斜斜的字。于是我就打了张草稿,才小心翼翼地把它抄到日记本上去。

然而那时调皮的我做事都只凭一股劲头,对待写日记也一样。不到两个月就觉得写日记没意思了。提起笔来总觉得这一天平平淡淡,无话可写。我问姐姐写日记的"秘诀",姐姐说:"写日记没有什么秘诀。主要是要自己发现生活,体验生活。"我觉得姐姐这两句话说得好,就工工整整地把它写在了日记本的扉页上。

从那以后,我就按照姐姐给我"传授"的方法去写。日记果真一篇比一篇精彩了，作文水平也提高得很快。一次学校举行"寒假日记评选"，我在自己的日记里选出一篇，经过修改就交上去，并没有抱获奖的希望。出乎意料的是，我得了第一名。一直自卑的我，在那一瞬间似乎彻底地改变了对自己的看法：再也不应自卑自叹，自己也是一个值得骄傲的女孩。

时光流逝，日记本伴我度过了一千多个日日夜夜。在这一千多个日日夜夜里，我把自己的喜怒哀乐、理想和激情都倾注在这小小的日记本上。似乎只有它，才是我最知心、最信赖的朋友。

我爱日记本，因为它是我生命栖息的所在，也使我更加清楚地认识了自己。

（作者系陕西省岐山县蔡家坡镇中学初一学生）

【简评】

这篇习作，紧扣"我爱我的日记本"这一中心，叙述了自己喜欢自己日记本的缘由。全文叙述生动，语言如涓涓流水，在情真意切的倾诉中传达出小作者对写日记的一片深情。更值得一提的是，小作者立意深远，有一种催人上进的力量饱含其中。（程浩平/荐评）

（1996年1月15日，《语文报》初中版第3期）

王晓瑞同学能发表文章，主要是她自己很认真，悟性好。关于她的认真，我在我的一篇文章中是这样写的：

从教20年，教过的学生可谓数以千计。可能由于所任科目是语文的缘故，我见到十分认真学习语文的学生不是很多，然而，在我的印象中，有三个学语文最认真的学生。

王晓瑞：一个跟着老师学标点的女生

王晓瑞是我10年前的学生。今年6月份她到学校来看望我。十几年未见面，我差一点认不出她来，她对中学时的老师印象却蛮深的。在我眼中，她是一个很认真的女生。

那年秋季，她上初一。第一次批改作文时，我发现少了一本，没想到就是她的。她没等我过问就自己拿来了，很抱歉地说，前几天病了，所以交迟了。我读了文章，还不错，书写工整，文笔好，立意也有特点，只是文章标点有不少用错了。我心头一热，仔细将标点改了一遍。第二次作文交来时，她将我改过的标点在方格外用铅笔又依样写了一遍，很像小学生描红的样子。我很感动，以后几乎每次都是这样。初中的一年里，她的写作水平有显著提高，先后在报刊发表了好几篇文章，学习成绩在年级总是遥遥领先。后来她考上了市上的重点高中，三年后考取了陕西师范大学，今年考上了浙江理工大学的硕士研究生。当她告诉我考研成功的喜讯时，我觉得很自然，其实，她早应该去考，不应等几年。（《在我印象中三个学语文最认真的学生》）

如果要我说说指导学生发表文章经验之类的话，那我要告诉大家，很简单：注意指导学生自己修改。我指导学生作文，常常是多提意见，少做修改。学生经过我指导的作文要投出去，我通常认真看三次：前两次我只提意见，第一次总是从思路、主旨等大的方面提意见和建议，第二次稍微具体一些，第三次我才逐字逐句修改，然后让学生自己誊抄投出去。当然，投出去前我会再看一遍。第三次我会看得很仔细。指导学生写作文重在指导学生自己修改，这才是最重要的。

二、那期难忘的校报

1996年下半年，我指导学生发表了好几篇作文，在校内外产生了很大的影响，也消除了前几年个别人对我的偏见和误解。

记得我们语文组办的校报专门刊登了我的学生发表的作文，我们书记（原来的校长）也开始对我刮目相看了。学校还奖励了我10元钱，记得一篇奖励2元钱，在当时还是令大家羡慕的。因为我那时工资每天平均下来还不到10元钱。

在这期校报上，我用"编者按"的形式在前面写了这样的话：

写在前面的话：

本期我们专门收辑了初一（2）班和初一（3）班四名同学已发表于《语文报》《当代中学生》《读写月刊》《作文指导报》上的五篇作文以飨读者。这些习作大多是这些同学在第二课堂作文训练中写成的。总括这些习作，我们不难发现：小作者都能从自己身边发生的事着笔，语言朴实、生动、富有生活气息和真情实感，具有较高的水平。特别值得一提的是，王晓瑞同学的两篇作文《我爱我的日记本》和《我的苦恼》在全国一定范围内已产生强烈的反响。这无疑说明，写作文并非难事，只要同学们留心周围的人和事，倾注自己的情感，作文水平也会大有提高的。希望同学们勇敢地拿起你的笔，写出文情并茂的佳作来。

我爱我的日记本

（略，原文见上）

我的苦恼

岐山县蔡家坡镇初一（3）班　王晓瑞

许多同学都为自己是"差生"而感到苦恼，但我却为自己是一个"好学生"而感到苦恼。

就拿考试来说吧。

考差了，你听：

"我早就料到她会考这个分数，考试前一天她还在得意洋洋地打羽毛球呢！"

"我看啊，她是由于某种情绪影响的吧！嘻嘻……"

"某种情绪"，说得非常刺耳，还不就是因为我曾借了男同桌的橡皮了吗？竟被她们说得那么玄乎！

回到家里，面对的是母亲的冷言冷语。有时候我胆怯地想：要是她知道同学们为了第一名怎样拼搏的话，她就不会这样对我了。

即使考好了，我依然摆脱不了苦恼的困境。耳边总是老师和同学们的警告："不要骄傲啊，骄傲会让你落后的。"这些善意的警告，在我听来总是那么厌烦。兴冲冲地跑回家里，刚想打开电视机，让疲惫的大脑休息一下。然而妈妈却会毫不留情地将我赶进书房："刚取得了点成绩就不知道东南西北了，将来还能成什么大气候！"

我便垂头丧气地走进书房，在写字台边坐下，望着摞得厚厚的书本发愣。只觉得心中有说不出的苦恼。

（指导老师：程浩平　《读写月刊》1996年第2期）

雨后的菊花更美了

陕西岐山县蔡家坡初级中学一（3）班　李　婷

早晨，我欣赏着院子里的菊花——经过一阵雨的冲洗、滋润，花儿如云霞喷火，红艳艳的，好看极了。

是的，这几年，我家的光景如火，越来越红。妈妈也改了过去不关心我学习的脾气，她曾附着我的耳朵，细声说："咱家现在富了，一定让你好好念书。念好书，像你平科哥一样。"平科哥是我舅舅的大儿子，他从小刻苦学习，考上了清华大学。

这时，院子里进来了几个人，原来是募钱修什么"玉皇洞"的。我心里嘀咕着：你们来得可真早。前几天，老师和同学们都说要盖新中学，但许多人都无动于衷，我妈竟也说这样的话："'玉皇洞'的钱，我出；盖学校的钱，我一分也不给。"我本想找机会给妈妈做思想工作，但没想到这些人倒先来了。

还没等来人说完，妈妈就一边忙着掏钱，一边问："大家都出了多少？"那人回答："大家都出了，大家都出了。"妈妈把20元钱慷慨地递给他说："20，拿去吧！"那人双手捧着钱，眼眯脸笑："嘿嘿，咱大嫂这样有心有意，以后一定财大福大，子成龙……"妈妈乐得合不拢嘴，我站在院子里的菊花盆旁，几乎想把菊花掐断，但我马上又克制住了。

晚饭后，我和妈妈坐在院子里做活儿，月亮正一步步从黑云里挪出来。我故意说："妈，给我讲个月亮的故事吧！"

"不都讲了吗！吴刚伐树、嫦娥奔月。"妈妈嘴里说着，手却不停。

"我爱听嘛，唉，人家已有人乘宇宙飞船上月球呢！"

"真的！你没骗妈吧？"妈妈说，"那他可见到月中人？"

"月球上既没有人，也没有树，只是一片沙地。"

妈妈呆了呆，便高兴地说："婷，你真聪明，要好好念书，长大考大学。"

"我不想念书啦。"

"嗯，怎么？"妈妈停下手里的活儿，瞪圆了眼。

我说："妈，凭你对神灵的孝敬和供拜，它们一定会保佑我'成凤'的。"

妈妈笑了笑又拿起活儿，"算刚才白夸你一场。人不念书咋行呢？"妈支吾道。

我见火候已到，说："妈，你常夸平科哥是好样的。他不信鬼神，照样干大事。而咱村得宝把神敬得如生命，到头来还是穷。你宁肯捐钱给鬼神，却反对建中学，叫我念啥书！"我一口气道出了想了好几天的道理。

妈妈眼睛似乎亮了一下，说："小孩子，别胡扯。"我只好去休息了。

第二天早上，我正对着菊花摇头叹气。妈妈走过来抚摸着我说："妈昨晚想了很多很多。这几年咱家光景红红火火，难道是拜神拜来的？不是的，应该不是的。"我高兴地扑到妈妈的怀里……

哦，院子里的菊花越发光彩夺目、美丽异常了！

【简评】

这篇习作能从自己身边的事着笔，颇有新意，也很有时代气息。习作立意深刻，语言流畅，首尾照应，景物描写为表现文章的主题增色不少，是一篇较好的习作。

（指导老师：程浩平 《当代中学生》1996年3月号）

拾元钱

岐山县蔡家坡镇初级中学 蔡亚宁

今天星期天，作业完成，觉得全身轻松。中午，我去爸爸那儿帮着看看商店。

我来后扫扫这儿，抹抹那儿，把商店打扫得干干净净。爸爸很高兴。过了一会，来了个闲逛的人，他递给爸爸一支烟，便走进柜台内和爸爸攀谈起来。但在他取烟时，我发现有一个东西被带出口袋，落在门外不远处。我走过去捡起来一看，原来是一张揉成几折的拾元钱。

我顿时心跳得厉害。拾元钱，对于我这个初中学生来说，确实是个不小的数字，要买多少本子呀！再说，是他丢了，我拾的，又不是偷的，为什么一定要还给他呢？不给他算了。我把拾元钱紧紧握在手里。但我想起老师的多次教导——要做无私诚实的孩子，又想起许多拾金不昧的人和事，特别是爸爸在宝鸡丢钱时的情景出现在我眼前时，我的心又激烈地跳动起来。

那是前年夏天的事。爸爸去宝鸡订货。一天，停下自行车吃西瓜，将手提包顺手放在车座上。谁知，吃完西瓜付钱时，提包却被小偷偷走了。那里装着七百多元钱！爸爸急得火烧眉毛，跑过一条大街又一条大街，用尽气力大声喊着，旁边却只有看热闹的人，害得全家人半年多都没快乐过。年终为了办年货，爸爸妈妈腊月二十九还在闷着头拌醋赶着卖呢……

想起这些，我毅然走过去，把钱拿到那位叔叔面前，鼓起勇气说："叔叔,给!你刚才取烟时把钱掉了。"那位叔叔翻了翻口袋,惊喜地说:"对,是我丢的,你这孩子可真乖!"叔叔接过钱,谢了谢爸爸和我,就走了。

我转过身来,不觉热泪盈眶。爸爸问:"你怎么了?"我说:"没,没什么……"说完,背过身去擦眼泪……

(指导老师:程浩平 1996年5月11日,《作文指导报》第108期)

在家里发生的一件事

岐山县蔡家坡镇初级中学 王桂滋

"《动物世界》能长知识,我要看!""不行,好好复习!"家里传出一阵阵争执声。我和妈妈为看电视又吵了起来。

原来,晚上有《动物世界》,我从买了电视报那天起,就盘算着要好好看看。今天介绍"袋鼠",我早就想看一看它们在大草原上活蹦乱跳的情景,了解一下它们的生活习性了。好!总算盼到了。吃过晚饭,我就坐在沙发上,聚精会神地望着电视荧屏。不妙,妈妈走了过来。

她平时管得很严,根本不让我看电视。我说:"今天作业少,在学校早做完了。""那就去看书。不是周六,不能看电视!"妈妈大声地说。我十分委屈,心想:又不是看别的节目,看《动物世界》开开眼界,就一二十分钟,还不行?便说:"我不看别的节目,《动物世界》一完就去看书。""不行,什么也不能看。靠看电视能考上高中吗?"妈妈一步也不退让。我没有办法,只好向爸爸投去求援的目光。爸爸不慌不忙地点燃一支烟,慢条斯理地说:"《动物世界》能增长知识,再说,桂滋紧张一天了,也该换换脑子,歇息歇息。"妈妈坚决地说:"不行,学生的任务是学习。初中课程紧张,什么电视也不能看!"

就在这时,随着一阵悦耳的音乐声,荧屏上出现了各种动物:有的张牙舞爪,有的步履蹒跚,有的翱翔于蓝天之上,还有的深潜于大洋之底。《动物世界》开始了!接着,又出现了一只只大袋鼠,随之而来的是赵忠祥那洪亮的声音:"在澳大利亚……"一句话还未了,妈妈"啪"的一声关掉了电视机,进屋去了。爸爸无可奈何地冲着我苦笑了一下,也起身回屋里了。

家里又平静下来。我坐在沙发上,沉思着:今天到底是妈妈对,还是我对？到底是应该看一些知识性的电视节目，还是什么电视节目都不能看呢？我坐在沙发上想着，想着……

（指导老师：程浩平　1996 年 5 月 18 日，《作文指导报》第 109 期）

如今再次看到这些作文，我倍感亲切，倍感珍惜。一个语文老师，在短短的一学期时间里，能有这样的收获，难能可贵啊！这样的成绩在我 32 年教学生涯中也是难得的。

三、激发出的兴趣带来的收获

兴趣是最好的老师。学生有了兴趣，写作热情高涨。那一年，在我的引导下，有好几个同学都发表了文章。

现在，我还保留着这么几篇作文：

夏天与裙子

陕西岐山蔡家坡镇初中初一（2）班　杨晓美

夏天到了，这就意味着要穿裙子了。

可是都上初中了，能穿吗？南南的脑海里不禁画上了个大大的问号。

今天中午，班里的小快嘴玲沙便向全班同学大声宣布："今年夏天我决不穿裙子。"那骄傲的神气不亚于得胜而归的将军。女同学里一阵躁动，禁不住把话题扯到裙子上。

王明向前面的几位女同学炫耀着，说自己有一件非常漂亮的裙子，今年夏天还要做一条乳白色的连衣裙。说到这里，她幻想着，好像真的看到自己穿上了美丽的白连衣裙。

南南虽然想穿裙子，可她不会挑这个头，何况南南是个腼腆的女孩。南南坐在那里一声都不吭。她想到了小学时的情景。那时夏天一到，女孩们就迫不及待地换上漂亮的裙子，就像比美丽似的。下课时女孩们玩得好开心哟！满操场里都是花花绿绿、或长或短的裙子，随着她们跳皮筋时那灵活的一转身，看得你眼花缭乱，心里不禁惊呼：女孩子们好活泼，好潇洒！

没有裙子的夏天，在女孩的眼里，很长也很热。说实在的，南南真不想穿长裤子了。太阳正红的时候，裤子紧绷在腿上，汗涔涔的，难受极了。要是能穿上裙子该多好，小腿露在外面，是多么凉爽。有风的时候，风儿便轻轻地掀动裙子，好看的裙子会转眼间飘起来的。南南敢肯定，所有的女孩都这么想过。女孩们爱美，也会美。

今天下午是班会课，是班主任田芳老师的课。田芳老师美丽和蔼，同学们一向都很喜欢她。田芳老师谈到女孩们对裙子的看法，她说我们这一代人应是落落大方、天真活泼的一代。她鼓励同学们穿上裙子，恢复我们活泼的本性。

这话无疑牵动了女孩们的心。南南低着头，想了很久很久。

中午放学回家，南南就穿上了自己心爱的碎花套裙，一遍又一遍在镜子前照着。起初她觉得有点别扭，可很快就不顾及什么了。

下午来到学校，南南惊讶极了：全班的女同学竟都穿上了裙子。可她并不觉得奇怪。女孩们也看见了南南，她们也不大呼小叫的。整个下午，女孩们的脸上都洋溢着甜甜的微笑。

啊！女孩们，好活泼，好潇洒！

（指导老师：程浩平 《当代中学生》1996年10月号）

不该发生的事

陕西岐山县蔡家坡初中初一　杨晓美

今天是星期天，听妈妈说姑姑要来，我一大早就把屋里屋外收拾得干干净净。

"丁零零"，一阵自行车铃响，我扔下手中的活，奔出屋门。哟！真是姑姑来了，还带着小星星。小星星好些天不见了，长高了，也胖了。妈妈疼爱得不知怎么说好，把小星星抱起来，在小脸蛋上亲了又亲。谁知小星星不高兴了，小手在妈妈身上又抓又打，嘴里连连嚷道："舅妈讨厌！舅妈坏！我不要舅妈嘛，不要舅妈……"姑姑跑过去把小星星抱在怀里，心疼地说："好！星星乖，不要闹了，让妈妈来抱吧！"看着小星星娇气的样子，妈妈皱着眉头摇了摇头。

吃过早饭，小星星闹着要吃泡泡糖。姑姑怕她哭闹，连忙和我带她来到商店里。站在玻璃柜台前，瞧着那花花绿绿的糖果，姑姑一一指着。如果指着她不想要的，她又摆手又打人。就这样，在商店里耗费了半个钟头，总算把她安顿下来了。

在回来的路上，迎面走来一个人，原来是三婆。她皱着眉头，嘴里嘟哝着："唉！真不该，不该……"姑姑好生奇怪，问道："三妈，你怎么了，出什么事？""唉！你们还不知道！我给你们说，小林……小林被公安局带走了……"

　　什么？我不禁一愣，眼前又浮现出小林那张总是霸道无礼的面孔。

　　小林是杨奶奶的儿子。杨奶奶早年丧夫，只留下这么一个儿子。自从丈夫死后，杨奶奶把全部的爱、全部的希望都寄托在了小林身上。小林小的时候，尽管杨奶奶家里穷，但她就算是累死累活，也尽量满足小林的愿望。小林要东，她不敢往西；小林要天上的月亮，她就不敢摘星星。

　　村里的好心人看不过眼，都来劝杨奶奶，说小孩子嘛，依你的条件，吃饱穿暖就行了。干吗这样拼了命累死累活的，要小心自己的身子骨啊！杨奶奶听了，摇了摇头，坚决地说："我不怕累，不怕苦，我就是要让村里人看看，我家小林虽然没有爸爸，可他比别人家的孩子都要吃得香，穿得暖。别人有的，我家小林也要有。"

　　夏夜里，天热蚊子咬，杨奶奶就整夜为小林扇风驱赶蚊蝇；寒冬里，杨奶奶让小林坐在暖炕上，喂吃喂喝……

　　转眼间，小林都已上了学。由于杨奶奶的娇惯，他身体弱，性子又坏。打了同学，还叫来杨奶奶。杨奶奶自知理亏，但为了哄儿子开心，就狠狠地训斥别人。考试得了鸭蛋，杨奶奶又怕儿子气坏身子，就反过来安慰小林……就这样，不管小林有什么错，杨奶奶都袒护着，舍不得说上一句，好像错的总是别人。

　　一天，小林在学校里让老师批评了一顿，他就赌气不去上学了。杨奶奶心疼得不得了，索性就让小林退了学。从此，小林就和一些坏人交上了朋友，染上了不少的恶习。到现在，小林终于闯下了大祸……

　　"嘻嘻……哈哈……"一阵刺耳的笑声把我的思路打断了。啊！原来是杨奶奶。她目光呆滞，疯疯癫癫的，说话语无伦次："是我……小林……小林……是我啊……"那凄惨的声音再一次震撼着我们的心。

　　望着杨奶奶，看着身旁娇惯的小星星，我和姑姑都陷入了沉思……

【简评】

　　本文特点有三：一是文章立意深刻，所选取的材料有极强的教育意义；二是文章交错写了小林不该发生违犯法律之事以及下一代小星星的娇惯之情形，两件均有教育意义；三是剪裁得当，插叙很是成功，语言生动感人。

（指导老师：程浩平 《作文精选》1996年第10期）

风　波

陕西岐山县蔡家坡初中初二　李　婷

紧张的期中考试完毕，弟弟以优异的成绩考得第一，爸爸为了鼓励弟弟，奖给他5元钱，我也沾了光。

弟弟拿着钱出西店逛东店。可我不想买。因为我这次考试考得不够满意，所以我想把5元钱攒起来，等我攒够钱后买下学期的学习资料。

爸爸回来后，听弟弟说我"丢"了钱，很气愤，把我狠狠地训了一顿，说我这么粗心大意，什么也干不了。我很委屈，想把事情全说出来，可我马上克制自己。我想：已经都挨了骂，说不说都过去了。

可是谁知一波未平，一波又起。第二天，一个祸不单行的中午，父亲午休后上班前问我："有没有看见床头柜上的5元钱？是我午休前放在那儿，让你妈买白糖的。"我摇摇头说："没看见，也没看见有人拿。"正在这时，我提起刚刚换下的外衣准备挂起来时，一张5元钱从衣服里飘到地上。爸爸捡起来一看，说正是那5元钱。我偷偷地看了他一眼，爸爸的脸色变得郑重其事，说："婷婷，你咋不说实话呢？我是你爸爸，也不会和你计较什么，可是你却说没拿也没看见，那这钱是从哪儿来的？""是我的，不是我拿的，真的，爸！"这声音似乎带着些乞求，在模糊的泪光中，我只见妈妈进来，不由分说地训了我一顿："真是太不像话了……"这时的我真是哑巴吃黄连——有苦难言。

我垂头丧气地走在上学路上，真想大哭一场。他们不让我解释，就这么不分青红皂白地对待我，没有人理解我！

这一下午，我都寡言少语。放学了，我快快不乐地回到家。这时的父亲，脸上现出一丝歉意。原来爸爸把那5元钱拿出来后，又迷迷糊糊地装入了口袋，是爸爸在工厂准备抽烟时发现的。

"这5元钱是怎么回事？"爸爸问。

"这是你昨天给我的。我想偷偷地把它藏起来买书。可是……"

"哦，是这样，那你为什么不早说呢？"

"我，我想说的，可是……"

"好了，星期天爸爸和你一起去买！"

（指导老师：程浩平 《作文精选》1997 年第 5 期）

指导学生发表作文，是 20 年多前的事了，那时对年轻的我来说，确实是一种荣耀和幸福，我曾经为此骄傲、自豪过，在那个物质生活匮乏的时代，这无疑弥补了我物质生活的贫乏和不足，为我的精神生活平添了乐趣和亮色。

每次看着这些作文，我会情不自禁地感到一种踌躇满志的自豪，随即一种幸福感和获得感便会油然而生，潜滋暗长。20 年后，当我用几天时间，亲手将这些满含真情的作文输入电脑时，更感到欣喜：20 年前的初中学生作文的水平是我们现在这些高三学生望尘莫及的。欣喜之余，我感慨良多。

我很喜欢鲁迅先生《无声的中国》里的这句话："只有真的声音，才能感动中国的人和世界的人；必须有了真的声音，才能和世界的人同在世界上生活。"凭着让学生书写真情实感，我取得了如此骄人的成绩。

指导学生发表作文，提高了我教授学生写作的能力，也提升了我教学的水平和境界。有老师曾经说：你教的学生有 30% 会写作不能算是你的功劳，至少 60% 的学生的写作水平有明显提高，这才算你的功劳。我认可这句话。那一年，我的学生中确实有至少 60% 的同学写作能力有很大提高。我不仅让学生写作水平有了显著提高，也赢得了学生的认可与尊重。记得初二时，我只给他们一个班带课，另一个班改上一周两节的地理课，但他们依然很认真，以至期末考试地理考试成绩优异，让同课头老师很难堪。

指导学生发表作文潜移默化提高了我的写作能力，也逼迫我不停地去阅读。我正式写作教学文章是两年后的事，虽然到现在那些很幼稚的东西都没能发表。事实上，那些东西是不可能发表的。但是，指导学生写作文，不仅发挥了自己的写作特长，也使自己的写作开始转移了方向——以学生和教学为内容去写作。教书开始我还做着我的文学梦，甚至有点沉迷。现在看来，做一个教师作家实在不容易，也许我永远只会做一名合格的老师。

"亲其师，信其道；尊其师，奉其教；敬其师，效其行。"这是古人的教学感悟。许多年后，我觉得这话说得太好啊！一个老师，要取得好的成绩，首先要取得学生的认可。我之所以在短短的一年时间里，指导学生发表了那么多作文，很大程度上是因为学生认可了我的指导，这说明学生的认可是最重要的。当然，初中学生可塑性强也是其中的一个原因。我深切地感到：一个老师一定要结合学生、结合学情去教学，这才是教学之道，而李仁甫老师倡导的"生成课堂"就是注重切中学情的教学之大道。感谢李老师的引领和指导，让我对20多年前的作文教学有这样深切的感悟！

那些年，我的读书和写作生活

我喜欢读书和写作，在高中读书期间，就酷爱文学和写作。记得当时我们还有不少的"志同道合"者，大家常聚集在一起，围绕文学和写作，总会高谈阔论不已，大有"书生意气，挥斥方遒"的意思，虽然不一定有"激扬文字"。

参加工作以后，我仍然保留着读书和写作的习惯。在最初每月只有100多元工资的情况下，毅然坚持买书。刚参加工作时，我在一所很偏僻的乡村学校任教，那时候，很少去城里，但每次去城里都会买书回来。记得刚参加工作几个月，一次去蔡家坡办事，我就买了一本《五用成语词典》，价钱是5元，那时一天工资还不到5元钱。还有一次去县城，花10多元买了本《红楼梦鉴赏辞典》。回到学校，同事看了，许多人不理解。书买来了，看是看，看得不很仔细，现在想来有点后悔，也许好多人年轻时读书就是这样的。有时候想，如果从那个时候就养成认认真真读书的习惯，那该多好啊！

谈到写作，参加工作几年里，我坚持写作，做着我的文学梦。这样，我在不断阅读文学作品的同时，写了不少像文学的东西，尤其是大量所谓的诗。这样断断续续写完了五六个工作笔记本，也有二三十万字吧。我原以为，凭着这股"韧劲"，在文学创作上我一定会取得一些成绩的，没承想随着春秋更替，我距离文学之梦越来越遥远了。于是，我有些动摇了，开始专注于教学方面的阅读和写作了。

在参加工作四年后，我调到了蔡家坡初级中学。这是县内一所很有名的学校，能够在这所学校教书，让许多人羡慕。作为教师个人来说，我也倍感自豪。因为这个缘故，这个学校对老师的要求就特别严。教师备课、上课、辅导和作业批改等教学的各个环节都得认真对待，容不得半点马虎和大意，稍不注意，会受到通报批评的。在这样的环境中，我不得不更加认真地研读教材，研究教法。三年过去了，教学的能力和水平提高了不少。

在这样的教育教学环境里，我的教学阅读和写作又翻开了新的一页。

首先是阅读。那几年读教学书籍与最初读教学书籍已经有了差别：最初读教学书籍仅仅是为了应付教学，完成基本的教学任务，而那时读教学参考，已经不是简单地仅此而已，而是有意识地去教好语文课，让语文课有点艺术的因素和成分。我工作的蔡家坡是比我们岐山县城更繁华的地方，所以这里的人，不仅工人理念先进，农民也有超前的意识。

身居城镇，街道虽小，却还有一个小书摊，我便成了那里的常客。阅读，读各种书，与教学有关无关的书，我都去读，且乐在其中。这种阅读，现在看来就是所谓的"厚积"吧。

其次是写作。这个阶段，我的写作还算不上什么专业的写作。值得欣慰的是，教学工作计划和教学工作总结，我从来都是自己动笔去写，没有照抄过别人，至今也不会去借鉴网络上的。由于这个原因，与我同事过的人，几乎都觉得我能写文章，实际上，那些年我写的文章很少，尤其是教学方面的文章写得更是少得可怜。事实上，初中那样的环境是很难进行专业的写作的，初中语文老师的教研成果不少人都是空白。

至今，还记得有一次，我写了一篇关于作文批改的小文章，大意是作文批改可以采用高效批改的方法，有一点实际运用的道理在里面。同事看了，都不约而同地笑了：这是什么文章啊？那个时候就不知道找本教育专著读读，或者至少找一本教育类杂志看看，那时候买书和读书都是不容易的事情，特别是买书，对大多数老师来说，那是很奢侈的事情。

即使在这样的境地里，我还是写过像论文的东西。记得在我们家门口的枣林镇罗局初级中学任教的那几年里，我写过一篇关于《木兰诗》中"互文"手法的文章。因为看了当时的学生辅导书上把"将军百战死，壮士十年归""当窗理云鬓，对镜贴花黄"等句子随意解释，比如将"将军百战死，壮士十年归"简单解释为：将军身经百战战死疆场，壮士经历十年征战胜利而归。这种解释很显然是不正确的，这是由于编书的老师不理解诗歌中"互文"这种特殊的修辞手法而造成的。为了弄清楚这个问题，我多方寻找资料，从"互文"修辞的特点入手，列举了"秦时明月汉时关""主人下马客在船"等经典诗句，"洋洋洒洒"写成一篇2000字左右的文章，投递出去，虽然石沉大海，但那是我第一次写教学文章，也算是我写的第一篇教研论文吧。

要说我真正的读书和写作，还得从进入岐山高级中学开始。

聘调到岐山高中的最初几年里，熟悉高中教材、研究教材、研究学情和教法，成了我的必修课。为了尽快适应高中教学，站稳讲台，第一学年，我买教辅资料从不吝惜。刚入校带的是高二语文，为了教好教材，一学期下来竟然买了七本教辅书，这让好多人不理解。不过这给我带来了不少的便利，我的付出和努力也没有白费，教学成绩一直不坏，更重要的是，我的认真、扎实赢得了学生的普遍认可。

为了充实自己，进一步提高自己，我读书学习的意识更强了。除了买书之外，我自己订了不少的报刊。记得那几年，我订过《语文教学通讯》《作文成功之路》《中华读书报》《文史知识》《中国古典文学》《文学报》《外国文学》等报刊，花费近千元。那时一个月工资只有几百元钱，但我却毫不犹豫地订下了这么多的报刊，这在当时的许多同事甚至现在的我看来，都是匪夷所思的事情。可能自己写教辅书挣了点稿费，订这么多的报刊就不觉得有什么了。假如我们总去算经济账，有的事情可能永远没有开始，也不可能有我们所期待的结果。

后来，自己发现订那么多的报刊根本看不过来。于是，就减少了许多。接下来的几年里，我一直只订与教学有关的，一般是两三本。这个习惯，一直保持到现在。

那几年，可以说阅读基本落到了实处，而写作基本上是被教辅书的约稿催逼着，业余时间几乎全被占满。说白了那种写作就是编写作文和阅读的书。时间长了，总觉得与真正的教学是有距离的。有这样的想法，在教学的时候，我就想，是不是得写点真正教学的东西。

有了这个意识，我还真的写了点东西出来，虽说稚嫩，但至今记忆犹新。

有一次，学习《眼泪与珍珠》一文时，无意中我问了学生一个问题："文章题目中为什么是'与'而不是'和'？"学生各抒己见，讨论很是热烈。有感于学生的热情，我把这堂课整理下来，写成了一篇课例型的文章。这篇文章我一直没有投出去，但对我的启发和影响却很大。也许，我的"课堂就是教研，教研就在课堂"的教学主张就是在这潜移默化中萌生的。

2005年是我担任高三教学的第一年。第一年高三结束，学校征集教研论文，准确些说就是教学文章。我心头一热，结合在高三语文复习应考中如何引导学生的实际，写了一篇题为"浅谈高考复习中如何加强学生动手能力的培养"的文章，后来收录在学校编的论文集里。这篇文章分为两个部分：一是"将动口、动手、动脑有机结合起来，强化学生复习中的动手意识"；二是"勤动手，多动笔，强化训练，切实提高学生的动手能力"。在第二部分里面，我又从三个方面具体作了说明：

第一，由易到难，着力培养学生动手的习惯；第二，以思维组织能力的训练为核心，强化学生的动手能力；第三，反复训练，查找不足，不断总结，提升学生应试中的动手能力。可以说，这篇文章是我研究高考应考的第一篇文章，而以后研究高考的几篇文章是在这篇文章思考的基础上写的，是对这篇文章的拓展和提升。

更值得一提的是，这一年高考结束后，我在领导的催促下赶写了《用特别的关爱浇灌学生的心田——班主任倾注爱心开展德育工作的点滴体会》的师德经验交流材料。这篇文章谈了自己的切身体会和感悟，列举了我在班主任工作中的大量事例，写了三个方面：一是把特别的关爱融于"理解"；二是把特别的关爱融于"严"；三是把特别的关爱融于"细"。没想到，这篇文章获得了岐山县德育工作征文一等奖。

为了写好本文，我找到了十多年前的这两篇文章。看着一行行稚嫩却蛮有温情的文字，我为自己感动，也为自己自豪。虽然若干年之后，我走上了专业成长的道路，专业阅读和专业写作也成了我工作和生活不可分割的组成部分，但是我始终怀念那些年的读书和写作生活，因为它为我的专业发展插上了奋飞的翅膀，让我飞得更高、更远！

那几年，我编了好几本书

调到岐山高中，开启了我新的教学生活。新的起点，新的征程，给了我莫大的信心和鼓舞，我感到由衷的高兴：我一定会好好学习，力争有所作为。好多人认为，教什么年级教什么学段，就意味着什么水平。这话虽然失之偏颇，不过也有点道理。我喜欢不断学习，但总觉得高中所学，尤其是大学所学，只有教高中才可以派上用场。我打算大干一场，体现自己的水平，实现自己的价值。

由于以前带过高中的缘故，尽管我刚到这所高中，一来就带了高二的课。虽然只有一个班，但工作是繁重的，因为还要在办公室工作，给学校写材料。家兄那时已是我们当地有名的高中语文老师。在他的引导下，我开始了编书生涯。

最早我们编写的是一套"新思维高考作文系列"，有三本书：《新思维高考话题作文》《新思维高考命题作文》《新思维高考漫画作文》。

我们先按照人家的体例写了样稿，我们兄弟俩都写了。很快编辑通过，提出了修改意见。我没有想到编书这么容易，后来想可能与我们兄弟俩喜欢写作有很大关系。

记得体例内容有"作文题目""立意范围""导写提示""示范作文"之类。那时候电脑尚未普及，稿件都用纸笔写，编辑为了让我们写，还给我们提供稿纸，这是我们没有想到的。有些资料也可以用糨糊或胶水粘贴。不过，那书与一般作文书不一样。也许如今市面上卖的教辅书也没有那套书复杂："立意范围"和"导写提示"要老师写，文字比较多，各是三个角度和三种文体，很费力；"示范作文"除范文外，还要有段批和点评，必须有三篇范文，还要有一篇示范提纲。总而言之，虽说是编，老师写的超过一半。我们写的主要是《新思维高考话题作文》《新思维高考命题作文》这两本书。话题作文有40多个题目，命题作文范围也很广，有将近70个题目。

这两本书2002年出版，卖得很好，特别是话题作文，因为那时高考正好考的是话题作文。

接下来我们开始编写的是作文书，主要是高考满分作文。那时满分作文是人家编辑提供的。第一次编的《十年高考满分作文》是由陕西师范大学一位教授担任主编，我们只负责写批语，不过批语要求 300 字左右，待遇还可以，一篇 10 元。当时我的工资仅仅几百元。可能是"初生牛犊不畏虎"吧，我竟能一次成稿，现在想来都有点惊讶。

给中考作文写批语是后来的事情。中考作文批语 200 字左右，好像也是 10 元。这个我写得不少。记得那个暑假的一个多礼拜，我写了一百篇，由于坐的时间长，屁股下都长出了厚厚的茧子。当时穷啊，为了那点小利，我"乐此不疲"，让我的一双小儿女都佩服。至今说起来，一家人都记忆深刻。遗憾的是，中考作文书好多没有署名，我有点不高兴，后来就做得少了。

我对编写《全国 5 年高考满分作文》这本书印象最深。这本书编得很精粹，当时这书是山东友谊出版社出版的，从 2002 年开始，好像编写了两年时间。据说这本书卖得很火，后来我们虽然不编写了，好多年却仍然有我们的名字，不过主编前面总是加上我们不认识的两个人，这总让人感到怪怪的。据说这本书是当时这家出版社的拳头产品，肯定为他们赚取了不少利润，可我们的稿费始终没有变化。

编写《新课标古诗词鉴赏辞典》这本书的情景我一直刻骨铭心。可以说，为了编写这本书，我费尽了心力。为了写这本书，我把《唐诗鉴赏辞典》几乎读了一遍，从中精心选出了 100 多首诗歌。这本书仅仅体例就修改了三次。这体例很不错的，有【诗歌】【注释】【鉴赏提示】【鉴赏】【鉴赏要点】等。后来的许多教辅类的古诗鉴赏书好像都照着这个模式做。另外，这本书我自己校过两次，可谓是精益求精了。更重要的是，这本书若及时出版的话，2004 年的好几首高考鉴赏的诗歌就在上面。因此，这本书出版后一直热销：2005 年 1 月出版，3 月重印，7 月第二版。更具有戏剧性的是，2005 年我去大上海旅游，在南京路书店见到重印的这本书，只剩下一本，遗憾的是我没有买下那本折折皱皱的自己精心编写的小书。好在后来在西安工作的学生晓美为我买到再版的几本书，弥补了我的这点缺憾。感谢我的学生晓美的玉成。

编《高考现代文阅读应考辞典》是 2005 年以后的事，这本书也是很不错的。当时高考考查的社科文、科技文、散文、小说、戏剧、新闻和传记等，这本书都有，而且这本书的最大亮点是体例新，分为【阅读范文】【阅读导示】【阅读实战】【实战分析】【本题答案】【答案详解】等部分。当时的教辅可能很少有人这样做。

可惜这本书由于种种原因出版很迟，在 2008 年出版。此后若干年，我也不怎么主编教辅书了。

现在回想那几年编书的事情，可以说感慨良多啊！归结起来主要有以下几点：

厚积才能薄发。我从小喜欢阅读，高中时就自己买《语文月刊》来读，老师们读的《语文教学通讯》也是我读的书。因为这些积累，自己写东西还是比较容易的。虽然我的一次成稿在让编辑佩服的同时，生了点事情，但不管怎样，那毕竟说明了我的水平和能力吧。这很明显是我积累的收获。我说的这些都是"普通话"。

引领很重要。那些年能够写这么多书，也得感谢特级教师的哥哥。在他的引领下，我在教学写作的道路上成长了起来。想到这些的时候，也会自然想起全国著名特级教师李仁甫教授创建的"生成语文"学习群的强有力的引领，这让人特别震撼和感动。

功利是把双刃剑。写书有功利的一面，也在磨砺自己的能力。如果把握得好，也会很有用。我从来不否认我写过教辅，而且现在还抽时间写教辅约稿。其实写教辅也没有什么不好的，只要不唯利是图就好。我欣慰的是，自己写的教辅基本是原创。

下功夫很重要。无论干什么都要下功夫，这是最要紧的。这点不言而喻，是心灵鸡汤似的真理，在此我就不啰嗦了。

有想法也很重要。我重复前几年两句流行语："只有想不到的，没有做不到的。""思想有多远就能行多远。"善于设计很重要。我认为人生应该有三个层次：自我设计、自我奋斗、自我实现。自我设计是自我奋斗和自我实现的前提。

持续发展需要机缘。这一点感悟应该是教训了。一个人发展靠的是机缘。虽然我主编教辅书挺早，但在编书上并没有获得更多实惠，可能是自己机缘不好，可能也与自己不能与时俱进，随时改变自己、调整自己有很大的关系。好在我后来从困境中走了出来。

感谢那几年痛并快乐着的编书岁月。仔细想想，那也是我静心阅读写作的真实写照啊！

我学写对联的故事和收获

一、我学写对联的故事

故事一：我以对联写春秋

2002年底，我加入了省楹联学会，从那时起我就开始了学对联的生涯。
记得2003年春节，我就为自己家写了一副春联：

门对路路对门门路通畅；春连夏夏连春春夏吉祥。

对联说不上好，但也发自真情：家居路旁，门与路相对，又做生意，有人欣喜有人愁。我不过是有感而发罢了。这副对联算得上我的处女作了。

2004年市楹联学会成立，我写了一副贺联："春风杨柳花千树；艺苑叟童联万条。"这副贺联不但收入当年市学会的刊物《陈仓联苑》，还登在《中国楹联报》上。我看到后心里乐滋滋的。虽说自己主编的书也有多本，但这是"异花别秀"呀！

2005年岐山周王陵惊现，在全国都有轰动，有感于事，我作了这样一副对联：

盛世惠风拂开千年墓葬；岐山新貌惊醒二王幽魂。

县楹联诗词学会的吕会长看了，大加赞赏，还邀请我去他家做客，极尽勉励，很让我感动。从此我有幸结识了县楹联学会的吕会长——全国闻名的楹联家吕元亨同志，并与他成了忘年之交。

在吕会长的鼓励下，我参加了多次全国性征联活动，虽未得什么大奖，但我开始爱上了楹联创作，并在我们岐山高级中学第一个让对联这朵民族艺术之花开放在语文课堂，让她永远年轻美丽。

带高三语文的几年里，我发挥自己喜爱对联的专长，精心组织对联训练。我率先作联激发学生兴趣，点燃学生创造的火花。在我的引导下，学生写对联的意识增强了，写对联的水平也提高了。

2006年9月，我带高一，从一开始我就有意识地在课堂渗透对联知识，在春节时布置了收集对联和撰写对联的作业。为激励学生树立大志,努力拼搏,奋发有为,我为所带的 108 名学生写了嵌名联,并让他们都写在自己练笔本的封面上。记得有这样几副:

  桃李不言有龙志;孺子可教铸辉煌。(李龙辉)

  知端倪识大体目光远;报椿萱重小节意气高。(朱倪萱)

  陈情思文灿灿;念琼瑶意绵绵。(陈思瑶)

  崔嵬山岭非凡骨;灿烂人生平凡心。(崔凡凡)

  丹笔为人生添彩;丹心给事业加油。(张丹丹)

  2007 年 2 月 10 日,是我学习对联生涯中不平凡的一天。我为市"农行杯"和谐之春写的两副对联"红辣椒红面容红日子;新赋税新医疗新农村"和"碧水青天仙人境;欢歌笑语陈仓园"作为入围作品登在 2 月 9 日的《宝鸡日报》上,而且只有我一人登了两副。我喜不自禁,虽然我知道以我现在的水平不会得奖的,可这起码是对我创作楹联的充分肯定,是十分荣幸的事呀!

  如今,我已爱上了对联创作,在学校也颇有影响。同事撰联都请我代劳,我也乐此不疲。我想:我会坚持下去的,用我的对联写就我生活的春秋华章。

故事二:我以对联赋深情

  风瑟瑟秋雨匆匆薄云归家迎晴日;情绵绵闲人悠悠斜桥弄影叹凉天。

  这次模拟考试又考到了对联,虽然不是什么大考,但我的兴致一高,乘兴就写了 10 多副对联。上面这副对联就是其中最有代表性的一副。我自感很切合内容的要求(原题要求以郁达夫《故都的秋》中的"秋雨图"为内容拟写一副不少于 10 个字的对联),与郁先生抒写的悲秋意蕴还是比较符合的。而这种自鸣得意只有孤芳自赏的份儿了,大有曲高和寡的感叹。

  一个语文教师,涂涂抹抹,本是天经地义、无可厚非的。于是,五六年前,当我决定开始学写对联的时候,自己认为这是理所当然的事情。记得第一次为自己家春节时写了一副让人读起来有点拗口的对联:

  门对路路对门门路通畅;春连夏夏连春春夏吉祥。

  意思有了,工巧也显现出来了,不过硬伤似乎就有——"春连夏"和上联对称,而"夏连春"与上联就不很对称。可这我已不顾及了。每逢有时间和机会我就投入对联创作,但几年下来,很中意的对联太少了。也许依我现在的水平,是写不出什么佳联妙对的。但我仍在写，真可谓：

丑媳妇见公婆不觉丑；呆女婿拜姨丈哪管呆？

对联可抒情言志，愉悦身心。我曾以嵌名联的形式为自己写了十多副对联，其中我认为最好的是这样两副：

浩然正气一心谱写园丁曲；平淡生活双手妙成春秋文。

浩气纳宇宙有容乃大；秃笔写春秋不鸣则平。

对联道出了我的心声，写尽了一个不甘平庸的教师的不懈追求。

传达心志，赋尽深情。这是我的追求，也是我对楹联艺术的一种自我理解和领会。虽然现在我还不是一个楹联高手，但我明白：耕耘蕴收获，滴水能穿石。我们许多人之所以平庸，只是因为心中没有目标，或者有了目标之后没有坚持下去的毅力和勇气。

文写至此，才发现我已有点爱上对联了。前段时间，我抽出几个双休日的时间，为我们岐山县"2009 中国·岐山周文化艺术节"撰写了 23 副对联，有五副对联收入征联作品选——《周风联韵》。有这么四副对联同事和学生们说写得不错，它们是：

凤凰翱起；钟吕齐鸣。

幽幽青铜泽圣地；灿灿周乐响中华。

文武兼修以礼治国誉扬华夏；天人合一趁机兴县力创和谐。

辅政丹心耿耿昭日月；修身品性皦皦撼山河。

虽然没得奖，但我却挺满足。因为这是我真情的流露，也是我痴情对联的具体体现。

最后，以我新近作的一副对联作结：

对酒对诗对境界对出妙对；联情联谊联知音联就佳联。

故事三：我去大足讲对联

大足石刻美，重庆火锅香。回想 2011 年 11 月去重庆大足区讲课的情景，我对于我写的这副对联仍然敝帚自珍，真可谓：书不厌读百遍，联还要诵三回。

2011 年 11 月 23 日，我应中国教育学会"十一五"规划课题"文化作文与文化教学"总课题组邀请，来到了美丽的重庆大足，参加全国第七届课题年会暨新课程教学与改革研讨会。我还将参加优质课比赛，我参赛的课是《奇妙的对联》。

傍晚时分，我到达大足区的广场酒店。刚到酒店门口，就一眼认出我仰慕好久的谭蔺君先生。真是：谁道人生知己少，我言瀚海友朋多。彼此自我介绍，大有相见恨晚之感。

夜幕降临，大家一起聚餐。席间，谈笑风生，其乐融融。袁主任激情讲话，谭先生慷慨陈词。八方朋友开怀畅饮，畅所欲言，好不热闹！

24日上午，开幕式在大足二中如期举行。大足二中喷泉靓丽，全国八方同仁共欢。

下午3时许，我准时登上讲台授课。我的课大体分为五环节：

第一环节，由春节引出对联。一位同学说了秦皇岛姜女庙联"海水朝朝朝朝朝朝朝落；浮云长长长长长长长消"，我听后欣然点评。

第二环节，把握对联特点。我以最早的对联"新年纳余庆；嘉节号长春"为例讲了对联的形式和内容的特点，特别讲了对联的平仄要求。

第三环节，品味对联之美。我用多媒体把课本对联"文辞真比丰年玉；气味还同幽壑兰"展示出来，然后从可视美、可读美、可感美这"三美"对这副对联进行赏读，并随即强调对联的张贴要求。

第四环节，赏玩对联。我先从形式四方面赏析了以下对联：

（1）正对：一百八声钟响，一呼百应八方和；五十六朵花开，五色十光六合春。

（2）反对：横眉冷对千夫指；俯首甘为孺子牛。

（3）流水对：昔闻洞庭水；今上岳阳楼。

（4）工对：百善孝为先，常回家看看；千秋民作本，多俯首听听。

接着又以写景、言志、记事三类，从内容上赏析了如下对联：

四面湖山归眼底；万家忧乐到心头。（岳阳楼联）

此间可谈风月；斯世岂有神仙？（太白亭联）

一门父子三词客；千古文章四大家。（三苏祠联）

墙上芦苇头重脚轻根底浅；山间竹笋嘴尖皮厚腹中空。（明解缙联）

世上疮痍诗中圣哲；民间疾苦笔底波澜。（郭沫若题杜甫草堂联）

何处招魂，香草还生三户地；当年呵壁，湘流应识九歌心。（屈原祠联）

胜日清闲抓些风月陪些酒；斯楼狡狯搜出江山别出诗。（临江楼联）

第五环节，尝试对对子。我以自己的对联"凤凰翱起；钟吕齐鸣"和"风瑟瑟秋雨匆匆薄云归家迎晴日；情绵绵闲人悠悠斜桥弄影叹凉天"等先引发学生，然后给出如下对联让学生练习：

爆竹声声脆；_____。

冬去春来千条杨柳迎风绿；_____。

大足石刻美；_____。

学生兴趣盎然，讲课到达高潮。

最后我以三副对联收结：

练字练词练意境；写景写人写真情。（给同学）

对酒对歌话文化；联情联谊写华章。（给各位同仁朋友）

衡山成一岳；君子重五德。（给谭先生）

课讲完后谭先生就给予很高的评价，总结时广东名师胡兴桥老师还特别点评了我的课，我的课也因此被评为一等奖。

回到岐山，我在参会感言及给大足教委、大足二中的感谢信中用对联这样写道：

文化九州火；风正一帆高。

大足石刻传四海；文化课题靓九州。

文化如春景；校园绘华章。

大足讲课，至今记忆犹新。一言以蔽之，真乃：大足讲对联，文化靓人生。

二、我学写对联的收获

收获一：夯实了自己传统文化的底子，开拓出了我教研的新领域

我以对联为兴趣点，学到了不少的文化知识，人文素养提升了不少。仅仅就对联，我由知之甚少到慢慢增多，有了一点研究，也写了几篇小文章。这里，姑以两篇飨大家。

冥思苦想寻佳对，精改细琢觅妙联
——由 2009 年北大自主招生的对联题谈楹联的创作与修改

2009 年北大自主招生题中有这样一道题：要求以北大的景物为对象，为"博雅塔前人博雅"这句上联拟写一句下联。这题确有难度，难怪浏览网上的许多对句，佳句寥寥无几。正如有人说的，这样的题目考的不是一般的才能，所以，即使从事语文教学三十年的老教师也会望题兴叹的。看来，对联的创作是多么的艰辛啊，要出上品更是"蜀道之难，难于上青天"。

其实，这样的对联还是可以对的。考生如果熟知与北大的博雅塔有关的一个景点未名湖的话，那么，稍加润色，至少可以写出以下这么几句对句："未名湖畔柳未名""未名湖上士未名"。假如我们熟悉北大的其他景物（包括人文景观），也许写出的还不止这些呢。

创作对联需要积累，丰富的文化积淀是必不可少的。舍此，就无从下笔。今年北大这道对联题有点偏，也有点难。如果去掉以北大的景物为对象这个要求，我们可以写出比较多的、比较好的下联来。笔者试着写了这么几句下联："太平寺下民太平""未央夜里天未央""清明盛世法清明""淡泊语里意淡泊""零丁洋里士零丁"。笔者认为，北大的这道题如果不要这个要求，似乎更有意义，显得更公正、更合理、更有创意。

对联创作不仅要积淀，还要精雕细琢，力求对得工整贴切，既合乎结构特点，又合乎内容要求。创作应如此，修改更应如此。对联修改时，我们要字斟句酌。只有这样，才能将对联这诗歌浓缩般的语言特点淋漓尽致地体现出来，从而展现出对联这一艺术无穷的魅力。

下面我们一起推敲一下春节期间笔者见到的几副春联吧！

教必有方九天蚕烛滴滴汗水哺育凤凰鸣华夏；
诲人不倦五分朱墨点点心血浇灌桃李润周原。

这是春节时学校的一位同事写在学校门口的对联。我们可以看出上下联犯了一个合掌毛病，上下句都是赞颂老师的辛勤劳动，且篇幅有点长，以致有些不顺口。如若上下联分别写师生两方面，岂不更好？于是，我将此联改为："诲不倦滴滴汗水浇桃李；学有成片片红心报周原。"

天时地利门庭大吉；宝地祥光开泰鸿运。

这是本市移动公司多年来给用户赠送的春联。对联装帧华美，书写遒劲有力，可每次看了这副对联，我身上似乎要起鸡皮疙瘩，很难受。为什么呢？原因很简单，这对联太不讲对仗了，"天时地利"怎么会与"宝地祥光"相对呢？而"门庭大吉"与"开泰鸿运"又怎么相对呢？说实话，这样的对联，滥竽充数，凑凑数，渲染一点气氛倒还勉强，大张旗鼓地送人只会让人大跌眼镜。再论平仄，像上面这种的张贴方法，不符合对联"仄起平收"（对联上联末一个字必须仄声，下联末一个字必须平声）的基本要求；如果倒过来贴，意思就不妥了。笔者再三思忖，将此联稍加改动，改为："普天瑞气福门纳瑞；宝地祥光鸿运呈祥。"如此一改，既对仗了，又合了律，体现了对联的基本特点。

凤鸣喜事多；广场春意浓。

这是县城新建的凤鸣广场管理处门上的春联。这副对联对仗还可以，"凤鸣"对"广场"，"喜事多"对"春意浓"，并且嵌入了广场名。但是平仄就不怎么好，上下联平仄分别为：仄平仄仄平，仄仄平仄平。这不符合对联"仄起平收"的基本要求，下联仄声过多，显得不和谐。在不损伤原联内容的基础上，我略加修改，改为："凤鸣多喜事；广场展新姿。"这似乎较好些。

对联俗称"对对子"，过去是私塾里学生的必修课，看似简单，实则易中有难。因此，无论创作对联还是修改对联"非下苦功不可"，非字斟句酌不可，一定得精益求精。这要求我们要腹有诗书，才会笔下生花；既要冥思苦想，又要精改细琢。期待生活中特别是每年春节时多出一些新联、好联，让我们中华民族文化的这个艺术奇葩根深叶茂、香远果繁吧！

从最早的一副对联谈谈对联的结构和平仄特点

众所周知，对联结构与平仄的特点就是：上下联结构相称，平仄相对。下面，我们以五代后蜀主孟昶作的"新年纳余庆；嘉节号长春"这副中国最早的春联为例，具体讲一下对联的结构和平仄这一特点。

先看结构特点。上联"新年纳余庆"从总体结构看是一个主谓宾结构的短语，其中"新年"是主语，"纳"是谓语，"余庆"是宾语。下联与上联的结构相称，也是一个典型的主谓宾结构的短语，其中"嘉节"即"佳节"，"号"是"预示"的意思，"长春"有人说就是"长春节"，即"圣节"。上下联的大意是：新年享受着先代的遗泽，佳节预示着春意常在。上下联不仅总体结构相称，而且从局部看也很吻合。上下联中的"新年"与"嘉节"、"余庆"与"长春"都分别是偏正关系的名词，分别两两相对，对仗工整，结构相称，体现了对联结构的基本要求和特点。

再看平仄特点。有人说这副对联的平仄不合乎要求，这种说法是缺乏依据的。恰恰相反，这副对联的平仄是很合乎平仄要求的。上下联的平仄按照现在普通话的平仄（一、二声是平声，三、四声是仄声）是这样的："平平仄平仄（新年纳余庆）；平平仄平平（嘉节号长春）。"上下联末尾分别应该是"仄"和"平"，这正体现了对联上下联平仄相对的最基本要求。上下联平仄要求，概括地讲，有两个规则：联内平仄相间，联间平仄相对。具体说，就是"一三五不论，二四六分明"，意思是说联内的第一个字、第三个字和第五个字的平仄可以不管，而联内的第二个字、第四个字和第六个字的平仄有严格要求。这是对七言说的，而对这副五言对联而言，就只能说"一三不论，二四分明"了。这副对联上联的第二个字和第四个字都是"平"声，下联的第二个字和第四个字的也都是"平"声。初看确实很不合乎平仄要求。但我们仔细分析的话，这副对联的平仄原来正体现了平仄的要求。上联第四个字之所以不用仄声而改为平声，是因为如果第四个字是仄声，那么上联末尾就成了三个仄声，通常叫"三仄调"，这是作联之大忌。而下联第二个字"节"是古声中的入声字，入声在古代都读仄声，所以应该是仄声，这样下联也就体现了"平仄相间"的要求了。上下联平仄也正体现了"平仄相对"的特点。这里要特别指出的是，下联第三个字必须是仄声，这里的第三个字的平仄必须"分明"，而不能"不论"，因为如果这个字用平声，下联末尾三个字就成了三个平声，通常叫"三平调"，这更是作联的大忌，因此这副对联下联第三个字"号"（hào）是仄声，很符合平仄的这一基本要求。

收获二：由对联创作到旧体诗创作，提升了我的文学素养和水平

过去我是不太写对联的，自己家门口的对联都是请别人随便写的。自从学写对联后，我家门口对联就是自己写的，还是原创。不仅如此，我还开始写了几首旧体诗。

五津·读《联文趣话》有感

冬夜读书稿，不觉陋室寒。诗文风味厚，联作感情绵。
莫道廉颇老，怎言李广难？古稀出新著，落日映红天。

五津·周墓葬惊现有怀

西岐添好景,旧貌换新颜。盛世惠风起,墓群童叟传。
儒说华夏本,礼乐美德源。今览周公庙,明观宏大篇。

中秋寄友

有道中秋月更明,只言团聚溢真情。
天涯共享清辉美,岁岁满园花味浓。

读范老师论著感怀

春花秋月里,赏玩亦觉新。能作方塘镜,永怀瑜瑾心。
李桃细雨润,琴瑟和风鸣。谁道诗情淡?此中伯仲分。

中秋赠友

气爽秋穹迥,月圆在树梢。喧喧街市内,噪噪高架桥。
千里清辉美,一夕好梦遥。举杯邀明月,笑看桂花凋。

陕北行三首

洛川印象

春风骀荡百花艳,万亩玉白满洛川。
有效教学结硕果,大家会聚好音传。

赠王老师

拙笔巧成千万言,磨针铁杵在心间。
津津乐道吟流水,浮躁世中仰高山。

寄路校长

赠言只语透情缘,路旅悠悠忆延安。
晓得人生知己易,冰心一片过难关。

紫阳送教抒怀

周末古城聚,驱车赴紫阳。情真添勇力,路远越山梁。

重教风仪厚，尊师风尚扬。诚心毓灵气，妙手在课堂。
素养论坛蕴，关怀友谊长。拳拳兴教志，桃李三秦芳。

我和《语文月刊》

我和《语文月刊》杂志有着很深的情缘,至今我还保留着高中上学期间购买的一期《语文月刊》,敝帚自珍,足见其款款深情。

1983年夏天,我考上了益店高中。那是个离家20多里的小镇,生活很艰苦,但大家学习很努力,这也许是因为那时候上高中不容易的缘故吧。课外时间,我们总是借阅一些书籍,校园内的,校园外的,我们几个文学青年总是那么热情积极,乐此不疲。街道的一个书报亭就成了我们经常涉足之地。

有一天,我忽然发现了一本《语文月刊》的杂志,那杂志有与高考复习有关的东西,但其中的文学作品的推介与分析才是我们这些文学青年最看重的。看到之后,我就买了一本。虽说一本书只有5毛钱,但那个年月,5毛钱也不少啊,最起码一天的生活费是绰绰有余的。但我没有犹豫,足见当时对阅读的渴望,对文学和写作的痴迷。实际上,那时我们这些小青年看中的决不是什么高考复习之类的。那些文学啊,佳作啊,写作啊,甚至汉语语法、古汉语知识啊,等等,都比高考指导紧要得多。那时天真地想:买了这样的书读下去,有朝一日,就会越来越靠近作家,甚至会成为作家的。"少年总有狂举动,不痴不狂枉少年。"说的恐怕就是这个道理吧!

如此坚持,1985年全年的《语文月刊》我都买了。工作以后,我把这些杂志一直保存着,偶尔也看看,发现在高中阶段这种潜移默化的阅读中,我语文的知识在逐渐增加,这也为以后语文教学打下了坚实的基础。那些年订的这些杂志,我好些年都一直保存着,跟随着我学习工作,辗转了许多的地方。可惜前几年,在清理旧书时,由于旧书太多,一时心烦,把这些杂志当作旧书处理掉了,好在还留下1985年第11期的那一本,算是遗憾中值得庆幸的事。

我与《语文月刊》的情缘没想到在20多年后又接续上了。

2009年4月的一天,我接到了来自《语文月刊》一位年轻编辑刘老师的电话,他告诉我,我的文章《"代课"还是"带课"》已经被《语文月刊》采用,要我不要再投其他刊物。我一下子想起之前投给《语文月刊》的文章，当时是抱着忐忑的心理投出去的，也没有抱多大的希望，而现在竟要马上发表了。听到这个消息，我自然是既高兴又激动。

后来这篇小文章就发表在《语文月刊》学术综合版2009年第5期上。原文如下：

"代课"还是"带课"

日常生活中，常有"代课"之说，例如"代课教师""代课费"等，偶尔也有"代高三的课"之类的说法。那么，到底是"代课"还是"带课"呢？

翻开《现代汉语词典》，查"代"的意义有："①代替：代课|代笔。②代理：代销|代局长。"

显然，"代课"中的"代"是"代替"的意思，如现实生活中的"代课教师"就是非正式教师而临时来上课的教师。因此，词典对"代课"是这样解释的："代替别人讲课。"举的是"代课教师"和"王老师病了，由李老师代课"这两个例子。而日常生活中所谓的"代课"并不是说没有正式教师的情况下由其他人来上课，只是从事教师职业的人正常开展工作，却没有代替或代理别人上课的意思，至于"代课费"相当于给予教师从事本工作的相应福利性的报酬。由此看来，在这里用"代课"是不妥当的。

那么用"带课"是否妥当呢？

下面我们再看一下《现代汉语词典》对"带"的解释。在"带"的字条下有这么几个义项：①随身拿着；携带。②捎带着做某事。③呈现；显出。④含有。⑤连着；附带。⑥引导；领。⑦带动。⑧照看（孩子）。其中在"引导；领"的义项下列举了两个例子——"带队"和"带徒弟"。最有启发的是对"带班"的解释，"带班"就是"带领人值班（巡逻、劳动等）"。可见用"带"是正确的，据此我们可以这样很自然地把"带课"解释为："教师带领学生从事教育教学的各项活动。"而"带课费"这个词也顺理成章地可以解释为："教职工从事教育教学的各项活动给予的工资以外的适当的福利性的报酬。"看来，"代课"在此种情形下要写作"带课",而"代课费""代高三的课"也应当分别写作"带课费""带高三的课"。

  教师"上课",换种说法是"带课",而不是代替别人上课。上课还要拿工资以外的报酬,有些人也许不很乐意,但实际生活中,人家教师已经拿了,既然拿了,就得承认,还是写成"带课费"的好。要不然,大家看不懂,教师的那一点点的优越感、自豪感也觉不出,太苦闷了吧。至于"带高三的课"更含糊不得,因为身为教师的你应做的不是其他人可随意代替得了的,而是你自己应当去完成的事,千万不可写作"代高三的课"。

在《语文月刊》上发表了这篇小文章,对我来说,可不是一件小事情,这件事给了我莫大的鼓舞和鞭策,让我觉得发表文章也不是很难的,只要坚持写,写得角度新、思路清、语言好,发表是完全可能的。这次发表文章也让我认识了年轻的刘编辑,后来我在第一次做真题解析的时候,最初的参考答案就是他提供给我的。另外,通过他我还认识了几位全国有名的研究高考的语文老师,让我在研究高考方面有了很大进步。

回想起这些,我要感恩《语文月刊》,是她在我上高中的时候滋养了我,是她在我工作20多年后成就了我,引领我逐渐走上了专业写作的道路。感谢《语文月刊》,感谢因为她帮助过我的所有的老师!

那一次约稿

2009年，是我教研的丰收之年，我发表了大大小小10篇文章。这些文章中除了发表在《语文月刊》上的《"代课"还是"带课"》和《对联·民间对联故事》上的《我以对联赋深情》两篇外，其余8篇都是研究高考的，这些文章分别是：《抓住诗歌特点鉴赏古代诗歌》（《中学语文·大学语文论坛》2009年第7期）、《文言虚词"之"用法的"三特点"》（《疯狂阅读·阅读与考试》高考版，2009年10月号）、《稳拿语文高分的秘诀》（《陕西招生考试报》2009年2月26日，2008—2009学年度高考6）、《高三同学在语文复习应考中要善于归纳和整合》（《陕西招生考试报》2009年12月1日，2009—2010学年度高考1）、《谨记"四项注意"答好语文试卷》（《陕西招生考试报》2009年4月30日，2008—2009学年度高考13）、《瞅准赋分，精细作答——高考现代文大阅读的答题技巧》（《疯狂阅读·阅读与考试》高考版，2009年12月号）、《强化回归课本：高考语文命题的新趋向——2008年和2009年高考语文命题总体特点之分析》（《考试指南报·高考语文》大纲版，2009年9月3日，第12期）、《认真查找，细心比较，答好科技文推断题》（《疯狂阅读·阅读与考试》高考版，2009年11月号）。

这么多文章的发表自然让人羡慕，我也打心眼里高兴。虽说以前自己也主编过几本书，但说起教学文章来，总感到惭愧。而这些文章的发表使我对写作教学文章有了更大的兴趣。10月初，我趁着兴致，把自己写的几篇文章投给了几家语文报刊，其中就有小时候喜欢的《作文周刊》。记得上初中时就读过它，当时还天真地奢想：假如有一天，我的文章能发表在这家报纸上，那该多好啊！

此后不到一月，有一天，我打开自己的邮箱，发现了《作文周刊》高中版的张编辑发给我的一份约稿信，要我从一个新视角围绕《林黛玉进贾府》这篇课文写一篇文章。我喜出望外。自己是一个普通作者，只要编辑向我约稿，我一定会不辞辛苦，尽己所能的。于是，我一遍又一遍地品读原作，细心读了至少五遍，而且还翻阅了大量的资料。我选择的角度是小说的结构和人物。正式写的时候，我先列提纲,光提纲就改了三次,提纲列好后就趁热打铁写了出来,后面又修改了几遍,直到自己满意为止。写完后,我还在网上搜了一下,发现没有相似的文章,才发给张编辑。

初稿是这样的:

巧妙的结构,鲜活的人物
——谈《林黛玉进贾府》的结构艺术

历来人们称道《林黛玉进贾府》的人物出场艺术。不过,如果我们能原汁原味地品读这篇作品的话,那么,其巧妙的结构艺术就值得我们咀嚼和玩味。

一、巧妙的结构串编故事

《林黛玉进贾府》以主要人物林黛玉进贾府的行踪为线索来组织故事情节。初读课文,我们就会感到:小说虽是节选,但完完全全就像一篇有头有尾的短篇小说。全文分为开端、发展、高潮和结局四个部分,体现了小说结构的一般特点。以主人公林黛玉的行踪为线,依次是:开端——进贾府,发展——见贾母和凤姐,高潮——见宝玉,结局——住贾府。这个线索是明晰的,重点是突出的,层次是分明的。

同时,这种叙述方法或者说这种叙述视角有自己独到的地方。作者钟情于林黛玉,倾注感情在林黛玉的身上,所以自然由她来完成进贾府的重担,更为重要的是,只有借助侯门出身、冰清玉洁、孤高冷傲、多愁善感的她的视角,才能将初进贾府的情形细腻真切地为读者展现出来,让读者有身临其境之感。这就是作者以林黛玉为叙述视角的原因之所在吧。

借黛玉之眼写贾府,是作者结构小说的一种重要手段。这种叙述的角度虽是第三人称,但有第一人称写法的味道,所以是一种半知视觉的叙述视角,既客观真实,又冷静灵活。即使如此,伟大的作家也没有胶柱鼓瑟地只用一种叙述的视角讲故事。在以黛玉为视角连缀小说的同时,作家又跳出黛玉所见所闻所感之局限,在重点段落里,又用全知视角的叙写方式,为我们淋漓尽致地刻画了主要人物林黛玉。小说借凤姐之眼写了黛玉的不足之症;借宝玉之眼全景式地特写黛玉,放大了人物形象,倾注了小说中人物的感情,更浸透了作者的一腔衷情。

这种灵活转化叙述视角的方式，新颖别致，擅长描写人物心理的叙述方式，也别具匠心。难怪鲁迅先生说："自有《红楼梦》出来以后，传统的思想和写法都打破了。"这里有中国化叙事的结构模式，也有中国小说的一般的结构叙述方式，更有曹雪芹开创的中国古代小说独特的结构和叙述的模式。

二、鲜活的人物形象在巧妙的结构编织中呼之欲出

从人物出场的起始，《林黛玉进贾府》就分出了出场人物的主次：对黛玉印象深刻的，与黛玉直接有交往的人物，就详写；而与黛玉没有直接交往的，在本回中表现不突出的人物，就略写。如此的人物描写脉络清楚，重点突出。对人物贾母、凤姐、宝玉和黛玉，作者浓墨重彩，精雕细刻，用聚焦式的特写来展示。最精彩的莫过于借宝玉之眼看黛玉，这一节更煽情，更具深意，是对"木石前盟"的昭示和捍卫。对本回的其他人物，顺着主要人物的出场顺势推出。比如三姐妹、王夫人、邢夫人、李纨、贾政和贾赦等，都是在结构的编织中、在人物的行进中顺势推出，往往寥寥几笔就写活一个人物。

有时我们想：假如课文的这种以人物行踪为序的结构是一条弯曲的线段的话，那么，这些个性鲜明的人物就是这条曲线上的一个个的点，而这一回要写的主要人物就是那又黑又大的几个点，这一回写的次要人物就是那又小又黑的一个个的暗点。这种亮与暗的交织与对照使小说描写的人物相映成趣，相映生辉。

《林黛玉进贾府》善于在对照映衬中来结构情节，善于在结构情节中形成对照映衬。宝玉与黛玉、凤姐与众人、凤姐与贾母、众人与贾母、三姐妹之间等等，这些都有对照映衬的意味。即使贾宝玉这一个人物也呈现出对照的特点，因为众人眼中的宝玉与黛玉眼中的宝玉就是一个鲜明的对比。作者的这个对照衬托，源于小说精巧的结构。以宝玉和黛玉为例，小说在写宝玉时，用足了黛玉的慧眼，详观其风采，倾尽真情，传尽深意；而写黛玉时，小说的叙述视角一转，以宝玉之眼观黛玉，细端其殊容，浸透实情，道尽心意。转换叙述视角既使小说结构有飘逸、活泼之感，又使小说始终用一条红线牵引着，这红线就是宝黛爱情。因此，这种结构是高超的，也是独特的。

记得有人评论说，《红楼梦》这一回的结构有如"孔雀开屏"。如果是这样的话，那一个个鲜活生动的人物就像美丽孔雀身上的一根根璀璨的羽毛，而那最亮丽、最诱人的就是我们读后刻骨铭心的人物形象。欣赏着如此美丽的孔雀，赞叹着孔雀身上这多彩、美丽、耀眼、诱人的羽毛，我们能不怦然心动，心驰神往吗？

这篇文章发表在《作文周刊》2010年3月4日的高中版第9期，发表时限于版面等原因进行了删改，文字删减到不足1000字，但对我来说是很欣慰的。我很珍视这次难忘的约稿机会，它是我写作教学文章的起步，在一定程度上说，开启了我教学写作的新征程。

后来，我先后完成了张编辑约的两篇长篇幅的阅读与写作的稿件。2010年3月，我还为高考版的吴编辑完成了一篇诗歌鉴赏的稿子。再后来，我为《作文周刊》约写了《〈荷塘月色〉中比喻修辞手法的妙用》《一个美丽而鲜活的形象——也谈曹禺话剧〈北京人〉中女主人公愫方的形象》《老子散文的对比艺术》《庄子散文的思辨艺术》《阅读技法讲解——现代诗歌阅读之如何表达情感》等文章，还多次完成了该报的组稿任务，帮助我们语文组的8位老师在这家报纸上发表了10多篇文章。

那几年，闲暇时间，我总在渴望《作文周刊》的消息。看到自己的辛苦劳动变成了一个个铅字，我会兴奋不已。因此，每次看到寄来的样报，自己都一字一句地阅读，常常会为《作文周刊》编校的精细、版面的灵活、内容的丰富和充实而赞叹。是啊，在无错不成书报的今天，一家报纸上几乎看不到错别字和病句，确实难能可贵。同时，我希望所有的学生辅导类刊物都能够成为学生的知心朋友，既有潜藏于胸的厚实的知识，又有悦人眼目的靓丽的容颜，激励我们在三尺讲台上不断前行，为我们大家学习语文插上奋飞的翅膀，收获语文，成就未来，实现梦想！我当时曾由衷感叹：《作文周刊》让我快乐，让我感动！

尽管后来由于一些原因，我与《作文周刊》中断了联系，没有了合作，但是我至今依然觉得：是《作文周刊》为我提供了一个展示自我的平台，使我不断进步，很快走上了专业写作的道路，一步步地走向事业的成功。衷心地感谢《作文周刊》的各位编辑，特别是张编辑，谢谢你们对我的支持、信任和帮助！

那篇文章，我断断续续写了两年多时间

全国著名语文特级教师黄厚江老师曾经说："写文章就像女人生孩子，非有十月怀胎的功夫不可。"每当说起我写作《〈归去来兮辞〉的诗歌之美》这篇文章时，我就不由自主地想起黄老师的这句话来。

《〈归去来兮辞〉的诗歌之美》这篇文章从开始写作到最后获奖，我确确实实断断续续写了两年多时间，它花费了我许多的精力和心血，可以说是我辛勤劳动的结晶。

2007年春季，我担任高一两个班语文课的教学工作。当时用的还是新课标之前的大本旧教材。这个大本教材应该是从2000年开始使用的，后来又修订过一回，到我们这一年教的时候，已经是最后一批学生在使用了。记得当时《归去来兮辞》收编在第二册，安排在高一第二学期学习。这一单元是汉魏晋文学，安排的是汉魏晋时期的散文，主要有历史散文、政论和抒情言志作品。这一单元有《过秦论》《鸿门宴》《兰亭集序》《归去来兮辞》四篇课文。再次教读《归去来兮辞》一课后，我总觉得教材把这篇文章归于古代散文是不够恰当的。

于是，我静心读了文本，打算写一篇《〈归去来兮辞〉的诗歌之美》的文章，顺手列出了提纲，打算抓住诗歌特点，从音韵之美、意境之美和抒情之美等三个方面来阐述。在学期末时，我根据提纲写成了一篇2000字左右的文章，算是那一学期的期末总结。我们学校有一个惯例，开学初学科工作计划是必须按常规去写的，而期末总结可以写教学文章来代替总结，不过不能网上下载，最好手写。我一般是手写。这次手写完后，我还特意复印了一份，打算后面有时间再改再写，把它写成一篇大文章。

到了2008年下半年，一次新教材培训中，我忽然发现新教材必修5（高二上学期）仍然把《归去来兮辞》归在古代散文中，新教材的这一单元的其他篇目如《滕王阁序》《逍遥游》《陈情表》都可以说是古代抒情散文，但《归去来兮辞》无论如何不能是古代抒情散文。因为按照一般常识，赋是一种介于诗歌与散文之间的文体，纯粹归于散文，我觉得不是很妥当的，我认为应该归到诗歌。这次学习激发了再修改这篇文章的热情和兴趣。

有想法就行动。从2008年底到2009年秋季开学前，这近一年的时间里，在原来写的文章的基础上，我搜集了大量的资料，准备把文章修改出来。自己先把过去人教社的教材和教师教学用书找来，再细心读了几遍，并做了详细笔记。然后，查阅了《古代汉语》和《中国古代文学作品选》等书，就这些书上关于《归去来兮辞》的音韵特点的诠释反复进行研读。在读的过程中，慢慢也有了自己的想法。最后，围绕诗歌音韵之美、意境之美和抒情之美把原稿又彻彻底底地润色了一遍。这样，到2009年底，我写的这篇文章已经有3000多字，可以说是我当时写的最长的一篇文章。

文章的结构是这样的：

一、引述

诗歌的散文化阅读有不足之处，《归去来兮辞》是"骚体诗"基础上的一种新赋体诗，以其独具特色的音韵、匠心独运的意境和浓烈鲜明的抒情特性，表达情感，抒发感情，成为脍炙人口的艺术佳品，感染读者。

二、主体

1.《归去来兮辞》的音韵之美

押韵。押五次韵，换四次韵。①归、悲、追、非、衣、微；②奔、门、存、樽；③颜、安、关、观、还、桓；④游、求、忧、畴、舟、丘、流、休；⑤时、之、期、耔、诗、疑。

押韵与内容紧密相关。

结构和节奏。基本上是四句一节的结构形式。中间由六言换作五言形式，节奏变快，简洁明快，淋漓尽致地传达出诗人初回田园的极度兴奋心情。从节奏看，全诗以六字句为主，都可按三节拍来划分。

2.《归去来兮辞》的意境之美

意境就是诗歌中诗人借助艺术手法创造的一种情景交融的境界，就是王国维说的境界。可分为"有我之境"和"无我之境"，一种是借景抒情，一种是寓情于景。这两种不同的类型都在诗歌中有所体现。

以情驭文，文盛情炽。整篇诗歌充溢着诗人热烈向往田园生活的情感。开篇开门见山，直泄衷情，接着于自责反思之中娓娓道出诗人厌恶官场和向往归来的炽烈情感；中间极尽铺叙，描写田园生活之乐，饱含着诗人的浓浓深情；尾段开头"已矣乎"感叹之后，以"聊乘化以归尽，乐夫天命复奚疑"作结，申明作者欲顺应自然变化、度完剩余时光的乐天知命的情怀。

借景抒情，以景显情。归途之景和田园风光，浸溢激情。惦念"荒芜"园田，渴望早回家园，足以看出"田园"乃诗人最好的栖息之所。而"遥遥""轻飔"之舟，"飘飘"之风，轻飘之衣，无一不是在写诗人归心似箭之情，越写心之切，就越能衬出他爱田园之炽、厌恶官场之深。这是典型的借景传情。中间部分诗人以电影蒙太奇快镜头的形式，让人身临其境，共赏田园的美好生活。

3.《归去来兮辞》的抒情之美

饱含激情是诗歌很重要的特性之一。把最后一段改写成现代新诗的形式，与读者共飨。

算了吧！
我寄寓天地间还能有多久？
为什么不随心所欲？
管什么人生的去与留？
为何急匆匆还到处游！
富贵不是我真正的追求，
飞升仙境我也无需追求！
珍惜时光吧，
亲手除草培苗，
就在我的田地里。
登高冈啊，
放声长啸；
对溪流啊，
作赋吟诗。
享用自然我走完我生命的历程，
乐天知命啊，
我能有什么疑虑与忧愁！

将序文与正文比较得出：序文以叙述的方法，平静道来，感情平淡，睿智潜藏于平淡之中，是一篇典型的叙事散文，而正文虽没直接地鞭挞现实，当然也不可能涉及后世说的"傲视督邮"之事，但诗人归心之切、归来之乐、退隐之决却全倾吐殆尽。

　　三、总结

　　诗就是诗，绝非散文。即使是再好的散文化解读，都会使诗的韵味顿失，至少会黯然失色，失掉了诗的音韵、诗的意境和诗的抒情本色。以诗的眼光品读陶渊明的这首《归去来兮辞》我们会感动，会陶醉，会受到洗礼和净化。陶渊明无愧是中国文学史上的一颗璀璨的明星，更是我们永远景仰的一颗璀璨的诗歌明星。

　　2010年3月开学初，我又修改了一遍，把这篇文章投了出去，投给了当时有名的一个杂志。我也没有抱多大的希望，即使石沉大海也很自然，但是我觉得这篇文章是自己精心写成的，这篇文章应该说是我当时的最高水平了。

　　这年4月，省上申报基础教育优秀教学成果奖。当时文本类中教学论文就可以申报，学校主管教研的梁主任动员我申报，我也心动了，按要求在前面写了摘要和关键词，在文后作了索引注释，填了申报表，就报了上去。

　　到快放暑假的时候，有一天，忽然接到市教研室负责评审的老师的电话，让我把申报材料领回，再修改一下，要报到省上评奖，我自然很乐意，就去市教研室领回了材料，又按照要求把文章修改了一遍。这是我第一次去市教研室，很紧张，很矜持，后来想起来就好笑。

　　这篇文章经历了一年多的冷处理，我断断续续写了两年多时间，前前后后修改了五六次，最终写好了，有4000多字。可以说，这篇文章费尽了我的心力。

　　功夫不负有心人。让我高兴的是，这篇文章分别获得了2010年的宝鸡市基础教育优秀教学成果一等奖和陕西省基础教育优秀教学成果三等奖。这篇文章的写作过程充分印证了"佳作常自改中来"的通俗道理，是自己坚持静心阅读写作的结晶，也为我构建静心阅读的理念提供了强有力的实践支持。从那以后，我暗下决心：一定要静心阅读写作，做研究型的老师，为实现自己的教育理想而努力奋斗！

我读诗写作的故事

我爱诗歌,从小我就爱读诗、爱写诗。

记得小学四年级时,家兄拿来一本编印的白皮书似的《古诗一百首》,那书实际上是私自印刷的,印刷质量达不到一般宣传品的质量,可我却奉为经典,大有如获至宝之感。于是,爱不释手,一首首地读,一句句地背,短短的一学期下来,我几乎背完了。从此,诗歌在我的心田里扎下了根。

初三时,运动会上,当别人写一些鼓动性的发言稿之类时,我灵机一动,歪歪斜斜地凑上几行像诗歌的东西,连名字也没写就交给运动会的宣传组,结果很快就播出了。这首小诗内容已不太记得了,只记得写的内容是观看接力赛的感受,自己在里面用了"结晶"的字眼。后来,我的这首诗被评为优秀稿件,还得了一个小小的笔记本。在物质十分困乏的时代,一个小小的笔记本,对我这样一个农家出身的子弟来说是多么的珍贵,而那蕴含其中的荣誉感就更不用说了。

诗歌是青春的印记,诗歌属于青年。高中时期,是我人生中爱诗狂热的季节。在迎战高考的日日夜夜里,我写了不少诗,还用旧体诗的形式来抒发情怀,虽然押韵还凑合,但韵律自然是无法讲究了,因为那时我根本不懂诗词格律。

记得我写过这样的诗:

匆匆的春

梦中仍记挂着那难忘的雪,
心里还乞求她的一现。
可不知不觉,
一切都有了改变。

还未来得及采一枝报春花,
不想到处的她已都衰败;

还未等将"不觉晓"的睡眼睁开一点,
不觉外面已经书声片片;
还未留意杨柳嫩嫩的小芽,
却已见绿将世界点染;
还未能静下心来妄自埋怨,
不料自然欲将夏装织编……

匆匆的春,
匆匆地流逝,
不管你有万千的感叹,
春的使者不会来得姗姗,
只能匆匆逝去,
只好留下永远的哀怨和悲观,
最好不过将这和着你的一丝微笑,
组成你新的诗篇。

1987年5月

进入大学,我仍然矢志不渝地读诗、写诗,写的诗虽浅白通俗,但笔耕不辍,诗心不改。终于有一天,在我的不懈努力下,我的一首题为"也曾"的诗发表在学院学生报纸《你我大学生》上,让同学们羡慕不已。

记得那首诗是这样写的:

也　曾

也曾抚摸着相同的书,
那是较遥远的时候,
也是较遥远的地方,
更有较遥远的氛围,
还有更难懂的情与思。

也曾有过凡人不曾有的志与力,
发誓要啃完那深奥的哲思,

于是以往的幻想俱蕴在书里。
可当书庄重打开的当儿，
心内竟冒出莫名的叹息。

也曾妄想用心去点火，
以前的岁月还有惋惜。
但如今该当它点燃的时节，
自己却失去了勇气。

也曾有过童心般的稚气，
欲将事业用此编织。
谁想我失去它已有多时，
留下了我的满腹心思，
伴着我的回忆将未来的道路寻觅。

1987年11月

从那以后，我一个朴实无华的农村娃受到不少城里同学的关注。我写诗的小本子成了许多人传看追捧的对象，我当然喜不自胜，甚至有些飘飘然。

参加工作以后，平淡而枯燥的教学生活也未曾浇灭我酷爱诗歌的火焰。短短一年时间，我整理、写作了三个厚厚本子，分别叫《我的梦与诗》《美丽的回忆》《青春浪漫曲》，大都是自己写的所谓的诗。现在看来，这些东西都多么幼稚可笑，但自己对这些东西仍然敝帚自珍，至今还保存着，始终没有丢弃。

我喜欢读诗、写诗，因为这个缘故，教学时特别喜欢讲解诗歌。记得为了评选，我录制的课就是苏轼的词《定风波·莫听穿林打叶声》。那节课，我发挥自己擅长读诗、写诗的优势，从诵读、品味到拓展延伸，切合了诗歌的特点和学情，赢得了师生和评审专家的一致好评。

不仅如此，因为喜好诗歌的缘故，在课堂上，我讲授诗歌也与众不同：在讲授诗歌时，自己往往能够深入到文本深处，常常能使学生领略到诗歌独具特色的神韵和魅力，让学生的感悟从"山重水复"走向"柳暗花明"。而且我一直认为：诗歌是现实生活高度概括的产物，抒发真情实感是诗歌最本质的东西。因此，真实性是诗歌的生命和本源。在讲述李清照的词《醉花阴·薄雾浓云愁永昼》中的

"帘卷西风，人比黄花瘦"这两句时，有人认为"帘卷西风"就是"西风卷帘"的倒置，我却不这么认为。我认为"帘卷西风"有生活的真实在，因为"帘卷"才忽然感觉到起"西风"了，这里面也有词人的巧慧在，这"巧慧"就是诗歌独具特色的创造啊！类似的诗句在诗歌中俯拾即是，举不胜举！

因为爱诗，对诗歌有特别的感悟和理解，所以我教授的诗歌课给学生的印象就特别深。二十多年前的学生晓美，在写给我的信中，回忆我讲《桂林山水歌》时的情景，她是这样描述的："老师讲诗时那富有磁性的声音就摄人魂魄，再加上精要的感悟理解，就更出神入化了。"在信中，她还绘声绘色地描述了那个午后课堂上讲解诗歌的生动感人的情景。然后说，在老师的影响下，他们竟自发地展开了一场热烈的读诗活动，买来《诗刊》和《人民文学》等刊物，主动去读诗。可由于没有老师的讲解，诗味淡了，书也不知丢到什么地方去了。我读后十分感动，是诗激发了学生，点燃了他们想象和创造的火花。教学中这样的事情是很多的。当含蓄的诗韵经我点化引起学生共鸣之后，教室里常常是雷鸣般的掌声。这掌声，是对老师的肯定和赞美，可我觉得这掌声源自我对诗歌的钟爱。

我爱诗歌，虽然诗歌这朵花开得不多，开得平淡无奇、无香无色，可归结自己教学所得，我最初编写的书和写的教学文章都与诗歌有着紧密的关系。无论是2005年主编的教辅书《新课标高考古诗词鉴赏辞典》，还是最初写的论文《解读诗歌的"暗示语言"》《抓住诗歌特点鉴赏古代诗歌》《饱蘸诗情品"风雪"》等等，这些都与诗歌有关。

"诗言志，歌咏怀。"这十多年，我仍然喜欢读诗，但很少写诗，尤其很少写新诗，偶尔会用旧体诗来抒情言志，怡情悦性。

下面几首就是我最近几年写的旧体诗：

观《装台》有感

险恶风尘事，淡然姑处之。
彩虹风雨后，影视引人思。

（2020年12月）

观《逆流而上的你》有感

逆水勇前行，流急见赤城。

而今谙奥理，上溯淡泊心。

（2020 年 12 月）

七津·2021 年元旦随感

喜逢元旦，抚今思昔，感慨系之，遂赋诗一首，以抒心怀。

瞳瞳迟日江山丽，灿灿华年往事新。
三秩杏坛历辛苦，几回骨干登顶峰。
淡泊境界执着就，溢美文章勤勉成。
衰老廉颇志犹壮，本心草木总争春。

敬赠郭富斌老师

学富五车从不夸，彬彬有礼谁比他。
三秦学苑多才俊，揽胜登峰岂易达？

（2021 年 1 月）

和兄弟李志《师缘》

有缘何惧不相识？上苑花香恨见迟。
莫道聊学嫌夜短，两心常记无别时。

（2021 年 3 月）

附：李志《师缘》

茫茫人海曾相识，过尽千帆皆不是。
梦里相见尤恨晚，共度春光又别时。

喜遇王林川老师

久仰大名于故里，照金一见情似诗。
相逢恨晚共期许，举酒属文赋美词。

（2021 年 9 月）

和杨先生《七津·编志》

父业子承编县志，静心十载萦苦辛。

皇皇大著结硕果，灿灿文华赋真情。
盛世危言修正史，端居勇力荣汝身。
廉颇虽老志犹壮，铁笔常思太史公。

（2021年11月）

附：杨虎平《七律·编志》

第二轮《眉县志》出版发行，主编有感，遂成《七律·编志》一首
鸿篇巨著又一帧，十年静坐只为真。
直书敢许董狐笔，文德常念太史公。
条分缕析成编次，功成名就凭素心。
千古臧否各有份，铁笔春秋遗后人。

因为爱诗，我还会以欣赏诗歌甚至歌曲的形式让学生去写作文。本学期，学习了《中国古代诗歌散文欣赏》之后，我就原创了这样的一道作文题目，让学生去作。

观看歌曲《相逢是首歌》演唱视频后，静心阅读歌词，根据要求，选择其中的一项驱动任务，写一篇800字以上的作文。

你曾对我说，相逢是首歌。眼睛是春天的海，青春是绿色的河。
相逢是首歌，同行是你和我。心儿是年轻的太阳，真诚也活泼。
你曾对我说，相逢是首歌。分别是明天的路，思念是生命的火。
相逢是首歌，歌手是你和我。心儿是永远的琴弦，坚定也执着。
啦啦啦啦啦……

（1）抓住歌词的诗歌特色，自选角度，写一篇鉴赏或评论文章，题目自拟；

（2）以"相逢是首歌"为题，叙写自己耳闻目睹的感人故事，写一篇记叙类文章；

（3）就歌曲的思想内容，结合社会生活和自己的感悟，写一篇读后感，题目自拟。

这样的题目，可能有点太新颖，老师难以接受，不过学生如果真的认真去写，一定会有收获的。

我爱诗，特别认同朱光潜老先生的话：一个人文学素质的高低取决于他对诗

歌的领会程度。我爱诗,在诗歌之花不够艳丽、繁茂的今天,我欣赏贾平凹先生多写诗的写作态度。我还想多读诗、多写诗,特别要多写与诗歌有关的文章,因为我觉得诗是文学中的精华,与语文也最切近。

诗歌净化我们的心灵,提升我们的境界,美丽我们的生活。我爱诗歌,不论现在还是将来,我将会一如既往地钟情于文学花园中这位靓丽的女子,用诗歌编织我的事业与人生,成就我的梦想。

我静心抄录读书的实践与启示

我们这个时代很热闹，也很精彩。用过去的话说：外面的世界很精彩，也很无奈。处在这样一个时代，诱惑很多，可以做的事情也很多，即使教学，我们也可以有多种多样的教法，教师也可能会有多种多样的活法，也许每个人都可以活出自己的幸福和快乐，体现自我的人生意义和价值。

我今天也不想评价每个人的生活方式，实际上，我从来不会评价的。我只想说：一个语文教师，不成熟可以，但不成长是不可以的。这就牵扯到一个问题：怎样成长？我认为，语文教师的成长，一个重要的前提是读书，读什么书呢？最好读文化经典，因为文化经典是我们这个民族的精神家园，是培育社会主义核心价值观的重要源泉。只有读了文化经典，才能提高自己的文化素养，提升自己的人文素质，使自己真正成长起来。

这就是我要讲的主要观点：阅读很重要，读文化经典更加重要。

既然如此，那么怎样阅读文化经典呢？

我一直主张静心阅读。在这样一个网络时代，我们语文教师一定要静下心阅读，虽然资料很丰富，也很好，但我们还是要有自己阅读的心得体会，有自己的看法，要不然，我们的教学会变得缺乏趣味，也会没有生机和活力。

说到"静心阅读"，我常常会联想到李仁甫先生说的"裸读"，我想"静心阅读"就是"裸读"吧，这种能力是语文教师能力的真正体现。

至于静心阅读文化经典，我一直认为抄写阅读法是一种很好的方法，师生如果认可这种阅读方法的话，一定会有收获的。

这点古人认识很到位，我们不妨了解一下。

古往今来，很多有成就的人都喜欢用抄写阅读法。中国近代思想家、教育家梁启超说："善抄书者可以成创作。"事实证明，抄写阅读法是一种行之有效的传统读书方法。这种方法有三个作用：

（1）抄读可变无为有。"明初诗文三大家"之一的宋濂出身贫寒，生活艰辛，幼年时常常借别人的书来读，亲自抄写。数九寒天，砚台都结了冰，连手都伸不出，但他照样抄写，抄完后把书还给书的主人，从不失约。就这样，他抄了很多书，从而成了一名知识渊博、遍观群书的学者。

（2）抄书可以积累材料。我国现代著名文学家鲁迅也喜欢抄书。据鲁迅日记载：1913年3月5日开始抄《谢承后汉书》，3月27日抄完，全书六卷，10余万字。鲁迅的日记中，有关抄书的记载很多。为撰写《古小说钩沉》，他从各种文献、著作中抄写的材料卡片有500多张。

（3）抄书能帮助理解，增强记忆。明代著名文学家张溥，他读书不仅反复诵读，还要一字一句地抄录，最后烧掉。如此反复六七次，直到把书背熟了，记牢了才停下来。由于他不停地抄读，他的右手中指和食指夹笔的地方磨起了一层又硬又厚的茧子。因他读书时抄录7次，焚烧7次，所以他给自己的书房题名为"七录斋"，又叫"七焚斋"，他的文集命名为《七录斋集》。

几年前，在教读古诗文时，自己已经过了40岁，记忆力开始衰退，原来记忆的好多东西遗忘得很厉害。我很着急，也很焦虑。为了解决这个问题，我开始用抄录的方法弥补自己记忆的不足。这样坚持做了一段时间，效果还比较好。

在这个方法的启发下，我从2009年开始抄录了《论语》《孟子》《老子》《庄子》《人间词话》《西厢记》（曲词）等。当然，对课本的古诗文、文化经典，我基本上都是"每教必抄"，像《滕王阁序》《离骚》《逍遥游》等，我抄录过多遍，有点乐此不疲的感觉。

我也借鉴前人抄写的方法。前人抄写读书方法很多，基本有这三种：

（1）全抄。把一些珍贵的和有价值的资料全抄下来，以供日后阅读之用。在古代，买不起书的读书人，常常是用抄录的方法来进行自学的。抄书时，眼看、心想、手抄、口默读，全神贯注。标点符号、遣词造句、篇章结构，印象极深，颇有益处。因此，抄书既磨炼了意志，又让自己品尝到了读书的乐趣。

（2）摘抄。根据自己的需要，有选择地摘抄材料。如文章要点、警句和有价值的资料。还可有针对性地摘抄。词汇贫乏的，可多摘名言佳句、格言、谚语和成语典故等；思路欠敏捷的，可多摘贴切的比喻、奇特的事例和浮想联翩的诗句等；不善综合概括的，可多摘准确的判断、严密的推理和明晰的结论；喜欢文学的，可多摘一些人物描写、景物描写等片断。

（3）专题摘抄。这种摘抄要列出各类专题项目，广采博取，由少到多，结集成册。如对人物专题描写，可分为人物肖像描写、人物行动描写、人物对话描写等专题；对景物专题描写，可分为春、夏、秋、冬的景物描写，阴晴雨雪的描写，风云雷电的描写，山川湖泊的描写等专题。在读书中善于采用抄写读书法，只要一丝不苟，长年坚持抄写，就一定能够博学多识，成为一个有真才实学的人。

我很欣赏鲁迅的话："中国没有肯下死功夫的人。无论什么事，如果继续收集材料，积之十年，总可成一学者。"

总结我抄写阅读的方法，大多是全抄，因为我读的是古诗文、文化经典，我采用的大多是边抄写边理解和理解后再抄写的方法。

我自己的体会是：对教师来说，抄录阅读是最好的非功利阅读，这样的阅读对一个老师的成长最有帮助。

回忆近年来的阅读，抄写阅读法带来的收获也不少。

首先，抄写阅读法使我独立理解的能力在潜移默化中提升。教读《论语》(选读)，我每一课都抄，收获很大，有"温故知新"的感觉。比如《论语》中有这样的句子：

子曰："君子有九思：视思明，听思聪，色思温，貌思恭，言思忠，事思敬，疑思问，忿思难，见得思义。"

孔子说："君子在九个方面要多用心考虑：看，考虑是否看得清楚；听，考虑是否听得明白；脸色，考虑是否温和；态度，考虑是否庄重恭敬；说话，考虑是否忠诚老实；做事，考虑是否认真谨慎；有疑难，考虑应该询问请教别人；发火发怒，考虑是否会产生后患；见到财利，考虑是否合于仁义。"

过去觉得很难记忆，静心抄写、独立思考后，我发现，其实这一节思路很明显："九思"由浅入深、由表及里、由具体到抽象，很有层次，全面而深刻地彰显了君子应有的思想和素质。

抄写阅读法不仅提升了我良好的阅读品质，也促使我写成了不少文章。

抄录阅读了课本《老子》《论语》《庄子》《滕王阁序》等，使我深刻理解了原文，写出了好多篇原创性的文章。记得应约写《庄子散文的思辨艺术》一文时，我还没有真正读过《庄子》，也没有教过选修课本的这个内容。于是，我反复读了课本，又通读了一遍《庄子》全书，可还是没有理解透彻。无奈，我静下心抄了一遍课本，结果大有收获，最终写成了这篇文章。这篇文章，现在看，有幼稚之处，但这确实是我静心抄录的结晶。我觉得，在这样一个浮躁的社会，我们语文老师，要坚持自己读,要有自己读的能力,而抄写阅读法是比较好的阅读方法。

我指导同事写解读文本类文章也常常要求同事用抄写课文的办法阅读理解文本。为了帮助同事写作关于《滕王阁序》用典艺术的文章,我自己把全文安安静静地抄了一遍,效果非常好,不仅理解透彻了,而且这次抄完后竟然很自然地背下了全文。而写文章的那位年轻人在抄写中理解能力也得到了很大提高,在我指导下,最后也写出了较为满意的文章。由此可见,静心抄写阅读多么重要!

兹呈同事文于下。

浅谈《滕王阁序》的用典艺术

王丽华

大量运用典故是《滕王阁序》的一大特色。综观全文,作者运用典故有以下三个方面的特点:

一、以典故铺陈洪州之风物

《滕王阁序》全称《秋日登洪府滕王阁饯别序》。作者在开篇,首先以典故铺陈宴会所在地洪州的风物。"物华天宝,龙光射牛斗之墟;人杰地灵,徐孺下陈蕃之榻。""龙光射牛斗之墟"出自《晋书·张华传》,张华请南昌人雷焕看牛斗二星为何现紫气,雷焕说那是宝剑的光芒通于天,后来果然在南昌的丰城下掘出两把宝剑,说明南昌城很有灵气,用在此处显然是夸赞洪州的灵异。而"徐孺下陈蕃之榻"讲的是东汉名士徐稚和太守陈蕃的故事。徐稚是东汉名士,满腹经纶而淡泊名利,德行为人敬仰。太守陈蕃素不接待宾客,却专为徐稚设一榻,以供徐稚来访时用。这两人都是南昌人,一个有才一个有礼,故而可体现洪州人才的杰出。作者在介绍洪州时运用这两个典故,形式上相互比照,内容上有力地证明了洪州人杰地灵的特点,并暗指参加宴会宾朋的优秀,如此铺叙,形象而生动。

二、以典故铺叙宴会之盛况

作者善于用典故铺叙本次宴会。通过用典,再现宴会盛大之场面,赞美了到场宾朋,表达了对主人的敬仰和感激。"睢园绿竹,气凌彭泽之樽。"借西汉梁孝王在睢水旁的竹园宴饮文人雅士的典故,写出了今日聚会场面的盛大,把主人阎公比作爱惜人才的梁孝王,把到场宾朋比作睢园中的雅士,并说他们的豪饮气概甚至超过了彭泽县令陶渊明。如此用典,可谓含义隽永。而作者显然还不尽兴,于是"邺水朱华,光照临川之笔"涌出笔端。邺,是曹魏兴起的地方,曹植曾在这里作《公宴诗》,以"朱华冒绿池"的句子,来赞美荷花。"临川"指的是南朝诗人谢灵运。用这两个典故,来赞美参加宴会的名流个个文采非凡,可与曹植、谢灵运相媲美。

不仅如此,作者还借鲤鱼跳龙门的典故、俞伯牙和钟子期高山流水的故事来表达自己对盐工的知遇之恩的感激。"今兹捧袂,喜托龙门。""钟期既遇,奏流水以何惭?"遇到阎公,就如鲤鱼跃龙门变为飞龙一样,身份也不一样了;遇到阎公,就像俞伯牙遇到钟子期演奏《高山流水》一样,自己在宴会上赋诗作文是何等的幸运。于此,作者的欣喜之情跃然纸上。这些典故的巧妙使用,强化了作者表情达意的效果,从而极尽了宴会之盛、宴会之乐。

三、以典故一吐心中之块垒

借典故写尽自己的人生遭际。热闹的场面和美好的景致,竟使作者兴尽悲来。"望长安于日下,目吴会于云间。""怀帝阍而不见,奉宣室以何年?"这里的"日下""帝阍""宣室"三个词,其实都指皇帝,表现了作者报效朝廷的忠心、为国尽忠的渴望。而"云间"是西晋时期著名文学家陆机曾经的所在地。显然,作者含蓄表达了自己虽有陆机一样的才华,却有才不被重用、有才无法施展的愤懑和悲凉。

借典故表白自己对命运的感慨。"冯唐易老,李广难封。屈贾谊于长沙,非无圣主;窜梁鸿于海曲,岂乏明时?"借冯唐、贾谊写自己有才而不被重用的悲哀;借李广、梁鸿来写自己命运的坎坷。这些典故使作者不得志的情状如在眼前。

借典故申明自己积极的人生态度。"酌贪泉而觉爽,处涸辙以犹欢。""阮籍猖狂,岂效穷途之哭?"意思是:即使喝贪泉中的水仍觉着神清气爽,身在即将干涸的车辙中也是欢乐无比,哪里能像三国诗人阮籍那样无路可走便恸哭而还?作者借此宣泄不满于现实的苦闷心情,并在对古事、古人彻底否认的基础上,申明了自己不甘堕落、不会放任自流的心志。

一篇《滕王阁序》之所以脍炙人口,很大程度上与典故的使用是分不开的。大量的铺陈风物和场面以及抒写心曲的典故,既使文章语言精炼,又丰富了文章内涵,增加了生动性、形象性和含蓄性,大大增强了作品的艺术表现力和感染力，收到了言简义丰、余韵盎然、耐人寻味的效果。

抄写阅读法不仅适用于语文教师，还适用于学生。在引领学生方面，我还在积极尝试实践，这里我不想详细说明，只想谈谈抄写阅读法给我带来的一点启示。抄写阅读法是一种似拙实巧的方法，有利于实施静心阅读，提高了师生阅读的效率，是多快好省的好办法；抄写阅读法便于阅读者尽快进入文本，主动亲近文本，利于养成良好的阅读和思考的习惯，提升了独立阅读的能力；抄写阅读法也是学生学习古诗文、文化经典有效的阅读方法，如果教师引领得法，会有显著的效果。另外，抄写阅读法是一种很适合中老年语文老师学习古诗文，尤其是学习文化经典的好方法，能弥补我们记忆的不足，使我们不断成长。

从撰写教学反思开始写作教学文章

最近几年经常外出参加省市各种教学活动，不论讲课、评课，还是作讲座，总有好学的老师问我："怎样写作教学文章？怎样尽快发表文章？"这确实是很现实的问题，对于第二个问题我往往很难回答，但对于"怎样写作教学文章"的问题，我总会说："从撰写教学反思开始吧！"我说的是大实话，也是自己的经验之谈。我给老师就作过《从撰写教学反思开始写作教学文章》的讲座。

回顾自己的教学写作，就是从撰写教学反思开始的。

十多年前，在读了几本教育专著后，教育名家语重心长的教导激发了我，打动了我，我终于下决心坚持写教学反思了。那是一个冬天，我坚持每周写几篇教学反思，不是写在教案本上，而是写在工作笔记本上。短短一学期，我写完了两个工作笔记本，教学写作能力和水平也有了大的提升。

写教学反思时，我坚持不写程式化的教学总结，刻意多写有教学文章特点的反思。这样坚持了一段时间，有好几篇教学文章就这样自然而然地写成了。

我写教学反思，最初是在教案本上写上几句，后来逐渐发展到每学期能写一两篇像样的文章。教读《林教头风雪山神庙》这篇课文的那一学期，我思考小说中关于"风雪"的诗化描写，运用朱光潜关于"纯文学都要有诗的特质"的观点，写成教学总结，最终反复修改写成了 2000 字左右的文章，发表在两家报纸上。

教读《师说》的那一个学期，我思考最多的是这篇经典给学生带来的写作启迪到底是什么。有这样的阅读体验和思考，我就把《师说》的教学与当时的高考议论文写作紧密联系起来，突出文言文教学中"文"的特性，反思后写了文章《品读韩愈〈师说〉，打造高考议论佳作》，发表在《考试指南报》上。这篇文章从论证思路要清、论证要有层次、论证方法要灵活和论证要兼及作文的话题及材料等四个方面展开。这篇文章的发表挺有意思。文章是我投给这家学生辅导类报纸的，从投出去到发表，整整一年时间，我很佩服这位编辑老师的耐心。

《〈归去来兮辞〉的诗歌之美》也是我教学反思的成果。这篇 4000 多字的文章，分别获得陕西省、宝鸡市基础教育优秀教学成果一等奖和三等奖。前已论及，此不赘述。

教学反思也完全可以写在教案本上。2009年高考前夕，准确说是最后一节语文课，我在教案本上写了这样的教案，也可以说是高三复习应考的教学反思——《想清再写：高考作文的制胜法宝》。这篇文章投出去很快就发表，因为这篇文章我也结识了天星公司负责《疯狂作文》编辑的沈主任，并与他成为好朋友。

这篇文章是这样的：

想清再写：高考作文的制胜法宝

高考作文到底怎么写？怎样才能正常发挥自己的水平呢？笔者提醒广大考生，只需注意这四个字——想清再写。

平时要有强化"想清再写"的意识。所谓"想清再写"，就是一定要想清楚之后再写。要有列提纲的习惯，应该从审题、立意、思路等方面谋划好，最起码要打好腹稿。李白"梦笔生花"的故事讲的就是这个道理。在平时写作中，同学们也一定要认真思考写作的先后顺序问题。一般地讲，思考的时间要尽可能地长一些，力争成熟之后再写。在具体写作时，要有"一气呵成"的习惯，在规定的时间内完成作文。特别在高三第二学期，一定要有当堂完成作文的意识，做到训练有素，提高应试能力。

考场作文更要坚持"想清再写"的原则，并按这个原则去写考场作文。这样不仅可以使文章写得思路清晰、结构严密，而且能使审题、立意切合作文的要求，避免离题或脱题的现象。

具体地说，就是考生首先要支配好整个考试的时间。作文的时间应保证60分钟左右，最少不少于45分钟。即使用45分钟作文，用5分钟去思考也是很划算且有必要的。这5分钟时间主要想什么呢？就是审题、立意和谋篇布局，特别要审好题。可在草稿纸上画一下，画一下写作的思路。这种画往往能够激发出思维的创造性火花。在写作过程中，一旦"卡壳"时，也不要急躁，可以稍微停一下，想一下思路，再审一下题意，之后再写。如果有些离题，要很快想方设法扣题，这样就可以挽回危局，赢得较为理想的作文分数。

总之，"想清再写"不仅是平时作文训练应采取的方法，更是高考的考场作文要遵循的原则。考生如能将这种意识贯穿在平时的作文中,就能做到训练有素,科学运用在考场上,自然也会游刃有余地稳拿高考作文的高分。

实际上,高三语文复习应考中,如果坚持撰写教学反思,写作教学文章也是很容易的。我发表的《做与悟:高考语文应考的两大制胜法宝》《文言虚词"之"用法的"三特点"》《稳拿语文高分的秘诀》《高三同学在语文复习应考中要善于归纳和整合》《谨记答题三步骤,答好语文主观题》《谨记"四项注意",答好语文试卷》等文章就是对在高三复习应考中撰写的教学反思的适度加工与提升。可见,撰写教学文章不是很难的,关键看你是不是愿意行动,只要坚持去做,积极、主动地去做,就会有满意的收获。

每当看到我以教学反思为基础修改发表的这些与高考有关的文章时,我还真要感谢 2009 年毕业的那届学生,特别是那位活泼调皮的同学!

我在《感谢学生》一文中是这样记述的:

> 我至今还记得 2008 年 11 月初的一次晚自习辅导。临近下课时,我顺手拿起一位同学课桌上的一份《招生考试报》,看了起来。我有一个习惯,在辅导的过程中,如果没同学提问题,我总会从学生的书桌上拿起书看,学生知道我爱好读书的习惯,也常常拿来一些书刊给我看。就在这时,一位同学随口对我说:"老师,人家这报纸征稿哩,我们希望读到你的文章。"我见他诚恳的样子,完全没有说说而已的意味,就笑笑说:"我没地址啊!"我本来是说一下就了事,没想到这位同学竟认真起来,他递过自己的报纸对我说:"你拿我这份吧!"我犹豫地说:"这不好吧。"他坚定地说:"不要紧,我借别人的看一下就好了。"我收下了这张小小而珍贵的报纸。
>
> 以后,我在这家报纸上发表了三篇文章。这确实要感谢这位学生的……

从撰写教学反思开始写作教学文章是我专业写作的真切感悟和经验,不过,要写得更好,还需要保持读书学习的习惯,要勤于读书学习,要真读书,真学习。只有这样,才可能真正坚持专业写作,写作教学论文,写作教学专著。

静心读写两相宜

说到读写结合的教学实践,我不禁想起了十年前给几家教学辅导报刊写的几篇稿子。

2011年3月,我应邀为《考试指南报·高考作文专刊》读写结合栏目《班门学艺》写一个宣传样稿。"班门学艺"顾名思义就是要老师用名家作品来引导学生去写作。这次样稿只给了大体要求,即体现读写结合,引导学生学习名家作品,借鉴其写法去学习写作,而对于具体的体例要我去策划,编辑还说这个样稿也要给写此类稿件的作者做好示范。

接了这个稿子,我开始觉得不是很难的,但仔细一想,也不容易。怎样让学生一看就能懂,一看就学得来,这是写作的关键。体例策划倒容易,难的是要找适合的名家作品,而且要把作品缩写到900字左右,找的学生作文还要在写法上与名家作品有相通之处。

我想了好几天,最先想出了样稿的体例,依次是【开门导言】【班门之作】【点亮技法】【学艺之作】【学艺感言】,其中【开门导言】是引出写作训练的方法,【班门之作】是要学习的名家作品,【点亮技法】就是具体分析名家作品的突出特点,【学艺之作】就是仿照名家作品写成的学生习作,【学艺感言】就是比较名家与学生习作,找出不足和努力方向。

想好了体例,接下来就是找文章了。我这次训练点是散文的"以情缀文",这个范围也不小。利用课余时间,我几乎翻遍了自己收藏的所有有关散文的杂志和书籍,犹如大海捞针一般,最终找到一篇比较合适的文章《岁月的眼泪》。这篇文章最初发表在《人民日报》上,我当时喜出望外。但输完电子版后,却发现有近1300字。这时我犯难了,怎么把权威报纸上如此精美的文章压缩成1000字左右呢?没办法,只好把文章打印出来,一有时间就看,一有时间就改,这样几天过去了,改得差不多了。这种改可想而知异常艰难,但也考验了我,潜移默化中提高了自己修改文章的能力。我真的没有想到,我把《人民日报》上的文章也硬生生压缩成了规定的字数，现在看这也需要一定的胆识和勇气吧！

找好了名家作品后，我又从积累的学生作文中去找与这一篇文章写作手法相似的学生作文。这个当时好像没有用多长时间，毕竟我积累了不少学生作文，以备随时使用。我找的是张弛同学写的文章《那一朵荷花给予我的》。这篇稿子就在这种冥思苦想中写成了。

我还用这个体例，写了另外一篇稿子：《新颖立意二月花——以意取胜，独领风骚》。这一篇是用作家姜维的文章《珍惜弱点》作为"班门之作"，这次作文是一位叫李丽娜的学生根据写作新颖的要求写的，我作了一些修改。因为有了前面的经验，这篇稿子好像写得挺顺利，用的时间不很长。

有了这样的写作经历，三年后的 2014 年，我应邀为《新课程报·语文导刊》《从读到写》专栏也写了至少两篇类似的稿子，稿件专栏的体例仍是我设计的，依次为【范文欣赏】【亮点借鉴】【新作展现】【创作感言】，体现了读写结合、以读促写的要求。对学生来说，这种写作应该说是一种很好的示范和引导。

第一篇以"选材典型精当，思路清晰巧妙"为题，以宋代官吏廉之如与朋友交往的两个真实而感人的故事为典型事例，层次分明地论证了作者的观点。我也以李清照为例，照着名作的写法，写了一篇《"不肯过江东"》的"下水文"。当然，范文我作了删改，将原文 1000 多字改成 900 字以内。上次删改的磨炼，使这次删改变得容易。

下面就是范文和我写的"下水作文"：

【范文欣赏】

闻香识人

包利民

闲翻野史，知道宋代有个廉之如，乃一隐士，早年应试不第，后结庐于青山绿水之间，房前栽花，屋后种菜，庭插细柳，室藏万卷。每有友来，穿庭入室，皆染一身清馨，而于万卷古今之间，促膝而谈，无不天高地阔。而廉之如兴之所至，也会远游访友。一次他远赴江阴访一故旧，近室而门已开，故人笑迎而出。他诧问："我没有捎信给你，怎么就知我来呢？"故人答道："远闻其香，而知君至矣！"这里所说的香气，非是指廉之如庭花之香，亦不是书卷之香，而是他那种人格魅力的巨大感召。

可见真正的朋友，与物质无关，与利益无关，那是一种心灵上的默契，是性情的相投，是心与心的依存。没有高低贵贱之分，人格上的平等是相交的基础。不必花天酒地，亦无须相从过密，两盏清茶一夕畅谈，实是胜过太多虚浮的繁文缛节。一个人的魅力，源自一颗不蒙尘的心，如皎皎之月，风度云度而不减其辉。人之择友不可不慎，滥交广游之人，必无一知心。体现出欲望，则追腥逐臭之徒盈门，心底纯洁，美好的人格便不期而至。

还说这个廉之如，十年以后，廉之如的平静生活被打破。而就在这时，江阴的那位故友却已是天下闻名，他叫罗贤为，隐而复出，官至二品。就在罗贤为复出之时，廉之如一纸书信与之绝交，信云："后不再访，恐余之清馨为浊世所污！"故此，十年间，两人形同陌路。廉之如人在家中坐，祸从天上来，他因早年一桩诗案被缉拿归案，开斩在即。他离开之前，犹在庭中侍弄花草。行刑当日，廉之如一改常态，请求监斩官暂缓片刻，鉴于他的名望，监斩官便自作主张将行刑时刻延缓，虽然他不知道廉之如争这须臾之命有何目的。过了一会儿，一骑飞奔而来，正是罗贤为。廉之如见他而面露微笑，说："知君远来相送，故乞命片刻相待！"罗贤为惊问："何知吾来？"廉之如说："君身亦有清馨耳！"原来这罗贤为为政期间，刚正秉直，口碑远著，廉之如颇悔与之绝交。

得友如此，人生何贫之有？以心识人，以心相交，自会超越世俗沧桑而温暖如初。而那样的一颗心，那种纯洁的人格，就如清露纳朝阳，良朋自然而至。闻香而识人知人，所凭借的，就是一种内在的潜质，那种人格的感召力和魅力，才是灵魂永远的芬芳。

（选自《错出来的美丽时光》，有删改）

【新作展现】

"不肯过江东"

程浩平

小时候读李清照的诗《夏日绝句》："生当作人杰，死亦为鬼雄。至今思项羽，不肯过江东。"我总搞不明白婉约派"宗主"的李清照怎么就会有如此慷慨悲壮的词句。这些诗句，既没有"兴尽晚回舟，误入藕花深处"的轻松愉悦，也没有"莫道不销魂，帘卷西风，人比黄花瘦"的寂寞惆怅，更没有"梧桐更兼细雨，到黄昏、点点滴滴。这次第，怎一个愁字了得"的哀婉凄怆。偶然一次，读一篇关于李清照的文章，一下子豁然开朗：在金兵南下的时候，她的丈夫赵明诚被任命为建康知府。一次城中叛乱，赵明诚缒城逃跑，使得李清照对其心灰意冷，于是在逃亡江西途中，行至乌江时写下了这首诗。李清照以诗歌讥讽自己丈夫的逃跑行径，传达她拳拳的爱国之心，更彰显了她的做人准则以及她的高洁品质。

今天，读着这样的诗，我们不禁浮想联翩：那些为了金钱迷失方向的人，为了名利不惜作践自己的人，为了美色贪赃枉法铤而走险的人，与李清照相比，是多么的卑微、渺小。在那个时代，李清照仗义执言指摘丈夫，勇于在大是大非面前站稳自己的立场，这种精神至今都是难能可贵的，并值得褒扬和推崇的。

再说一下李清照。丈夫死后，在李清照孤寂之时，张汝舟为骗取她的钱财，对她百般示好，李清照顶世俗之风嫁给张汝舟。婚后，她发现张汝舟只是看中她的金石书画，没有丝毫的真情可言。于是，李清照提出离婚，并揭发张汝舟的行贿罪行。在当时的社会环境下，妻子告发丈夫，即使印证丈夫有罪，妻子也要同受牢狱之苦。李清照入狱后，在家人多方营救下，入狱九天便被释放，这段不到百天的婚姻也就此结束。一个女人，在那样的社会，顶着世俗压力，冒着牢狱的危险，状告丈夫，这种胆识和勇气，实在有感天动地的力量和价值。

李清照曾经提出"诗庄词媚"的文学主张，这或许正是她的词与诗风格迥异的主要原因。李清照的"不肯过江东"借项羽的宁死不屈反讽徽宗父子的丧权辱国，表达对宋王朝的愤恨。这是作者人生的悲吟与绝唱，它给我们更深的启示：李清照不仅是"千古第一才女"，她的保持独立人格与尊严，她的勇于抗争，永远是我们思想的典范、行为的高标。相信李清照的诗句"不肯过江东"将会点亮我们每个人的生活，点亮我们的世界，传递我们这个社会的正能量。

第二篇稿件以"结构严谨，举例充实"为题，范文是梁实秋先生的文章《勤》，作品运用了事例论证的方法，以严谨的论证结构，论述"勤"的内涵和意义，而我的模仿之作以"静"为题，遵从范文的写法，重视事例论证，先列举李文波和鲁迅的两个正面的事例，阐述"静"的作用和好处，接着针对当前社会的种种浮躁现象进行深入剖析，结尾与开头自然呼应，深化了中心论点，也彰显了自己"静心语文"的观点和主张。

请看我的模仿之作：

静

程浩平

静，平静，安静，恬静也。无论工作学习，还是生活，潜心其中，乐而忘忧，这就叫静。静不只是修行者的专利，更是一个成功者应该具备的基本素质。这里姑且说两个实例：

先说说当代军人李文波的事迹。李文波守卫南海20多年来，耐得住寂寞，潜心于气象研究，他所在的永暑礁海洋气象观测站共向联合国教科文组织和军内外单位提供了140万组水文气象数据。这些凝聚着他心血的数据，被海军航保部门认定为最佳等级，4次获得海军海洋水文气象资料优秀奖，创造了20年观测数据无差错的奇迹，每天通过电视、广播、网络走进千家万户，为航行在南沙海区的船舶提供最权威的气象信息。正是因为李文波在孤寂中静心做事，才创造了如此的奇迹。

再谈一下大家耳熟能详的鲁迅先生。鲁迅先生曾经说过这样的话："中国没有肯下死功夫的人，无论什么事，如果继续收集资料，积之十年，总可成一学者。"这句话看起来在说要"坚持不懈"，但我们都明白：要坚持不懈就要静下来。鲁迅先生有超常的"静力"。在30多年的创作生涯里，他惜时如金，住在闹市，但他的心是静的，与朋友很少闲谈，偶遇无聊的朋友，他总会毫不客气地下逐客令，而他的创作也大多是在静夜里完成的。正因如此，他才创作了令后人叹为观止的皇皇巨著。一个人如果静不下来，只会浮躁行事，虚度光阴，何谈成就和建树？只有我们静心学习、静心工作、静心思考、静心生活，我们的生活才会变得更加美好。

静的对立面是躁。在物欲横流的当今社会，金钱、权势困扰着我们，往往会令我们眼花缭乱。有人为了一个诱人的职位狂躁不已，有人为了房子和车子费尽心机，如此等等。这也许就是我们这个社会中芸芸众生焦躁不安心理的真实写照。

处在当世，人心浮躁，也在所难免。然而一味浮躁焦虑，终究是于事无补的，倒不如自己先静下来，做好手头的事儿。如此，工作就有了乐趣，生活也就充满了阳光；一个国家和社会静下来了，就会充满希望，就会成为一个真正的和和美美、幸福安康的和谐社会。这就是静的魅力。让我们都静下来，安心地享受静带给我们的幸福和快乐吧！

读写结合怎样落实在教学中，我总在思考这个问题，并力图去解决这个问题。2015 年上半年，在高三作文训练中，我特意将古诗词阅读与写作结合，命制了这样一道作文题，来进行读写结合的实践研究。

阅读下列唐诗宋词，品味其中饱含的理趣，选取一位或几位诗人的诗句，以"人生的智慧"为题，结合现实和自己的人生体验，写一篇不少于 800 字的议论文。

①草木有本心，何求美人折？（张九龄《感遇》）
②竹杖芒鞋轻胜马，谁怕？一蓑烟雨任平生。（苏轼《定风波》）
③不畏浮云遮望眼，自缘身在最高层。（王安石《登飞来峰》）
④蚍蜉撼大树，可笑不自量。（韩愈《调张籍》）

这个材料是以唐宋诗词为对象，从所给的诗句看，这些诗句都有很深的意蕴，而文题也强调写作时要"品味其中饱含的理趣"，因而弄懂每位诗人传达的哲理是审题立意的关键。张九龄的诗可从个性、位置、尊严等角度立意，苏轼的诗可从境界、胸怀、乐观等角度立意，王安石的诗可从眼光、毅力、目标等角度立意，韩愈的诗可从谦虚、自负、见识等角度立意。当然，既可就一位诗人的诗蕴含的哲理立意，也可以将几位诗人传达的哲理结合起来立意。

文体已经有明确的要求，因此，必须写成议论文。不过在议论文结构形式上可以有所不同：若论述几位诗人的诗句，就写成有分论点形式的并列式结构；若论述某一位诗人诗句，就写成递进式结构。这个题目可以说是引导学生进行读写结合实践的一个很好的范例，现在都有借鉴的意义和价值。这个题目，我整理学生两篇作文写成了稿子，发表在《考试指南报》上。

著名教育家叶圣陶认为：语文教学就是阅读和写作，阅读是"输入"，写作是"输出"。这话道出了阅读和写作的真谛。怎样引导学生由"输入"到"输出"，是每一个老师关注和研究的话题。在我撰写这些以读促写、从读到写的稿件的整个过程中，我对叶老的观点有了更深刻的感悟和体会。我深深地感到：教师要引导学生阅读写作,自己首先要阅读写作,而这种阅读和写作必须建立在静心的基础上才能做好。请我们的语文老师,尤其是高中语文老师一定要静下心来阅读写作,以此引导学生静下心来,认认真真地去阅读写作,读懂美文,写出佳作!

从解析高考真题到原创高考模拟题

2021年高考刚结束的6月10日晚上8点多，当我打开QQ时，发现有好几个信息，其中一个是一位久违的编辑朋友上午10点多发的，她叫张平，是PK公司的一名语文编辑。她问我有没有全国乙卷的语文答案，我手边正好有朋友发的答案，就直接发给她了。

后面我们聊了一会儿，问了彼此近几年的情况。我告诉了她自己的一些情况，她感慨道："我在原地打转，要向您学习！"我一面说"过奖了"，一面鼓励她，说了年轻人大有作为之类的话，留言说以后常联系，多交流学习，共同提高。

这件事情不由得让我想起前几年我解析高考真题和原创高考模拟题的好多事情。

10多年前的2009年高考前夕，因为加的QQ群多的缘故，偶然间得知一家教辅出版公司——PK"三人行"公司，在高考结束的第一时间要老师完成高考真题解析的任务。那年，我正好带高三，高考复习到最后几天已经没有多少事情，就抱着试试看的态度去报名了。没想，很快就通过了，并分配了任务，是在高考结束第一时间解析广东高考真题全套试题。那时全国已经有了新课标卷，许多省份的高考还不是新课标的试题。虽说那次解析的不是全国卷，但接到这个任务后，我还是很高兴，也很用心。

当时与我直接联系的就是张编辑，她年轻、热情，想得很周到，我们聊得很好。为了让我了解广东卷的情况，高考前，她不但给我发了历年广东卷的真题和解析的资料，而且发了广东省的考试大纲。那个时候，除教育部外，各个自主命题的省市都有考试大纲。我认真阅读，做了梳理和整合。因为我知道：要把解析做好，提前做好这些工作是很有必要的。张编辑还说，做高考真题解析时间很紧，必须抓紧时间，最迟要在考试结束后的两天之内做好解析，争取解析书抢先上市。

于是，在高考题刚刚公布的时候，我就把张编辑抢先私下发给我的试题先熟悉了一下，然后着手去写。因为是初次，写得特别认真，速度也不怎么快。那次解析只要求重点写两个部分：一是诠释考纲要求之类，要求老师说出这个题在考纲中是如何体现的；二是解析试题答案，选择题要求说出为什么是这个答案而不是其他答案，主观题要求说出这个答案是怎样生成的。起先，我也比较依赖答案，没想到适得其反，加上那时打字速度比较慢，整个过程就越来越慢。慢慢地，我发现不依靠答案反而做得快一些。从 8 日晚上开始一直做到 9 日晚上还没有做完，直到 10 日凌晨，总算完成了任务。当我在 10 日凌晨把稿子交给张编辑时，没想到她也一夜没有合眼，在等待各位老师的解析。我当时就觉得，编辑很辛苦，有时候比语文老师更辛苦！

尽管我这次没有能够做全国卷的试题解析，但事后反思，自己受益匪浅。这次解析使自己研究高考试题的意识有所增强，能力和水平也在提高。同时，也积累了一些现成的经验。比如：要做解析，最好自己做一遍试题；做解析一定要有学生意识，你的解析文字是给学生看的，只有契合学生才是最好的；高考解析最难的是文言文翻译和选择题答案，特别是文言文翻译需要老师自己精细翻译，力求恰当、准确。那个时候，资料还比较少，没有《二十四史对译》这样的电子书，因此，文言文只能靠老师自己翻译，难度就很大。

第一次做高考真题解析给我带来的变化是：我开始更加重视高考试题的研究了，从试题到考纲，我确确实实得认真研究了，甚至如何应考都是我要研究的重点。从教研方面说，我也迈出了新的一步。现在回望走过的这些路程，我得诚恳地感谢张编辑，与她的最初合作让我的教研有了一个新的开端，这对于一名高中语文老师来说无疑是很重要的。

做完解析一个月后，我收到了样书。第一次收到这样的样书，我很高兴。后来，又收到这家公司样书《五年真题分类检测卷》。可惜，编委名单里把我的名字误写成了"程平浩"。当时，不知是什么原因，大约是学校要统计教师编辑书籍的情况什么的，我就要求张编辑出一份证明，没想到她很快答应了。没多久，她就把盖有公司公章的证明寄来了。我很感动，感激张编辑的认真诚信。

更感动的是，这年底，PK"三人行"公司的曹主任一行来到了我们岐山。事前与我联系后，在我的组织下，专门与我们老师就教辅资料使用情况进行了交流。这是我与外面编辑第一次面对面的交流。这次交流学习，开阔了我的视野，也为我与他们公司进一步的合作打下了基础。

在 2009 年之后的几年里，我每年都坚持在业余时间为他们公司第一时间写高考真题解析，每年都编成《全国各省市高考试卷汇编》和《五年真题分类检测卷》，还参加过《2012 全国名校高考信息卷》《2012 全国名校高考信息冲刺卷》等的编写。在真题和模拟题解析中，我研究高考的能力和水平得到很大提高。我都没有想到，解析试题对研究高考和教学是这么有益的事情，我应该继续坚持做下去才是。

于是，我就继续寻找写高考试题解析或者与此有关的事情，以便进一步提高自己。

机会还真的来了。2012 年下半年，我与郑州天一公司的吴编辑取得了联系。在吴编辑的鼓励下，我接下了完成《2013 年考场抢分 21 题二轮复习资料一本通》的编写任务，我的任务是 21 题中的 4 道大题，最初我是想与同事共同完成这项任务。结果，同事看了后感觉编写繁难，不想做了，最终只能由我一个人去完成。我的题目是文言文、古诗和作文中的四道大题，吴编辑说要原创。即使资料中用高考原题，也要改编，不能照搬真题原题，这个难度很大。接下这个任务后，我有点后悔，差点打退堂鼓。但自己的那点执着，还有吴编辑的热情鼓励和支持，使我坚持了下来，最终完成了任务。回想自己能做下来，主要是自己除了上课，业余没有其他爱好，就喜欢写点东西。

不过，那一个多月的晚上，除了辅导和开班会，我都在加班，熬到晚上 12 点是司空见惯的。原创模拟题关键是材料，这个对自己来说不容易，好在当时除百度外，网上还有一些期刊网可以浏览，但需要大量的时间找符合要求的命题材料，找到符合模拟命题的材料后，总有一种"踏破铁鞋无觅处，得来全不费工夫"的感叹，但苦闷多于欢乐。至于改编高考真题，也会有"蜀道难，难于上青天"之叹。当吴编辑再次催稿时，我告诉他我除了要改编的那道题之外，其他题目我都做好了，而且发他邮箱了。当时我正在街道散步，电话那头，听得出他又惊又喜，连声表示感谢，并让我不要急，剩下的任务慢慢做。我当时高兴极了。

从解析试题到自己独立命制高考模拟题，这还只是我迈出的一小步，而自己独立命制高考模拟题才是我在研究试题上迈出的一大步。

这个还要从给天一公司做高考真题解析开始。我有一个愿望，一定要在高考结束的第一时间，为全国卷尤其是新课标卷写一次解析。这个愿望终于实现了。由于为天一公司写了二轮复习资料的一大部分稿件的缘故吧，2013 年高考前夕，吴编辑把 2013 年课标卷一的解析任务交给了我。为做好这个解析，我在高考前再研读大纲，研究考点，研究历年高考试题。高考结束第一时间，我认真读题，自己在编辑还没有发真题的时候，就已经想方设法找到试题，静下心来读试题，做答案。因为自己有这个愿望，所以虽苦犹乐，乐此不疲，那一天多的时间，简直就是废寝忘食。这恐怕就是兴趣的力量吧！

2013年做的这套真题解析，我自己是最满意的。因为这个缘故，这一年的下半年，我在吴编辑的要求下，做了一套高考新课标的模拟题。我向来比较自卑，《诗经》中的"战战兢兢，如履薄冰"是我好多时候心态的写照。接了这个任务，为了找到资料，我寝食难安。除了上课、写教案和改作业的时间，我几乎都在留心要找的资料。这样，苦苦寻找一个月后，终于找好了材料，发给编辑看了，然后开始命题。书到用时方恨少。真正命题的时候才发现自己对高考研究的浅薄和粗疏。这样，就又不得不去再研究真题，如此反复，又过去近半月时间。碰到了一个不用补课的双休日，好好睡了一觉醒来，振作精神完成了模拟题的任务，发给吴编辑，吴编辑当时只说收了，我心中却忐忑不已。过了没有半天，忽见吴编辑发来笑脸和鲜花，并留言说："看了您做的这套模拟题，震撼啊！"当下心才彻彻底底地放下了，那种愉悦是无以言表的。

从2013年到2015年上半年，我迈出了做高考语文模拟题的这一大步后，又被催逼着继续前行。我先后为天一公司、百校联盟等命制了数套高考语文模拟题。2014年9月，我为百校联盟命制的河北、山西等省的联考题得到了有关高考资深专家的充分肯定。研究高考真题、撰写高考真题解析、原创高考模拟题，大大提高了自己带领学生高考复习应考的效率。我所带班级高考成绩优异，所教的学生曾夺得高考语文139分的优异成绩，创造了我校十多年来高考语文的最好成绩，辅导的复习生高考语文也取得了124分的好成绩。

我一直认为：作为一名高中语文老师，一定要研究高考，这是我们的生存之道和发展之道。站在如今高考变革的这个新高地上看过去做的这一切，虽然高度不够，但基本方向应该是正确的。我知道，撰写高考试题解析和原创高考模拟题的过程之所以辛苦，是因为需要静下心去阅读、去写作，只有去除浮躁，专心致志，才能做好这项工作。当然，作为现在的我——一个需要承担引领示范作用的名师，更要提高自己的政治站位和学术站位，不辱使命，勇于担当，不辜负党和政府的殷切期望，积极进取，勇攀高峰，静心研究新高考的新动向和新特点，做新时代高中语文教学和高考复习应考的真正研究者和领跑者，为基础教育改革和发展作出自己的应有贡献！

发表在《语文报》上的那些"豆腐块"

谈到写作教学文章,不少老师总觉得要写高大上的文章,看不上写作"豆腐块"类文章,而我觉得只要是自己真思考、真写作,不管篇幅长短,都是可取的。我至今忘不了那些发表在全国著名语文专业报纸《语文报》上的那些"豆腐块"。

高中读书时,我一直订阅《语文报》。工作后也一直关注《语文报》。2011年下半年,在网上认识了《语文报》的刘编辑,也加了作者群。心想,能在《语文报》发表一篇文章是多么让人骄傲的事情。

有一天,看到刘编辑博客里征稿的消息,是关于《荷塘月色》的。以前听刘编辑说,现在报纸基本上是征稿,很少约稿,只要你写得好,就能发表的。为了写好稿子可以看看征稿博客中发表的样稿,这样写的稿子会更有针对性,更容易发表。《荷塘月色》是一篇经典作品,写它的教学文章很多,角度很难选择。我虽是答应了刘编辑参与征稿,实际上内心还在犹豫。没想到刘编辑却认起真来,鼓励我一定要写。这样,我就下决心打算写一篇小文章。虽然说教学很忙,但写这样的文章的时间还是有的。

为了选题,我反反复复把《荷塘月色》读了几遍,还是没有头绪。过了几天,刘编辑问我写得怎样,我不好意思地留言说:"还没有思路。"没想刘编辑热情留言告诉我说,可以从引诗《西洲曲》去谈一下作品饱含的"淡淡的哀愁与淡淡的喜悦"的情感。她还强调,这是给学生看的,语言要好,分析不要过于深刻,只要有新意就行。刘编辑的话一下子点醒了我。于是,我围绕《西洲曲》又静心阅读了几遍文本,梳理出了写作思路,从喜和忧两个方面写成了解读文章的初稿。后来修改了三次。虽说如此,当自己把稿件发给刘编辑时,我还是觉得不很满意。

没过几天,刘编辑告诉我文章打算采用,我喜出望外。这篇小文章,最初发表在2012年9月18日的《语文报》高中版第41期,最初发表时文题改为"是喜悦,还是哀愁?"。没想到后来被2015年12月苏教版采用,改回我原来题目"心的愉悦与悲戚"再刊登发表。更有趣的是,2019年11月5日的《语文报》高中版人教新课标版的第 41 期,又改回最初题目"是喜悦,还是哀愁?",编辑还对文章作了大量修改。

请看编辑最后修改的这篇文章:

<h3 style="text-align:center">是喜悦,还是哀愁?</h3>

朱自清《荷塘月色》满含淡淡的喜悦与淡淡的忧愁,这是大家都公认的。但如果我们细细品读文章中所引的《西洲曲》这首诗,又会读出怎样的情感呢?

《西洲曲》透露出作者内心的喜悦。作者是以"于是又记起《西洲曲》里的句子"引出这首诗的,这显然是承接上文梁元帝的《采莲赋》而写的,是采莲赋描写的嬉游场景的继续,并且是"有趣的事",这足见作者的喜悦之情。而从引文本身的内容看,前两句"采莲南塘秋,莲花过人头",展现了一位青年女子采莲的愉悦与欢乐。试想,一个美丽的女子,在池塘采莲,莲花亭亭而立,这是多么惬意的事啊!此时读者的脑海里一定会浮现出一幅少女采莲的美好画面。这画面是美好的,给人的感觉也一定是愉快和幸福的。当然,之所以快乐,这里面还应当有一个重要的原因,即"爱"使人向往、憧憬和愉悦。

《西洲曲》中饱含淡淡的哀愁。采莲是盛事,是乐事,这是不言而喻的。不过"采莲南塘秋",着一"秋"字,在秋天采莲,似乎从感情上就清冷了许多,同时不免潜滋暗长出许多的落寞和孤独来。一个青年女子一个人刚刚采莲尚有兴致,时间久了,就会少了些许趣味。于是,慢慢地忧思就爬上心头,才会有"低头弄莲子,莲子清如水"的愁思和忧伤。这两句写尽一个青年女子思念意中人的痛苦。

综观这四句引诗,前两句喜中含忧,后两句借莲子抒写忧愁,借流水倾吐苦衷。朱自清先生在这里以古代女子之忧反衬自己之忧,这忧就是不能回故乡之忧,"莲子"("怜子")就是惦记江南故乡。所以文章下文写道:"这令我到底惦着江南了。"这是作者喜与忧感情的最直接的表露,与引诗相得益彰。

前人曾这样评价朱自清的散文:"风华从朴素中出来,腴厚从平淡中出来,幽默从忠厚中出来。"品读《荷塘月色》中引用的《西洲曲》中的句子,我们会对"风华从朴素中出来,腴厚从平淡中出来"的评价有更深刻的理解和认识,这恐怕也是朱自清散文有着无穷魅力的一个重要原因吧!

《语文报》这篇小文章的发表进一步激发了我写作的兴趣和热情。随后不到一月,我又静心品味李商隐的《锦瑟》,以《锦瑟》意象的朦胧美为研究对象,紧扣原作,从迷离意象托物言志、迷离意象抒写"惘然"之情和迷离意象浸透"惘然"之情等三个角度,对作品意象进行解读,写出《迷离意象演绎的"惘然"之情》一文,发表在《语文报》高中版2012年9月18日第35期上。这是我意想不到的事情。

后面竟有点一发不可收,围绕文本解读,我坚持为《语文报》写稿。2015年至今,我已在《语文报》上发表过文本解读类文章多篇,主要的有:《〈动物游戏之谜〉的语言艺术》《〈谈中国诗〉的比喻说理》《谈谈〈说"木叶"〉一文的引用举例》。即使像《〈谈中国诗〉的比喻说理》这样600多字的文章,我也十分看重,因为它是我静心阅读文本、深入思考写成的,那确实浸透着我的汗水和心血。

这里,我谨展示一下这篇短文:

《谈中国诗》的比喻说理

众所周知,著名学者和作家钱钟书先生的文章以善于运用比喻著称,他的小说代表作《围城》中所用的比喻多达千条,可以说是俯拾即是。他的文艺随笔《谈中国诗》中也多处使用了比喻的修辞方法,作者以比喻说理,生动形象,新颖独到。

一、比喻说理生动形象,真切自然

使用比喻修辞就是为了生动形象地表情达意,这是大家都公认的,而在说理时,运用比喻也有这样的艺术效果。为了生动形象地说明道理,《谈中国诗》在开头以梵文的《百喻经》中的"空中楼阁"这个比喻阐述了中国诗"早熟早衰"的特点,既生动形象,又自然贴切:因为本文是给美国朋友讲的,用外国的这个事例来说明,特别自然贴切。不仅如此,文中为了自然贴切,采用比喻的方法来说明道理。

二、比喻说理新颖独到,深刻透彻

新颖独特也是本文比喻的一大特点。文中以"怀孕的静默"来阐明中国诗富于暗示的特点,这确实是一大创造,很有新颖和独到的地方。怀孕的外在形象就像诗歌的外形，而腹中的胎儿就是诗歌的内核，这才是诗歌的灵魂。正如文中所说："说出来的话比不上不说出来的话，只影射着说不出来的话。"还有文章最后为了说明中西诗歌有着相同之处时，用"他乡忽遇故知"来形容，也自出机杼，很有新颖独特的意味。最新颖独到的是，作者在第三段用一系列的比喻说理，这不得不令人赞叹。这些比喻，有以"闪电战""轻鸢剪掠"直接比喻的形式，也有以"鞋子与脚""樱桃核跟二寸象牙方块的雕刻者"比较比喻的形式，比喻形式灵活多样，阐述道理缜密细致，将中国诗的特点阐发得深刻透彻，也平添了新颖独到之意。

好多语文老师最初写作教学文章时不知道写什么，也不知道从什么地方开始写起。实际上，许多名师告诉大家：就写文本解读类文章，就从文本解读开始写作教学文章，这也是我的经验和体会。因为文本解读距离教学最近，最好着手，最简单，最容易写。只要静心阅读文本，静心独立思考，就能写出内容充实、文情俱佳的文章。

我和"诗意语文"的故事

10多年前,在我们宝鸡新教材培训会上,我有幸认识了董一菲老师。她那靓丽的面容、飘逸的长发、时尚的衣着,更有那高雅的举止、优美的语言、灿烂的笑容,都给我留下了深刻的印象。

我印象深刻的有这么两个细节:

一个细节是:一菲老师说她喜欢阅读,每年要买许多书。而且,在她的引导下,语文教研组老师们买书阅读都已经成了一种习惯,她的孩子也因此爱上了阅读。她的这番关于阅读的陈述惊醒了我,让我不得不反省自己的读书。阅读能够让人成长,我虽然懂得这个简单、朴素的道理,但实际做起来,常常是思想大于行动,好多阅读只是停留在计划中,好多在行动时半途而止,最后,只有自我埋怨。她的这番话震动了我,还有一个原因是,在我印象中,喜欢阅读的大多是男老师,哪里有这么漂亮的女老师如此钟情于阅读,并且有这样的远见卓识,我深感惊诧和钦佩。

另外一个细节是:一菲老师在教材培训中说:"我从学校出发前,孩子们依依不舍。我告诉他们,我要去宝鸡。宝鸡是著名的历史文化名城。这次去我一定要'挖'一下,挖出文化,回来一定好好与大家分享一下'挖'来的感受。"当时听了这段话,我与前面的她读书的例子联系起来想,读书应该是学习文化知识的一个重要组成部分,这就是人们通常所说的"读万卷书"的道理了,而"行万里路"就是一个人的游历了,我们语文老师要在游历中开阔自己的视野。这个道理,我在此后若干年才懂。我惭愧自己的孤陋寡闻,也为一菲老师的人生境界而由衷地赞叹。我觉得做一个有文化、有品位的语文教师应该是我们每一个教师的追求。

10年前的那场培训,我记住了"一菲"这个很诗意、很温暖的名字,并且期待有一天能再听到她的声音,一睹她的风采。没想到,我的这个愿望正在一步步地变成现实。

2017年10月的一天,在朋友圈里,我发现了"董一菲诗意语文"公众号,心头一喜，马上关注阅读起来。几天阅读后，我又发现"董一菲诗意语文工作室"这个微信群开展的活动形式多样，很是精彩，很有文化韵味，对教学大有裨益，特别是每周一次的微信语音交流活动，形式新颖独特，引人入胜。于是，我就萌发了加入微信群的强烈念头。我想了不少办法都没有加成，心里很是着急。有一天，我无意中翻阅过去培训的笔记本，找到了一菲老师的电话，我喜上心头，怀着忐忑的心情试着加了一菲老师的微信，没想到她很快就同意了，我就这样加进了"董一菲诗意语文工作室"微信群里，成为了一菲老师群里的一员。后来，很荣幸地被一菲老师聘为工作室的特聘导师。

今天我有幸读到了一菲老师的课例《林教头风雪山神庙》。读着这个课例，我更加感到了文化的味道、文学的韵味，更有一种文化与文学交融而升华的诗意语文的精神力量灌注其中。可以说，这节课是她几十年教学的智慧结晶，是文化和文学长期积淀后的诗意薄发。

这节课的起头就蛮有文化味和文学味。上课开始，一菲老师由课文的标题自然引入作品《水浒传》，并且说"《水浒》当中也可以说是一个英雄的世界，是一个江湖的世界"，而后通过评价项羽和李白这两个英雄人物引出《水浒》中的一百零八个人物形象，让同学们来说一说自己心中的英雄各是哪一位。这个问题很自由，也很开放。在一名学生回答英雄是"武松"后，她点拨道："武松也是英雄，的确，各个都是英雄好汉，快意恩仇，但是每个英雄的形象都是不同的，也就是作者施耐庵他有自己心中的理解，说这一百零八将可以说天罡星、地煞星当中都有一个谥号。同学们会写'谥号'的'谥'吗？追谥礼，就是根据他一生事迹追封的那个字，知不知道怎么写？……'谥号'是根据一生功业来追封的，那么我们研究研究这个'谥号'吧，一起读一下，第一位英雄是谁。"这里，由《水浒》的文学常识引申出有关项羽和李白的文学知识，温故知新，文学韵味横生，诗意盎然。紧接着，一菲老师对"谥号"这一文化常识的点拨导引更激发了学生学习的兴趣和热情。

在一菲老师的层层点拨引导下，学生分别说出了"天魁星——呼保义宋江""天机星——智多星吴用""天闲星——入云龙公孙胜""天贵星——小旋风柴进"。在学生说出的时候，她都给了恰当的补充，师生的合作非常融洽。针对具体人物，她都作了恰当的解释：宋江是《水浒传》当中的英雄之首，所以他是"天魁星"；吴用非常有心机，是智慧化身，所以他是"天机星"；公孙胜是"闲云野鹤"般的人物，所以他是"天闲星"；柴进出身高贵，所以他是"天贵星"。这种行云流水似的点拨，足以看出她深厚的文化积淀和过硬的文学素质。

一菲老师深厚的文化积淀和过硬的文学素质，更体现在她出色而高超的教学艺术上，简单概括起来就是：教学的重点突出而明确，教学的难点突破轻松自如，教学亮点展现精彩纷呈。

《林教头风雪山神庙》是中国古典小说的典范之作。品味这样的小说，我们一般都会将品味小说语言、分析人物形象作为教学的重点，而要在一节课有滋有味地去品赏小说语言、分析小说的人物形象，难度是很大的。一菲老师以"四两拨千斤"的卓越智慧，巧妙地以小说主人公林冲为突破口，以中国古典小说点评法为引导，紧紧抓住小说描写林冲的有关细节，与学生展开了一场别开生面的对话。

纵观这场对话，大体有三个步骤：一是引出方法，激发兴趣。一菲老师在引出中国古典小说点评法后，重点引述了金圣叹对林冲的评论，顺势温习了小说的三要素。在此基础上，点明细节对小说的重要性，又具体分析了经典名著《红楼梦》中"黛玉葬花""宝钗扑蝶"，《雪国》中"雪"，《唐吉坷德》中的"大风车"以及《茶花女》中"茶花"等细节，教给了学生必要的方法，激发了学生学习的兴趣。二是示范引导，教给方法。在学生齐读开头"话说当日林冲正闲走间"这一句之后，她扣住"闲走"作了具体分析。当然，一菲老师没有搞一言堂，而是有意识地让学生参与进来，借助前后两次不同目的的齐读，在有意提升学生的感悟能力和水平。三是动手点评，师生交流。在作了示范引导后，她要求学生选择小说的细节来作为林冲是不是英雄的证据。学生在讨论后，有几个同学按照老师的要求发表了自己的看法。这场对话就是围绕小说的重点而展开的一场和谐、融洽的对话，一场师生平等交流的对话，一场师生思维相互碰撞的对话。

这节课的教学难点也突破得格外轻松自如。分析林冲的性格，应该既是教学的重点也是教学的难点，而林冲性格的转变更是教学难点中的难点。为了分析主人公林冲，一菲老师开头就在引出谥号后抛出一个大问题：林冲谥号是"天雄星"，他是不是真英雄？这问题如同在平静的水面投了一块大石头，激起了一个大水波，点燃了学生思考的火花。在评点小说细节的环节里，她继续以这个问题为引子，启发学生思考。在学生评点接近尾声时，她在评价最后发言的这个同学点评的基础上，又一次问这个问题，并要大家带着这个问题继续解读小说。为了进一步突破教学的难点，她分别列举分析了外国名著中有关色彩的例子：安娜黑色的裙子、斯嘉丽绿色的眼睛和裙子、爱思美达尔的红色裙子。之后重点分析了《林教头风雪山神庙》的白色、黑色和红色的象征意义，进而得出"林冲是一个悲情的英雄"，"他的命运当中最大一个字"是"辱"，而他采取的是"忍"的办法。这样一来，一菲老师以文学作品中的色彩为抓手生动形象地评析了小说中色彩的象征意义，用色彩打开了分析林冲性格的大门，轻松自如地突破了教学的难点。

除了这个亮点外，读完课例，我个人感觉至少还应该有两个突出的亮点：文气、才气十足，人文内蕴深厚。

说到文气和才气，我想起几个月前某一天一菲老师展现的她书房一角的照片，那是有关《红楼梦》书籍的书柜一角，那里排列的书有上百本，这让我惊诧和震惊，这哪里是家庭书柜？比我们一般高中学校的图书馆的书还要全一些。想象她如饥似渴阅读的感人情景，我情不自禁信口吟诗道："十年磨一剑，霜刃利无比。"今天，这确确实实、清清楚楚得到印证了。不是吗？没有长期大量的阅读，她怎么会在一节课内对诸多中外名著的内容如数家珍，信手拈来呢？不是吗？没有苦心孤诣的感悟，她怎么会游刃有余地解读中外作品，侃侃而谈呢？不是吗？没有文学文化的厚积，她怎么会直面经典，激扬文字，纵横捭阖呢？是阅读、感悟和厚积，绽放出诗意语文的一朵朵璀璨而美丽的花儿。

品读一菲老师《林教头风雪山神庙》的课例，我总会联想到自己这10多年来对诗意语文的逐渐了解和认识，特别会想起最近几年来参加"董一菲诗意语文工作室"各项活动的那些感人情景，我深深感到：诗意语文的诗意来源于真真切切的教学，是从长期积淀的文化中喷薄而出的，是从博大精深的文学中喷薄而出的，是从文学的精妙细节中喷薄而出的，甚至是从文学的美丽色彩中喷薄而出的……

感谢一菲老师，让我与诗意语文有一个美丽的邂逅、美丽的开始，我更期待着诗意语文有一个更美丽的明天。愿诗意语文在文化、文学中薄发，并伴着文化和文学茁壮成长，成长为新时期语文界一棵根深叶茂的参天大树！

在同读共写中一起成长

"新教育"倡导者朱永新教授认为：教师专业发展主要通过专业阅读、专业写作和专业交往这三个途径来实现，专业阅读、专业写作和专业交往是教师专业成长的"吉祥三宝"。

回想我们名师工作室一年来开展的独具特色的"专著共读"活动，就是教师专业阅读、专业写作和专业交往的过程，那情景至今鲜活如初，令人难忘。

2018年3月，工作室成立后，借鉴"正道语文"开展的"寒假共读"活动的经验，决定开展以阅读教育专著为内容的"专著共读"活动，要求全体成员强化阅读意识、静心阅读、互相交流、撰写阅读文章。

3月底，工作室为全体成员包括5位导师在内共21人购买了江苏省著名特级教师李仁甫老师的专著《你的语文课也可以这样灵动》，并邮寄给了每位老师。

榜样的力量是无穷的。4月初，作为工作室主持人，我在工作室公众号和博客上以《专著共读》为新栏目，在栏目第一期上推出了自己公开发表的评析李仁甫老师课例的论文《充满活性的场景，精彩纷呈的对话——评特级教师李仁甫的课例〈春江花月夜〉》，还特意写了《主编寄语》，激励大家扎实开展此项活动，迅速掀起了阅读专著的热潮。

4月中下旬，工作室特聘导师王宏民老师在收到书不到1个月的时间内，先后写出两篇很有水平的阅读感悟文章，让人感动、钦佩，深受鼓舞。

王老师在第一篇阅读文章《生成的关键在"生动"》中说，"收到李仁甫老师的书，感佩之余，我忙不迭地读了书之序跋，只瞻头顾尾就先为之震撼了"，"生成的关键是'生动'，这个'生动'，就是学生活动"，"课堂是学生学习的地方。生成课堂，重点是学生，关键在教师"，"思路决定出路。只要我们有'独上高楼，望尽天涯路'的魄力和追求，有'衣带渐宽终不悔，为伊消得人憔悴'的意志和毅力，就一定会有'众里寻他千百度，蓦然回首，那人却在灯火阑珊处'的那一天"。

王老师第二篇阅读文章《读李仁甫〈拿来主义〉课堂实录》，先分析了李老师授课以师生质疑为主的教学特点，再具体分析了学生的质疑，最后重点分析了李老师这节课"让我感受最深的是学生的主动提问"的具体特点，并由此得到的启示是，"要使课堂上的有效生成变成现实，必须重视学生的课前预习，必须坚决摒弃泛泛一般的预习"。

为了推动"专著共读"活动的进一步开展，7月9日和7月22日晚8点到9点，工作室在教研工作Q群开展了两次群网络文字交流讲座，邀请工作室成员云南省名师自永军老师分别作了《从读特级教师李仁甫专著谈谈课例研究的问题》和《重读李仁甫老师〈春江花月夜〉课堂实录的感受》的两场讲座。自老师围绕生成课堂教学研究，就李老师专著《你的语文课也可以这样灵动》，谈了自己独到的阅读感受和收获。他认为，课例研究不仅要针对他人的课例进行研究，而且要想清楚我们怎样积累和研究自己的课例。在第二个讲座中，自老师通过对比专著中李老师讲授的《春江花月夜》两个不同的典型课例，谈了自己的三点深刻感受，最后强调课例值得多次研读，请大家潜心研读。

这两次暑假前和暑假中举行的群讲座活动由我策划、组织和主持。大家普遍认为，活动别开生面，精彩纷呈，深受全体工作室成员的欢迎。在整个讲座过程中，工作室成员秦汶、卜巧荣、巨秀丽、杜丽梅、任秋利、赵海玲等老师积极参与了整个研讨活动，与自老师进行了广泛的交流和探讨。大家收获很大，研读热情很高，迅速掀起了工作室暑期"专著共读"活动的热潮。在新学期来临之前，工作室各成员都结合专著的阅读和自己教学的实际，写出了感悟文章，圆满完成了"专著共读"的任务。

自永军感悟文章《课堂上学生不会生成怎么办？》，针对语文课堂上学生不愿或不会生成、教师不得不回到传统教学的老路上来的现实，提出将预学工作进行到底、鼓励学生表达交流和引导学生将思考引向语言形式等三种解决的策略和方法。

卜巧荣感悟文章《精诚所加，金石为开》，谈了四个方面的收获：一是深度预学，让学生有备而来；二是课堂汇学，让课堂学习更加有效；三是弹性预设、板块式教案，让课堂更加精彩；四是学会裸读，让课堂更有魅力。

巨秀丽感悟文章《"三心"常备助教师成长》指出老师在教学过程中要常备"三心"：一是静心。读书须静心，教书更应静心。二是专心。专心致志搞调研。三是虚心。三人行必有我师。

侯会芳感悟文章《大象无形自"灵动"》就李仁甫老师的课例《金岳霖先生》，谈了两点体会：一要立足学生已知启动课堂；二要顺着学生思维教出文脉。

王晓茹感悟文章《寻找有热情的课堂》说，"李老师的教学智慧让我震撼，促我反思"，"教师的责任是教书育人，而教书育人的主要方式就是讲授"，要"改变讲的方式"，"变我的课堂我做主"为"我的课堂学生做主"，"让学生行走在思想的课堂，让智慧碰撞智慧，让心灵感悟心灵"。

赵海玲感悟文章《寻常一样语文课，才有"生成"便不同》谈的感受有四方面：一是教师精神世界的灵动，是语文课堂灵动的基础和前提；二是师生形成规约，高度重视深度预学是语文课堂灵动的有力保障；三是精心设计教学引擎，是语文课堂灵动的不竭动力；四是注重语言训练，凸显语文性和语文味是语文课堂灵动的落脚点和归宿。

李芸感悟文章《生成，让课堂更精彩》就如何让我们的语文课堂变得更精彩，谈了两点体会：一是弹性预设，激发生成；二是适时点拨，拓展生成。

巨苗感悟文章《如何上好语文课》就教师上好一节课，也谈了两点体会：一要敢于突破和创新；二要做好设计师，以问题激发新的问题。

校内工作室成员也撰写了感悟文章。李箫在感悟文章《精心预设，巧妙生成》中说"这种充分的学习性和高度的智慧性的关键源于课堂教学的预设，没有精心的预设，就没有精彩的生成"。王建红感悟文章《相通相融，互彰互显》通过课例的具体分析，认为"语言、思维、审美、文化"的语文学科核心素养自然融于生成课堂之中，这是"生成语文"前瞻性的体现。秦汶的体会文章《读李仁甫老师专著感悟》认为教师一定要更新观念，重视预学，精心预备，期待课堂精彩生成。任秋利《灵动，不止如初见》感悟一文，结合自己20多年教学实践，认为"生成课堂"的开放必然要求老师备课要更充分，如此才能让课堂灵动精彩。于晓英感悟文章《朗朗读书声，悠悠语文味》认为，李仁甫老师在教学实践中将诵读运用得出神入化，灵动多姿，很值得学习借鉴。黄文斌《探析高中语文教学活力课堂的生成》一文强调，要使高中语文教学课堂充满活力，教师就要充分发挥引导作用，还原学生在课堂教学中的主体地位，活跃课堂氛围，提高教学质量。

炎炎夏日静读专著，爽爽金秋再起高潮。秋季新学期伊始，工作室"专著共读"活动再次掀起阅读热潮。

9月19日星期三，下午下班后，我不顾一天工作的劳累，立即在网上购买了本学期"专著共读"的书籍——叶圣陶、夏丏尊的著作《我怎样教语文》。除县内成员外，我在网上买了10多本，按地址分别寄给了工作室成员。那天忙完后已经晚上11点多了。国庆前夕，工作室成员均收到了"专著共读"的书籍。大家反响很好，信心十足，纷纷表示一定要静心阅读，保质保量完成好"专著共读"的任务。

云南的自永军说："我正想读读叶老的书，没想到工作室满足了我。我要好好读，以此感谢程老师。"绥德中学的卜巧荣收到书的第一时间就抓紧阅读，国庆长假也没有中断，这让人感动。西安高级中学的巨秀丽老师还专门打电话给我谈自己的阅读感受，希望这样的活动长期开展下去。擅长写作文章的商洛柞水中学的长孙永健初读专著后，深有感触地说："读了叶老的书，改变了自己以往轻视理论书的认知，程老师这本书选得好，对提高自己教研品位很有帮助。"校内成员于晓英老师拿到书就读，还随手写下了读书心得。

看到大家如此高涨的读书热情，我备受鼓舞，感奋不已，率先写出文章《"深入浅出"和"历久弥新"——再读〈我怎样教语文〉之一》，再次申明开展"专著共读"的目的、意义和价值，并结合实际谈了专著的两个特点，要求全体成员将理论变成行动，变成富有个性化的教学实践，真正做到读有收获。

在我的积极引领和带动下，全体工作室成员热情高涨，在静心阅读的基础上，写出了高水准的体悟文章。

自永军在体悟文章《〈我怎样教语文〉读书心得》中认为：叶老从语用角度来讲语文学习虽有其局限性，但叶老强调，既要在语文方面下功夫，也要在实践方面下功夫，二者结合才有好的表达，这一点至今是真理。

赵海玲体悟文章《古诗词中的静境描写探微》结合专著中《文章的静境》一文，就事物描写的动境和静境谈了自己的独到看法。

卜巧荣体悟文章《〈我怎样教语文〉在教学实践中的探索运用》，讲述了自己怎样读教结合，采取读、思、品三步引导学生，教授《荷塘月色》的教学实践创新过程。

巨秀丽体悟文章《架起善教与善学的桥梁》，讲了如下三条经验和体会：①落实常规是语文学习日有进步的保障；②培养学生良好的习惯是学习的关键；③激发兴趣是学习的助推剂。

长孙永健体悟文章《追寻朴素语文，涵咏语文思想》谈了三方面感想：一是语文学科的顶层设计应该追寻简单；二是语文教学应追求简单；三是语文学习应该追求简单。

李箫体悟文章《更新观念，狠抓落实，提高水平》认为要积极探索新的教学方法，激发学生学习语文的兴趣，充分发挥学生在高中语文课堂教学中的主体地位，将学生的发展与教师的教学紧密相连，使师生共同发展。

王建红体悟文章《绝知此事要躬行》谈了四点感受：一是观察生活，积累素材；二是意在笔先，胸有成竹；三是有为而写，益世则作；四是注重积淀，反复修改。

杜丽梅体悟文章《语文老师学语文》认为，学习语文要有一个正确的认识，不仅在于学，还在于运用，而要运用，基本功必须扎实。

秦汶将感想与教学紧密结合，写成《〈我怎样教语文〉在教学实践中的探索应用》一文，认为要教有所备、教有所长。

任秋利体悟文章《学而悟道，修德提升》，重点谈了对第二部分"关于阅读"相关章节的具体感悟与深入思考。

李芸在体悟文章《胸中有丘壑，下笔如有神》中，觉得有两点很重要：一是以兴趣为动力，激发学生的热情；二是以生活为导向，点燃学生情感。

巨苗体悟文章《如何写作》，结合写作教学的实际，认为要做到这三点：一是写文章一定要"像话"；二是平时的积累成就写作；三是写文章要有所为。

成长有路，读书作舟。读书学习是教师专业成长的必由之路。工作室"专著共读"活动如火如荼的开展，极大地推动了全体成员的专业发展，使大家在专业读书、专业写作和专业交往中快速成长了起来，取得了优异成绩。一年多来，工作室全体成员公开发表教学文章 20 多篇，编写教辅书 10 多本。自永军晋升为正高级教师，王建红被评为陕西省第十一批特级教师，杜丽梅、侯会芳和我被评为宝鸡市第十一批有突出贡献拔尖人才，秦汶、长孙永健等被评为县级教学能手。

工作室独具特色的"专著共读"活动，得到了省厅有关领导的充分肯定，赢得了各位专家名师的普遍赞誉和好评。名师工作室工作终期考核汇报时，许多名师主动向我请教，为我点赞，纷纷表示：一年的培养，他们落后了，我超过了他们。我连声说："过奖了，谢谢大家！互相交流，共同提高！"说真的，我要感谢党和政府的精心培养。经过一年的不懈努力，自己又在成长进步，成绩较为显著。

公开发表教学文章 5 篇，参编教辅书 4 本，因教学成果《以静心阅读提升师生解读经典文本能力研究》获得市级基础教育成果二等奖而受到县上的表彰奖励，还作为教师代表受到了县长的亲切慰问。更值得自豪的是，2020 年 5 月，我入选第二批陕西省"特支计划"教学名师，受邀参加了 2020 年陕西省庆祝教师节暨优秀教师代表表彰大会，本人教书育人的事迹刊登在 9 月 9 日的《教师报》上。

读书成境界，读写共提高。携手同进步，辉煌更明朝！

在读书写作中成长

从 1989 年参加教育工作，到现在整整 33 年了。在这 33 年的教书生涯里，读书学习是我的兴趣爱好，而与之相应的，教学写作也成了我工作和生活的主要内容。我在读书学习中不断成长、成熟，在教学写作中成长、进步。读书写作丰富了我的生活，也点亮了我的生活。

小学时，我爱上了读书。三四年级的时候，也就是 40 多年前吧，我就喜欢上了阅读。在那个书籍相当匮乏的年月，拿到一本连环画，就会认真地读下去，唯恐读不完被别人抢去，留下遗憾。小学毕业那一年，把得到一本白皮的《古诗一百首》，因为喜欢竟然一首首地背了下来。

酷爱读书的种子就这样自然而然地播下了，渐渐地生根发芽，开花结果。

读书让我也爱上了写作。小学读书时有这样两件事情，我至今难以忘怀。

一件事是：小学三年级时，老师让我们学完课文后，写读后感。我生性木讷吧，或者根本没有听懂老师说的意思，竟然给学过的七八篇课文都写了读后感，同学都很好奇，也非常地羡慕。

另一件事是：小学四年级时，刚开学，老师要我们写新学期新打算。那时的学生每学期都要写这个的，要现在的学生写这个他们也许会"造反"的。我是听话的乖孩子，就老老实实照着老师说的写了，没想到那次写的新学期新打算得到了老师的高度评价，我们老师甚至把我的作文拿给高年级的初中生去看。结果，下课后，那些高年级学生把我团团围住，问来问去，搞得我幸福得都不知说什么好。

因为喜欢阅读和写作，我从那时候起，就有个梦想——做一名作家。那时的孩子，对作家的向往，比现在孩子崇拜明星要强烈多了。

初中和高中几年，我喜欢读课外书，特别喜欢写作文。不知道为什么，我最喜欢上星期三的课，因为星期三要写作文，我又可以在课堂上听到老师点评我的作文了。那时我所在的罗局初中是全县有名的初中，很厉害、很出名的老师不少，培养的优秀学生一届比一届多。因为学校有个作家王老师，学生作文也就写得特别好。

因为作文好，我在初中作文竞赛中得过一次奖，奖品是初中作文指导书。在那个书籍稀缺的年月，买书本来就比较少，而得到这样的书的奖励就更荣耀。

那时书这样的奖品很奢侈，即使得到一个小小的本子，也是极为珍贵的。记得一次运动会，因为通讯稿写得好吧，我得了一个小本子，让同学们都羡慕不已。

上了高中，我有点痴迷读书和写作了。那时，学校图书馆书籍少，一周只定时开放一两次，我就和几个文学爱好者总不错过机会去借书读。除了借书读，还去读杂志。那时候最火的杂志是《辽宁青年》。我们买不起，就在学校的商店去租着读。学校的商店是有这个业务的，学校好像很支持这种事情。

可我仍然不满足，竟然攒了钱去买书。我高中就读的学校是益店高中。那时益店街道有个售报亭，卖一些报纸和杂志。我在高一、高二的时候，经常买一种叫《语文月刊》的杂志。现在这杂志内容丰富，办得也很不错。还看《语文报》等报刊，每一期都读，常常也拿给同学看，大家都很喜欢。

读书写作让我增长了知识，也让我的阅读和写作能力得到了提高。因为作文写得好，我在高考预选考试中，语文成绩遥遥领先，这让我比较轻松地走进了高考考场，我为此高兴了好几天呢。

1987年9月，我考上了宝鸡师范学院。大学两年，我确实读了不少书，也写了不少东西，大多是文学作品吧，诗歌写得特别多。我天真地想，将来我就会成为作家的，最好做一名诗人。

后来毕业了，现实让我清醒：当作家没有那么容易，还是做个合格的老师吧。

有了这个认识，我虽然爱读书，但对阅读的书明显有所选择了，买的多是词典和一些教育教学类的书，文学类书籍慢慢少了，只是喜欢买书的习惯没变。

大学毕业前，我咬牙买下的《唐诗鉴赏辞典》定价15元多，是我少半月的伙食费。刚毕业买的那本5元钱的《五用成语词典》是我一天的工资。现在我还是喜欢买书。2019年底，看到当代著名教育家于漪推荐的5本"语文教师小丛书"，当下就买了。那一年，为了给自己充电，我除了买了多本教辅书外，还先后买了七八本教育教学书籍。

阅读在改变着我，教学也因为阅读而更精致、更有生机。我明白：仅仅读书是不够的。因此，在读书的同时，我坚持写作从不间断。

从学生时期到参加工作最初的几年，我可以说是一个狂热的文学爱好者。高中阶段，我就有意识地信笔涂鸦，写的东西在同学中就很有影响。大学两年，我如鱼得水，写满了五六个笔记本。刚工作时，我把学校发的工作笔记本都用来"练笔"，几年下来，也写了好几个本子。那些大大小小的本子承载着我的文学梦。

我的教学写作是由指导学生作文开始的。记得第一次编作文书，写了一篇中考"下水作文"《榜样》。以后从编写作文书开始给教辅书撰写稿子，最初是简单收集、整理，后来开始改编别人的作文、文章，再后来给教辅书写原创稿子，最终是自己按人家要求原创高考模拟试题。回想教学写作，我觉得原创高考模拟试题更具挑战性，对自己写作甚至教学的能力提升最快。

尽管教学文章距离教学最近，比较容易写，但在紧张的高中语文教学中要写这些东西，还是很苦很累的，好在我喜欢写，上班挤一点时间写，业余时间写作几乎是我全部的爱好，推远了闲杂诸事，因而我有相对充裕的时间来写作。

坚持写作使我逐渐养成了好的写作习惯。近10多年来，我坚持撰写的教学反思文字有数十万字之多，这让我收获满满。至今我公开发表了教学文章近百篇，编写了教辅书80多本。教学写作潜移默化地提高了我的教学艺术水平，也为我赢得了较高的社会声誉。

勤能补拙，厚积薄发。我爱读书，也爱写作，尤其喜欢专注于教育教学的读书和写作，为真正的教育教学去静心读书、潜心写作。作为一名有追求的高中语文教师，我会始终不渝地坚持读书和写作，努力提升自我读书和写作的品位和境界，在读书写作中不断成长、不断进步、不断收获，超越自己，实现自己的教育理想和人生梦想，创造属于我们这个新时代人民教师的健康、幸福、快乐的美好生活！

静心，让我渐行渐远

30多年的教育生涯中，我凭着静心一路走来，静心教育，静心阅读，静心写作，静心教研。静心让我能够潜心于教育教学，走出了自我，超越了自我，静心让我的教育教学之路走得更远。

一、以静心阅读搞好教学

从参加工作的第一天开始，我就深知静心读书对一个语文老师的重要性，坚持不懈地扩充自己的知识容量，养成了读书学习的习惯。在乡下的初中任教期间，当时的工资虽然只有几百元，但自己每年订阅和购买书籍的费用达数百元。

30多年来，我静心阅读了上百部古今中外的经典文学名著，系统阅读了大量古今中外的教育著作。近10年来，为夯实自己传统文化的底子，我利用业余时间，以抄录的方法精读了《论语》《孟子》《老子》《庄子》《人间词话》等中国经典著作。

"磨刀不误砍柴工。"静心阅读为我的教学插上了奋飞的翅膀。

在教学中，我以静心阅读为核心，特别讲求备课的质量和水平，坚决做到备课不仅备知识，更备方法、备学情。同时，倡导高效率的备课方式，觉得备课不在于教案本上写多少，关键要备在心里，这样才能做到"教无定法，教无常法"，真正使自己的教学做到游刃有余，不断提升。

"教学的生命在课堂。"因此，从站上讲台的第一天开始，我就十分重视课堂教学。凭着自己扎实而深厚的教学基本功，再加上强烈的学习意识，在教学的开始，自己就起步不凡，亮点多多。1990年春季，我在县上的一所乡村初中任教。在全县常规检查中，工作仅半年的我，批改的作文得到检查组的高度评价，讲授的语文课因为善于激发学生兴趣也得到检查组的通报表扬，当年就被评为乡上先进教师。

2001年8月，我调到岐山高级中学任教，负责高二的语文教学。我没有丝毫疑虑、畏惧，很快便进入角色。一年下来，不仅适应了高中教学，还得到师生和学校领导的一致好评。由于自己的不懈努力，善于学习，2005年第一年带高三就得到县上教学检查的通报表扬。

新课改实施以来，自己不断钻研新课程的理论，精心研究教材，大胆探索，结合学校和学生的实际，提出"静心阅读"的阅读理念，并付诸实践，已经基本形成了以"出入法"为核心的教学理论。体现"静心语文"理念的教学成果《以静心阅读提升解读经典文本能力研究》获得宝鸡市第十届基础教育教学成果二等奖，体现"静心阅读"研究的市级小课题《高中古诗文"静心读抄背"教学模式研究》也顺利结题。

二、以静心教育铸魂塑心

在很小的时候，我就渴望当一名光荣的人民教师，站在讲台上，对着下面那一双双渴求知识的孩子的眼睛，把知识和文明传授给他们，那是多么美丽和神圣的事。带着这份质朴与梦想，我在教育岗位上一干就是30多年。

教师要做符合新时代要求的"高人"。所谓"高人"就是品德高、境界高、品位高。几十年来，我时刻注意规范自己的言行。无论在学校还是在社会上，特别是在自己老家农村，从来没有什么架子，总是与人为善，乐于助人。在学校，长期承担着学校大型材料的撰写工作，对学校分配的任务总是积极肯干，任劳任怨。同事要写什么，也从不推辞。

我擅长撰写对联。逢年过节，红白喜事，只要邻居乡亲、同事、朋友需要帮忙，总是竭尽全力。我认为一个新时代的人民教师，不仅思想品德要高，人生境界和品位更要高。在教研组我能助人为乐。多年来，先后帮助组内的王丽华、张新军、黄文斌、王军社、张洁、于晓英、李静毅等同事在省级报刊《作文周刊》《考试报》《新课程报》上发表文章10余篇。

教育的责任就是铸魂塑心。教师不仅要塑造自己的灵魂，更要塑造学生的灵魂。要塑造学生的灵魂就要使之"亲其师，信其道"，让学生亲近老师，老师就要做合乎时代要求的"真人"。所谓"真人"就是有真情、有热情、有大爱的人。在担任班主任20多年的时间里，我爱护每一位学生，从不歧视任何一位学生，对学优生要求很严格，对学困生更是关怀入微。

2010年，担任高一（4）班班主任期间，班上有位女生出现心理问题，整天不吃不喝，学习退步很大。我认真调查，多次与该生交谈，并与家长密切配合，想方设法，思想上开导，生活上关心，使该生很快走出了阴影，最终考上了理想的大学。

2014年，我任课班级的一名女生学习压力很大，甚至有了弃学的想法。我主动与家长联系，耐心做该生的思想工作。后来，这名女生情绪正常，学习也较之前有了很大的进步。在教育教学中，类似这样的事情可以说有许多。

在班级管理中，我秉承用真情去爱每一个学生的管理理念，摸索出一套"勤细严"的属于自己的独特的管理经验，静心教育，倾注爱心，勤跟、细管、严抓，并将自己的经验体会写成教育论文《用特别的爱撑起爱的天空》，获得岐山县德育工作教育研讨征文比赛一等奖。自己所带的班总是班风正、成绩好、人气高，总被评为先进班级，本人也多次被评为学校的优秀班主任。学生总是难以忘怀我对他们特别的关爱。20多年前的学生晓美曾写信给我说："程老师不愧是一位名副其实的好老师，不仅教学生知识，更以自己的人格魅力在感染着学生。能把老师做到这份上，太难得了。我们永远感激您。"

三、以静心语文追逐梦想

一个教师要成为适应新时代的优秀人民教师，就要去掉身上的匠气，成就大气。为了使自己的教学更上一个台阶，每学期我都会为自己制订一个教研目标，静心教研，提升自己的教学研究品位。我觉得一个有追求、有梦想的当代教师，特别是一名高中语文老师，一定要善于反思，静心教研。

新课改实施以来，我觉得一个教师必须走专业化发展的道路，必须重视教学反思，要善于对自我教学存在的问题进行经常性的反思。从2009年至今，我撰写的教学反思类文字有100多万字，这些反思文字既潜移默化地帮助我提升了教学的能力和水平，也为我的教育教学研究打下了坚实的基础。

在教学过程中，我善于将反思成果撰写成研究文章发表。2002年至今，我在《中学语文教学参考》《语文月刊》《陕西教育》《基础教育课程》《语文知识》《语文报》《新课程报》《考试指南报》《学苑新报》等省级以上刊物发表了近百篇教学文章，编写教辅著作80多本。这些文章大多是自己以课本为切入点的研究成果的结晶。

静心教研也使我在高考研究方面取得了突出成绩。针对高考试题、高考作文、应考技巧等,我写作并发表了《强化回归课本:高考语文命题的新趋势》《想清再写:高考作文的制胜法宝》《品读韩愈〈师说〉,打造高考议论佳作》《稳拿语文高分的秘诀》等系列文章 30 多篇,引起了省市县同行和专家的普遍关注。近年来,我带的班教学成绩总是名列前茅,特别是高三成绩更是优异。2007 年我辅导的高三优秀复习生李龙辉同学取得高考语文单科成绩 124 分的好成绩,考取了厦门大学。至今说起我时,他对我佩服之至,感谢我用最简单的办法帮助他提升了语文成绩。2009 年我带的学生牟毅叶同学高考语文取得 139 分的骄人成绩,创造了我校 10 多年来高考语文的最好成绩。

  静心,让我更钟情于静心阅读,静心阅读让我能够静心地教书育人、静心教研;静心,让我距离我"静心语文"的梦想和追求越来越近。凭着静心,凭着静心教育和教研,我也取得了骄人的成绩,收获了事业的成功。2016 年 9 月,被陕西省人民政府评为陕西省第十批特级教师。2019 年 5 月,被陕西省人社厅和教育厅授予陕西省教学名师。2020 年 5 月,入选第二批陕西省"特支计划"教学名师;8 月,经过考核认定,晋升为语文正高级教师。

  长风当破浪,静心勇登峰。今后,我一定会不忘初心,继续前行,永攀高峰,再创佳绩,为我县、我市乃至我省的教育事业作出新的更大的贡献!

下编(理论篇)

我静心阅读写作的成果

> 教研论文

以学习冲突促使课堂精彩生成

摘　要　学习冲突是学生在课堂"愤悱"状态下的一种积极的反应,是"生成语文"课堂教学的一种有效教学效果的集中体现,也是课堂教学中师生对话核心素养价值最大化的具体体现。教师如能在"弹性预设"之下,引导学生"深度预学",抓住课堂教学中有利的学习冲突,因势利导,迁移拓展,点铁成金,巧妙化解,就能点亮课堂生成,聚焦核心素养,铸就生成课堂教学这"不可预约的精彩"。

关键词　生成课堂；学习冲突；精彩生成

中图分类号　G633.3 文献标识码：A 文章编号：1671-0568（2019）22-0024-03

在生成课堂实施过程中,教师的"预备"和学生的"预学",点燃了师生创造的火花,更激发了学生课堂学习的浓厚兴趣和极大热情,质疑启思成了学生最想做的事情,随之而来的就是老师期许的学习冲突。学习冲突是学生在课堂"愤悱"状态下的一种积极的反应,是"生成语文"课堂教学的一种有效教学效果的集中体现,也是课堂教学中师生对话核心素养价值最大化的具体体现。教师如能在"弹性预设"之下,引导学生"深度预学",抓住课堂教学中的这些有利的学习冲突,因势利导,迁移拓展,点铁成金,巧妙化解,就能点亮课堂生成,聚焦核心素养,铸就生成课堂教学这"不可预约的精彩"。下面笔者以生成语文的基本理论为基础,以特级教师李仁甫的授课实录为例,就语文课堂的学习冲突与课堂生成的关系作一些探讨。

一、学习冲突：基于预设预学

李仁甫老师指出,生成课堂"强调的是随机、即时地生成","对于'意外'与'陌生','生成课堂'绝不是'难免碰到'而是'经常遇到',即从根本上,'意外'与'陌生'就是'生成'的宁馨儿——坚持'生成课堂'观的语文教师,主观上是期待这种'意外'与'陌生'的，他们把教学中的'意外'与'陌生'看成积极结果，因而希望其以增量的形式出现，并力求创造'意外'与'陌生'"①。这段话的论述对我们诠释"学习冲突"很有启发和帮助，由此我们不难得出这样的结论：学习冲突就是教学过程中那些能够带来"意外"与"陌生"、带给我们师生愉悦性的矛盾和问题。可见，学习冲突是生成课堂必不可少的要素，而期待课堂学习冲突的到来，是我们每一个有理想的语文教师的共同追求。要期许真正而有意义的学习冲突的到来，就得充分做好"弹性预设"和"深度预学"这两项课前的预备工作。

一方面，教师要充分做好"弹性预设"工作。李老师认为："弹性预设是指教师在课前为积极应对变向、变序、变量、变策等差异性课堂景观而进行的可调整性的预设。""弹性预设"需要教师深度备课，"对文本融会贯通，在思考点上建立复杂的关联，这样才能瞻前顾后、左冲右突"②。为了达到这一目的，教师要学会研读教材，以切合学情、教情的态度和符合实际要求的办法去"裸读"，养成良好的阅读习惯，培养扎实过硬的阅读能力，同时，在预备"板块式教案"中，精心设计和运用好"互联"和"聚焦"这两种基本的动态性助学策略。

另一方面，教师还要引导学生做好"深度预学"工作。李老师认为："深度预学是指学生在课前或课堂的部分时间里，通过教师的有效组织和管理，对学习内容进行自学并达到愤悱状态的一种学习形式。"③要使学生达到这种"愤悱"状态，就必须"深度预学"。而"深度预学"的关键是教师要善于引导学生接受"深度预学"的理念，布置好化整为零的三个层级性预学任务，达到学习内容任务75%自己可自学掌握、25%留在课堂解决的目的，确保学生预学的质量，也为学生提出有价值的问题、构建学习冲突打下坚实的基础，创造良好的条件。

李老师为我们提供的生成课堂课例，具体而生动地说明了"弹性预设"和"深度预学"对催生学习冲突的重要作用和价值。李老师在全国各地执教的那10多节语文课，都是他在"弹性预设"理念指导下精心"预备"的，浸透着他超强的"裸读"功夫，展现了他"互联"和"聚焦"的非凡智慧。没有如此深厚扎实的"弹性预设"，是不会有学习冲突的出现，更不会有生成课堂"不可预约的精彩"。同样，这些成功的课堂与李老师有效指导学生"深度预学"也是分不开的。从每一节课检查预学情况看，教师指导得法，诱导有效，学生配合积极，效果显著，这也为学习冲突的出现打下了坚实的基础。总之，只有师生充分进行"弹性预设"

"深度预学",才能期许学习冲突的到来,才能促使课堂精彩生成,打造精彩课堂、高效课堂,真正提高课堂教学效率。

二、学习冲突:点亮课堂生成

学习冲突一旦产生,教师就要运用自己的教学智慧,想方设法"点化"学习冲突,让学习冲突成为点亮教学目标、教学重点和教学难点的有力武器。可以说,语文课堂能否有精彩的生成,很大程度上取决于教师是否会用教学的智慧将课堂的学习冲突点亮。特别要指出的是,教师处理课堂学习冲突的能力更考验着教师的教学智慧和教学能力。

李老师在执教《拿来主义》时,就很注重随机点亮课堂教学。在学生提出"第三段'能够送出去,也不算坏事情',我觉得这种说法跟后面'拿不出东西'的结果矛盾"④这个问题后,不少同学小声说"不矛盾"的情况下,李老师随机鼓励另外一个学生说出"反语",最后自己作了具体解释,并由此让学生再找出文章运用反语的句子,这显然是在有意靠近教学目标,突破了教学的重点和难点。

可以看出,《拿来主义》的课例充分体现了李老师高超的教学智慧。例如:第二课时开始时,有同学提出了如下问题:"关于'大宅子'的来源,既然说是'因为祖上的阴功',又为什么说是'骗来的,抢来的'?如果'且不问他是骗来的,抢来的',而只是'不管三七二十一'地'拿来',这样做是不是太流氓了吗?难道鲁迅先生认可、鼓励这种不择手段的行径?"⑤

面对这个"始料未及"并难住自己的问题,李老师从容镇定,先对这个学生提出的问题予以充分肯定,提议学生掌声鼓励,激发其他学生争相回答这个问题。在学生讨论中,李老师凭借扎实的知识积累和超强的应变能力,分两次、两个层次,从民族心理、法律命题以及语言特点、杂文特色等方面十分圆满地回答了这个问题。特别是对这个问题总结时,李老师还借用《游褒禅山记》中富有哲理的语言,平添了化解学习冲突的魅力,一下子点亮了课堂的精彩生成!

所有老师都要有点亮自己课堂生成冲突的意识和能力。比如,一位老师在讲授苏轼的《念奴娇·赤壁怀古》时,学生提出了一个很有价值的问题:"为什么要用'羽扇纶巾'来形容周瑜?这里好像在写诸葛亮?"可惜这位老师没有留意这个问题,让这个利于课堂学习冲突生成的机会与师生失之交臂,也让这位老师的课留下一点缺憾。假如这位老师哪怕只告诉学生这里用"羽扇纶巾"在描绘周瑜的儒将风度，与作者形成比照，也是能很好地点亮课堂生成的。如能再进一步，结合历史知识告诉学生："羽扇纶巾"应该是那个时代一般文人的装饰，后世我们之所以把它与诸葛亮联系起来，恐怕是因为受《三国演义》等小说的影响吧，而《三国演义》是明清时期的作品。如此解答学生问题，何愁课堂没有精彩生成？

我们期待学习冲突，学习冲突一旦到来，化解学习冲突的方法就显得尤为重要。化解学习冲突确实需要教师高超的教学智慧和教学艺术水平。只要教师善于激发学生质疑，注重捕捉学生在课堂上的学习冲突，就能实现课堂的有效生成、精彩生成，进而提升课堂的效率和质量。

三、学习冲突：聚焦核心素养

《普通高中语文课程标准（2017年版）》明确指出："语文课程是一门学习祖国语言文字运用的综合性、实践性课程。工具性与人文性的统一，是语文课程的基本特点。"⑥同时，强调语文学科要着重培养学生语言建构与运用、思维发展与提升、审美鉴赏与创造、文化传承与理解等四个方面的核心素养。而语文课堂教学中催生的学习冲突往往是培养学生核心素养的重要途径和手段，化解学习冲突的过程，实际上就是聚焦语文学科的核心素养的过程。因此，语文课堂教学中，教师要善于利用学习冲突去有效聚焦核心素养，实现学习冲突的精彩生成的最大化、最有效化。

李老师的生成课堂教学在聚焦和培养学生的核心素养方面有很强的实践性、示范性和前瞻性，是学习冲突聚焦核心素养的很好的范例。比如，在《金岳霖先生》的两节同课异构课中，为了催生学习冲突，李老师采用学生课堂再次阅读，然后发问的方式。学生在李老师的积极诱导下，提出了不少有价值的问题：有像"第八段写'我'送给王浩一幅画，画的是'几个青头菌、生肝菌、一根大葱、两头蒜'和'一块很大的宣威火腿'。请问，这幅画有什么内涵？""第十一段中提到'林徽因夫妇'，可是人家的夫人林徽因死后的生日，金岳霖先生为什么要请客？""我觉得，这篇散文有几个地方读起来显得多余。""比如第二段写金岳霖先生经常穿一件皮夹克，为什么特地花费5行写闻一多先生曾穿过旧夹袍，朱自清先生曾穿过一口钟？有必要从皮夹克说开去吗？再比如，第八段写王浩的爱好、相貌和得到赠画，文字多达300字，这不是显得喧宾夺主吗？""'捏出了一个跳蚤'，'捏跳蚤'和'讲哲学'是什么关系？"⑦，也有问"脖颈"读音这样的小问题。

不难看出，在李老师的积极引导下，学生能够提出这些问题，说明学生在主动思考，在用自己的语言来表达，而师生在课堂上的这些学习冲突，以及随之而来的有步骤化解这些学习冲突的过程，就是师生共同在进行着审美的鉴赏与创造。至于核心素养中的文化传承与理解这个核心素养，学生自己的问题一般很难涉及到，因而是从李老师顺势介绍西南联大的精神中自然引出、深化的，这也是水到渠成的。由此看来，解决学习冲突的过程实际就是聚焦核心素养、培养学生核心素养的过程。

当然，在新时代的教育形势下，生成课堂必须充分彰显党和政府"立德树人"的教育根本目标和任务，必须聚焦和落实语文核心素养的目标和任务，以践行核心素养、培养社会主义合格接班人为己任，进一步大胆探索催生师生学习冲突的新途径，积极寻求化解课堂教学中学习冲突的好方法，让生成课堂因学习冲突而有更多"不可预约的精彩"，让生成语文永远美丽动人，魅力无穷，风光无限！

参考文献：

①李仁甫.课堂的风景和语文的边界［M］.南京：江苏人民出版社，2014：15.

②③④⑤⑦李仁甫.你的语文课也可以这样灵动［M］.南京：江苏人民出版社，2017：74，214，242-243，245.

⑥中华人民共和国教育部.普通高中语文课程标准（2017年版）［S］.北京：人民教育出版社，2018：1.

"高中文言文教学有效性研究"报告

一、课题的提出

新课程强调语文科具有工具性和人文性统一的特点,并把"全面提高学生的语文素养,充分发挥语文课程的育人功能"作为课程的基本理念之一。文言文教学承担着这样神圣的职责和任务,从这个意义上说,进行文言文教学有效性研究,就是在践行新课程的最基本的理念和要求。在新的教育改革的形势下,语文科作为培育学生人文精神的重要学科,其教学直接影响学生的人文素质,而课本选入的这些优秀的文言文,更是培养学生人文精神和素质的绝好素材。因此,实施文言文教学有效性研究,对于凸显新课程的核心理念、培育学生的人文精神和人文素质是十分重要的。

二、高中文言文教学现状剖析

高中文言文教学工作让教师头痛。教师在文言文教学中投入精力相当大,但效果平平。其中的原因是什么呢?归纳起来有以下三点:一是教学方法单一。教学方法大多是以灌注式的讲解为主,题海战术是其主要的练习形式。教学套路更是模式化到了极致。学生毫无学习的内趋力与兴趣,完全是为考试而学、为分数而背,极其功利和被动地去接受学习。二是教学目标错位。在文言文课堂教学中,老师的目标定位几乎如出一辙,让学生掌握每一个文言实词的确切意义,弄清每一种文言句式的特点,翻译句子,讲解思想内容,老师们的核心目标是寻求文本翻译的精确理解,讲课时一字一句绝不马虎。因此文言文课堂教学的主要目标成了古汉语知识的讲解。三是见言不见文。目前文言文教学最大的弊病,一言以蔽之就是:有"言"而无"文"。这是"字字落实""句句清楚""嚼烂了喂"的必然结果。文章是作者的思想情感、道德评价、文化素养、审美趣味等的"集成块",是一个活的整体,而不是各种语言材料的"堆积物"。文章语言之所以值得揣摩咀嚼，因为它是作者思想情感等的载体；如果只着眼于词句本身的学习，而忽视甚至舍弃了它所承载的丰富的内容，那叫"买椟还珠"，结果必然连语言本身也不可能真正学好。

我们周围的文言文教学，表现在学生方面，简单地说就是"一怕""二懒""三散"。"一怕"就是对文言文学习有畏难情绪，任其自然，甚至自暴自弃；"二懒"就是做得少，好多时候是只动口，不动手，或者动手很少；"三散"就是不会整合文言知识，关于文言知识体系没能建立起来，关乎文言文的"文"方面的知识更是知之甚微。表现在教师方面，有"三太"："太勤""太细""太苦"。具体地说，就是教师太勤奋，把文言文意搞得似乎很清楚，给学生讲解也唯恐不详细，这样教起文言文来自然就十分辛苦了。

针对文言文教学中的这些现状和存在的问题，我们觉得教学要更有效，更新观念是实现有效教学的第一步。以此为基础，善于引导学生，激发他们的学习兴趣，培养学生好的学习习惯。当然，教师根据不同的学习对象和不同的教学内容，创新出符合实际的教学模式，也是很关键的。这其中自然也包含了对高考文言文复习应考的有效研究，要总结出适合学生备考的最好用的应试技巧，"接地气"，也能接高考这个"仙气"。一句话，只有切合教学实际尤其是学生实际，才会是有实效的教学，也才会真真切切地提升教学的质量和水平。

三、实施高中文言文教学有效性的方法和途径

首先，更新师生的理念，改革教法和学法。要做到真正的有效，就要先从观念的革新入手，教师率先更新教学理念，并引导学生改变学习观念。这就要求我们教者必须站在新课程的高度，弄明白"教什么"和"怎样教"的问题，彻底改变过去"重诵读轻理解""重讲解轻自学"的现象。同时，在引导学生上下功夫，树立以学生为本的思想，大胆实施以"导"为主体的教学方法，回归教学的本质，提升教学的品位和档次。

其次，激发兴趣，养成习惯，教会学生学习。学会学习是十分重要的。兴趣和习惯往往决定着学习的成败。在高中文言文教学中，激发兴趣就是采用科学手段、发挥情感感染的力量，渲染学习气氛，营造文化氛围，从而实现学生学习文言文欲望的最大化，让兴趣引领学生走上学习文言文的快捷之路、康庄大道。同时，习惯的养成也很重要。如果学生已经自觉地学会积累、学会整合知识、学会

情读文本、学会借鉴拓展等,那么,可以想见,文言文教学绝对会"风景无限""亮丽无比"。教师的激发诱导是实现教学有效性的最重要的手段之一,而激活学生的兴趣,培养学生的良好习惯显得尤为重要。

再次,构建文言文课堂教学基本模式,大胆进行教学改革。高中文言文课堂到底怎样去教?在借鉴先进经验的基础上,经过大量的实践,"朗读课文,训练语感""译读课文,积累词句""品读课文,玩味文本""悟读课文,拓展延伸"这种"四读教学模式"不失为比较理想的高中必修课堂的教学模式。而在文言文选修课中,"声情并茂的诵读""持之以恒的积累""精彩纷呈的形式"这"三大途径,无疑也是提升选修课教学效果的有益探索,在教学中也已初见成效。

最后,研究高考,教给学生管用的文言文应试的方法。文言文教学要有效,除了落实课程标准的要求外,还必须正视高考这个现实,这才是真实的有效。高三文言文复习应考存在的问题是:教法旧,费力气,练得少,效果差。针对这种现状,复习时就要树立信心,端正态度;回归课本,夯实基础;创新教法,精讲巧练;注重矫正,形成能力。其中矫正和纠错是特别重要的。对于文言文复习的难点和重点,更要特别予以关注,像诗歌鉴赏,采用"看题目""看作者""看注释""看诗句""看结构"等"五看"的方法,就是鉴赏诗歌的比较管用、实用和好用的办法,有助于引导学生走上古诗鉴赏的快捷之道。

充满活性的场景，精彩纷呈的对话
——评特级教师李仁甫的课例《春江花月夜》

生成课堂是特级教师李仁甫倡导的一种新型教学范式，这种范式在他的课堂实践中已经日臻完善。静心品味李老师的典型课例《春江花月夜》，那一幕幕充满活性的场景，那一次次精彩纷呈的对话，无论是课堂上的激发引导、重难点突破，还是教学过程中的精彩客串、适时点拨，都引人入胜。

亮点一：随缘启疑，激发兴趣，直奔正题

李老师在这节课一开始，先检查学生预习情况：学生板演字词后，师生共同纠正了课文重点字音、字词，简单理解了两个句子，了解了"吴中四士"这个文学常识。这个步骤看似传统，其实也很有新意：李老师没有掉入众多教者在教授古诗时死扣字句的泥潭，避免了"一叶障目""只见树木，不见森林"的现象，起手不凡，用心良苦，体现出古诗教学回归诗歌本身的教学思想，一改许多教师肢解诗歌的弊端，显得格外高端大气。

接下来李老师以提问学生预习时"有没有什么问题"入手，随机激发学生发问。当一个学生提出"可怜楼上月徘徊"中"可怜"一词不懂时，李老师不急于回答，不像我们一般老师那样直接告诉学生答案，而是以"你能否把注释读一下？"的商量口吻引导学生读注释。在学生读完注释后，再启发学生思考"思妇对月光什么态度？"。当这个学生回答出"厌烦"之后，又顺着这名同学的话，随机解读："既然思妇厌烦月光，希望月光不要再徘徊了，那么你看看'可怜'在这里是什么意思？"学生很快说出"可惜"之意。这时，李老师趁热打铁，诱导同学们联系熟知的《阿房宫赋》中"可怜焦土"来印证，温故而知新。这种启疑，在无意中实现了有意，极大地激发了学生学习的兴趣和热情，点燃了学生思维的火花。

如此"顺流而下"，如同行云流水，学生自然兴趣盎然。这时，李老师仍以"可怜"为话题，巧妙设问："请大家看看下面什么句子与'可怜'一词相呼应？"

当第二个学生答出"玉户帘中卷不去，捣衣砧上拂还来"后，李教师用通俗、生动、简练的语言演绎诗意，满含情趣。等待片刻后，他才道出本节课的核心任务——背诵全文。整个课堂开场，随缘启思，激发兴趣，直入主题，语言自然、真切、恰当、生动、简练。

亮点二：突破难点，由易到难，因势利导

众所周知，背诵往往是学生的老大难问题，何况《春江花月夜》这样有36句的长诗，学生有畏难情绪也就再正常不过了。有研究证明：背诵的一个先决条件是信念。有信念才可能背下来，为帮助学生克服畏难情绪，树立背下来的信心，李老师深谙鼓足士气之道。因此，当学生集体用"啊"表白背不下时，他巧妙地给学生设了一个美丽的"局"：先挑拨似的问"看来你们不喜欢这首诗了"，学生接下来的肯定回答使他们入套，暂时也唤回了他们的趣味；接着再设套——"把最喜欢的句子背出来"，学生齐声背了第一句；李老师机智委婉地批评学生对自己要求太低，批评入情入理，与此同时，鼓励学生不要小看自己，最后以商榷的语气提出切合学生心理的背诵要求——争取用3分钟时间，"至少要连续背上6句"。这样的情感攻势，使学生折服了，学生就不得不继续"走"下去，进而心甘情愿地去背诵课文。这种由易到难的激发引导，有助于轻松自如地突破本节课的教学难点。

在接下来的教学环节中，为了真正地突破这个难点，李老师重视对学生因势利导，极尽赞美之能事。当学生3背完8句后，李老师用"了不起"点赞。而对接下来学生齐声说的"不急不急"的冷场情况，他只以"风格蛮高"，风趣打诨，委婉批评，继续与学生3对话，试图打破这冷场。当这一连串对话结束后，李老师引导学生齐读诗歌的哲理句，然后主动出击，跑到学生4跟前，请他背，背后再分析，齐读显示意境的四句，最后总结前半部分，梳理后半部分，引导学生互相提示着背诵。整个背诵过程中，学生由一句到多句，由一人到多人，由易到难，教师循循善诱，表扬及时，充分发挥学生的主动性，盘活了学生当堂背诵课文的"资源库"，轻松自如地完成了本节课背诵的这个繁难任务。

亮点三：回归文本，精彩客串，双向互动

实践证明，仅仅背下古诗是远远不够的。只有在理解的基础上背下古诗，才有可能实现诗歌学习的有效迁移，拿下高考，内化为文学素质，为人生奠基。而

理解记忆本身就是我们要倍加珍视的。因此，在背诵始终，李老师总是在引导学生回归文本，强化理解记忆。在学生3主动背下8句后，他与该同学一问一答，由浅入深，参悟文本，寻觅诗歌的理趣。接着，当学生4背下开头6句后，李老师紧扣诗句，先后与另外四个学生对话，继续挖掘文本的哲理、意境之美。在整体把握下半部分的大意后，除集体回答外，李老师还注重以对话方式与9名同学进行互动交流，以期回归文本，领悟本诗的意境之美。

显而易见，回归文本时师生的这种双向互动是愉悦的，更是精彩、高效的。这种愉悦、精彩、高效，很大程度上得益于李老师的精彩客串。在关键环节，他总能以精彩客串来激发学生，积极推动与学生的双向交流。在学生理解"江畔何人初见月，江月何年初照人"这两句诗的哲理时，李老师精彩演绎了两大段落：一段是关于人类历史起源的生动叙述，一段是关于"月"的意象的拓展。这两段很能体现李老师过硬的语文素质和即兴生成的高超水平，这就是"板块漂移"的无穷魅力，尤其是第二段精彩演绎，老师与学生心与心的激烈碰撞，撞击出的是诗歌潜在的璀璨而美丽的火花，从而引领学生走上了古诗鉴赏的康庄大道，也充分彰显了师生同为教学主体的全新的教学理念。

亮点四：捕捉灵犀，适时点拨，收放自如

我认为，学生和老师都是教学的主体，这是生成课堂的灵魂。李老师这节课不管激发学生也好，突破难点也好，回归文本也好，都唱足了"双主体"这本大戏和好戏。这恐怕就是他执教《春江花月夜》这节课成功的原因吧！我觉得，这节课之所以如此精彩动人，还因为在师生这种双向交流中，李老师特别注意捕捉学生思考的灵感，善于适时点拨，做到了收放自如，从而使他的课堂教学生机无限、风光无限。

在师生互动中捕捉灵感，适时点拨。李老师智慧地捕捉灵感，适时点拨。对积极发言的学生，不管回答得怎样，总是静心聆听，极大地尊重了学生的话语权。无论学生背诵还是回答问题，只要有可以点赞的，总是予以积极赞扬，从不吝啬赞美。特别是对个别学生创造性的思考，更是极力赞许。他说的"你感悟得非常准确""这一点补充得很好""同学们欣赏趣味很高"这些话，就很有极尽赞美的意思。李老师也善于适时点拨。我们语文老师普遍"好为人师"，总是急于讲出答案，或者点拨语言啰里啰唆，很不精当。李老师的这节课，点拨及时、得当、简练,值得我们学习借鉴。

  在师生互动中收放自如是这节课的一个显著特色。无论怎样的课堂,都应该有重点,都应当围绕一条主线进行教学。李老师巧妙地从文本中寻找作品的文脉线索,特别注意抓住关键词来领悟诗歌的艺术魅力。他以诗歌中的写景句和哲理句为抓手,赏玩诗歌,品味其独有的艺术韵味。准确地说,这节课可以说是一篇绝好的"形散而神聚"的散文,教学过程好像很散乱,内容分析也似乎繁多庞杂,但仔细看,"神"很集中,一节课目标明确,尤其是整个教学围绕着一条主线,就是前半部分围绕背诵,体悟作品写景的特点,后半部分体味诗歌的哲理和情感,前后紧密关联起来,最后水到渠成,归结出作品的艺术特点——诗情、画意和哲理的完美融合。整个课堂思路清晰,收放自如,让人惊叹,玩味不已。读之、品之、思之,我们脑海中唤起的是多姿多彩的画面,是美丽迷人的风景,更是对生成课堂独特教学艺术的热切向往。

课堂的精彩来自"灵动"

怎样上出灵动而精彩的语文课呢？读完李仁甫先生的新著《你的语文课也可以这样灵动》之后，我们就会有明确的答案，那就是："灵动"出自"厚积""愤悱"和"超越"。

"灵动"出自"厚积"。过去，我们经常说教师要给学生"一碗水"，自己必须有"一桶水"，这说的就是"厚积"。一位语文老师要上好课，不仅要有雄厚的专业知识，更要有广博的文化知识。李仁甫先生广泛静心阅读，不断充实自己，精读专业著作，特别是他一个月啃完1536页的《唐诗鉴赏辞典》的那个生动细节，让我们感动。正因为这样的厚积，为他实施"生成课堂"教学范式奠定了坚实的基础。

当然，作为一位优秀的语文老师，"厚积"不仅仅是读书，有相当的知识储备，还要为上课做充分的准备。品味本书中一个个精彩纷呈的课堂实录，李仁甫先生课堂语言的精练、朴实、得体，分明是他高超的教学艺术的展示。所以只有如此"厚积"，才能"薄发"。

"灵动"出自"愤悱"。"愤悱"就是"深度预学"，就是孔子所说的"不愤不启，不悱不发"，就是那种"想求通而又未通""想说却说不出来"的"课前""最为理想"的"愤悱""状态"。

激发学生，对我们老师来说，是一个永远值得研究的课题。敢于相信学生，让他们独学、深度预学，进而汇学，实现课本75%自学、25%课堂学习的目标，这显然极大地激发了学生，课堂效果就十分显著了。

"亲其师，信其道。"因此，我们老师要勇于更新观念，大胆实施课堂改革，并通过自己的行动，让学生相信自己。学生如果能够真正动起来，能够自觉进行"深度预学"，养成良好的预习习惯，就会有"愤"、有"悱"。我们如果在课堂保鲜了学生这种"愤悱"情绪，让学生在课堂合理而恰当地释放这种"愤悱"情绪，就能实现教学效果的最大化。

"灵动"出自"超越"。中小学老师中的语文老师，在现实中常常被蔑视，因为我们许多人基本上在"吃老本"，尤其上了年龄，就不怎样学习，也不怎样进步了，甚至有极个别的名师也在"吃老本"。因此，超越自己是很难很难的。读了这本书，我们看到的课例很全面：有同课异构，有一课一构；有古诗文，有现代文；有选修，有必修；有苏教版，有人教版；有高中课，还有初中课，等等。可谓是应有尽有，无所不包。就拿《春江花月夜》一课来说，我见到的就有三个版本，本书有两个版本，细品这三个版本，竟然没有雷同之感，足以看出李老师超越自己的勇气和功力。还有《劝学》《师说》同为文言文，教法却迥然不同，特别是《劝学》以给同学赠言为导语引发学生，确实太精妙了，简直是"妙手偶得"啊。另外，《拿来主义》轻松突破难点的巧妙手法、语言与思维训练的新颖设计，也让人看后有醍醐灌顶之感。

总而言之，一节精彩的语文课离不开"灵动"——"厚积"为灵动奠基，"愤悱"为灵动开闸，"超越"为灵动护航。

微博式作文教学的基本特征和课程价值

2018年5月10日，苏州研修期间，我专程前往鹤鹿之乡——江苏盐城，拜访特级教师李仁甫，并有幸走进他的作文课堂，一睹他倡导的微博式作文教学的特有风采。回顾那作文课堂上精彩交流的火热场面，我至今难以忘怀。下面，不妨结合我的亲身感受，谈谈微博式作文教学的基本特征和课程价值。

一、微博式作文教学的基本特征

微博式作文教学，就是借鉴微博体的理念，先让学生结合当下的生活或最近的学习内容写一篇篇幅不限的文章，然后在课堂上互动交流，最后还采取多种措施使作文得以高频率展示。其过程，概括起来就是"写—读—评—展"，其中"读—评"是两个重要的环节——也可以归纳为交流环节。交流形式独特、多样，先采取随机形式，由老师在摆放于讲台上的三摞作业堆（对应着教室里的三个小组）里任意抽取，抽中谁就由谁来讲台前交流，其他人则加以点评；后采取自愿形式，谁愿意就由谁上讲台交流，而其他人则加以点评。这样的顶层设计很高明，既体现公平，又鼓励竞争。

静心观察和思考李老师倡导的微博式作文教学，我觉得它有以下一些很明显的基本特征：

1. 活学活用，激发兴趣

这次微博式作文，是李老师让学生在学习了《在马克思墓前的讲话》《我有一个梦想》两篇演讲辞后进行一次有意与课本对接的拓展训练。这样的训练有很强的针对性，是对课本的有效拓展和运用，其意义和价值不言而喻。而且这次拓展训练，要求学生结合现实社会生活，任选一个角度。显而易见，这是对课本的更深层次的有效拓展和迁移，设计新颖，教法灵活，富有创意，效果明显。因此，学生都很乐意写，也喜欢写，就在这种潜移默化中激发了学生的写作兴趣，提高了他们的写作水平和能力。

我随手翻看了几篇学生写的微博式作文，看得出他们对这种写作训练方式很是认可。他们用的本子虽不是豪华笔记本，而是跟数理化作业本完全一样的普通作业本（据李老师说，是为了减轻课代表"搬运"到办公室的负担），但都写得很认真。这次微博式作文内容很充实，水平也相当高，让我不禁连声赞叹。

这样的微博式作文，总让我想起今年年初赴美期间在美国的初中课堂看到的一个动人情景：一个男孩为了背下科学课（化学课）的概念，走上讲台，用马丁·路德·金式的演讲去记忆，去背诵。这情景感染了在场的所有人，特别是我们这些来自中国的中小学教师。受这名男生的感染，一个女生也走上讲台，面带微笑，激情演讲，更让我们感慨赞叹不已。

当时我在想：这就是激情焕发出的自信的力量，也算是激活潜能的完美释放吧。如果我们每一个教育工作者，能把每一位学生的潜能激发出来，那将是多么美好的事情。也许这就是教育的力量，正是教育的真谛。

李老师所倡导的微博式作文教学不正与此有异曲同工之妙吗？可以毫不夸张地说，李老师的微博式作文教学已经与国外的教育教学思想在自觉靠近、在接轨、在一脉相承。

2. 关注现实，内容广泛

生活是写作的源泉，学生的写作应该来自现实生活。在当前的学生写作中，师生浮躁不安，虚假之风大行其道。不少学生在写作文时，闭门造车，不惜以编造、说假话为能事，作文纯粹成了政治理论和哲学观点的假大空的传声筒，背离了写作的基本要求。如此一来，能够抒写真情实感的作文变得越来越少。而微博式作文教学，显然在逐渐改变着这一现状，让学生回归写作的本源，写自己应该写的东西，写自己想写的东西，写自己喜欢写的东西。真实而鲜活的生活成为作文的不尽源泉，家事、国事、天下事都成为学生写作的活水之源。这极大地调动了学生的写作积极性，激发了学生写作的兴趣。同时，也增强了学生关注社会现实的意识，使他们主动肩负起了学校、家庭以及国家和社会的责任，以"我手写我心""我手写我口"的责任和担当，反映和展现丰富多彩的社会生活。学生借助这种微博式作文参与到现实生活中来，这显然是一种有益的难能可贵的实践和探索。

就拿我亲历目睹的这次微博式作文交流来说，李老师要求学生在学习完《在马克思墓前的讲话》和《我有一个梦想》等课文后，以"一次演讲"为话题写一篇"微博"。这次微博式作文，只是限定了写作的体裁，至于内容，学生完全可以自己去选,可以选自己的日常生活,也可以选时事新闻。这个作业是周二布置的,那天周四第一节课就进行交流,看来微博式作文是一种很及时的关注现实、内容广泛的作文训练形式,难怪学生如此认可和欢迎。

3. 读评结合,效果显著

提高作文讲评的效率,这是一个老大难的问题。我们语文教师都在研究这个课题,尤其是高中语文教师。传统作文训练采用的是"写作—讲评"的固定模式,而微博式作文教学采用的是"写—读—评—展"新的写作模式。这种"写读评展"相结合的形式,一改过去作文评讲教师唱"独角戏"的状况,让学生积极、主动地参与到写作中来,变成写作的真正主人,以交流激发兴趣,以点评促进师生相互学习,共同提高。这令人耳目一新,很值得我们大家学习和借鉴。

课堂上现场交流微博式作文,激发了学生的写作兴趣和热情,使同学们变得都很兴奋。学生们眼睛都紧紧盯着李老师手边的那一摞摞淡紫色的"微博"本,期待着抽到自己,让自己走上讲台来交流。交流还常常会打破常规,点评更是精彩。听李老师说,以往交流到"自愿"环节,一般只开放一两个名额,而这次因为大家热情高,就临时多开放了几个名额,这样当天就有六名学生进行了交流。点评人,有的是由李老师临时直接指定的,也有的是自己主动站起来的,他们点评得都很精彩。点评的同学都能抓住作文的特点,发言内容充实,语言流畅,评得有理有据,同学们也听得津津有味,似有跃跃欲试之感。听李老师学生的点评,简直成了一种高品位的享受。

由此看来,微博式作文教学是当前作文教学中适合学情、教情、考情和新课标改革的一种非常好的举措。

二、微博式作文教学的课程价值

从 2017 版新课标要求来说,微博式作文教学很好地彰显了语文核心素养的基本要求。

《普通高中语文课程标准》(2017 版)"必修课程学习要求"中对学生的写作有如下具体要求:

> 自由写作,自由表达,以负责的态度陈述自己的看法,表达真情实感,培育科学理性精神。书面表达观点明确,内容充实,感情真实健康;思路清晰连贯,能围绕中心选取材料,合理安排结构;进一步提高运用记

叙、说明、描写、议论、抒情等表达方式的能力，并努力学习运用多种表达方式，力求有个性、有创意地表达。

增强人际交往能力，在口语交际中树立自信，尊重他人，文明得体，仪态大方，善于倾听，敏捷应付。注意口语的特点，能根据不同的交际场合和交际目的，恰当地进行表达。借助语调和语气、表情和手势，增强口语交际的效果。学会演讲，做到观点鲜明，材料充实、生动，有说服力和感染力，力求有个性和风度。在讨论或辩论中积极主动地发言，恰当地应对和辩驳。

《普通高中语文课程标准》（2017版）"选择性必修和选修课程学习要求"中对学生的写作又有如下具体要求：

注意在生活和跨学科的学习中学语文、用语文，在学习和运用的过程中提高表达、交流能力。能综合运用在语文与其他学科中获得的知识、能力和方法，运用多种方式展开交流和讨论。留心观察社会生活，丰富人生体验，有意识地积累写作素材，广泛搜集资料，根据表达需要和体裁要求，尝试多种文本的写作，互相交流。在实践活动中增强口头应用的能力，能根据交际的需要，选择恰当的时机和场合，提出话题，敏捷应对，注意表达效果。参加演讲与讨论，学习主持集会.演出等活动。

这里，"表达真情实感"，是对学生写作的基本要求，而善于在交际中"恰当地进行表达"，尤其是"恰当地应对和辩驳"是新课标对写作的更高要求。而微博式作文教学正好落实了新课程"表达真情实感""恰当地进行表达"等写作教学的具体要求，而对文章思路、表达等方面的写作要求是在表达真情实感基础上的更高要求，强调学生写作应该与生活紧密结合，作文教学要有很强的实践性和操作性。李老师倡导的微博式作文教学，突出了让学生抒写真情实感的基本要求，是新的课程理念的有效实践和有益探索。

再拿这次写的演讲词来说，新的课程标准对此提出了更明确的要求，那就是："学会演讲，做到观点鲜明，材料充实、生动，有说服力和感染力，力求有个性和风度。"对课堂交流，新课程要求也很是明确："在实践活动中增强口头应用的能力，能根据交际的需要，选择恰当的时机和场合，提出话题，敏捷应对，注意表达效果。参加演讲与讨论，学习主持集会、演出等活动。"而在这次微博式作文交流活动中，几名学生交流的文章都很符合演讲的基本特点，注意了书面语与口语的结合，使用了排比、比喻、反复、对比和对偶这些演讲稿常用的修辞方法，特别是有几个同学还特别仿照《我有一个梦想》的排比句去写，平添了演讲的魅力和感染力。另外，所有交流和点评的同学都落落大方，从容镇定，表达流畅，语言优美。这些也给我留下了深刻而美好的印象。可以说，这不仅是一次演讲比赛，也是一次师生尤其是学生的精彩展示和分享，更是一次别开生面的语文实践活动。它生动而具体地体现了新课标对学生写作的这些基本的要求，也使这些目标任务落地生了根，开花结了果，取得了显著的效果。

说到高中语文教学，我们永远绕不开"高考"这个话题，我们也不应该回避这个话题。从高考作文应考这个功利性角度出发，微博式作文教学也很值得我们高中语文老师去深入研究，切实实践。我个人认为：李老师倡导的"微博式"作文训练法，就是高考"任务驱动型作文"的生动而具体的呈现。它很符合高考"任务驱动型作文"的基本要求，是对这一作文形式的有意靠近和自然接轨，因而它也是切合高考作文应考的一种有效的作文训练形式。试想，我们的同学如果能够坚持微博式写作，持之以恒，形成真正的作文能力和水平，何愁写不出好的高考作文？因此，我认为，微博式作文教学，就是一种高考作文的最有效的作文训练方式，既实用，又高效，有"短平快"的奇效，很值得我们去研究、践行。

微博式作文教学也引领我走上了课堂教学改革的康庄大道。从本学年开始，在高三语文课堂，结合实际，我鼓励学生开展了"课前讲解"活动，并为"课前讲解"设计了"励志新语""素材多解""点亮佳作""技法灵犀""教你积累"等小栏目，让学生坚持开展此项活动。经过我们师生的共同努力，目前此项活动已经开展了十多次，收到了好的效果。这一切在很大程度上就得益于李老师微博式作文教学的启发、诱导。

总而言之，李仁甫老师倡导的微博式作文教学既具有前瞻性，又很接地气，很有实效。它切合新的课程标准，注重培养学生语言、思维、审美和文化等方面核心素养，有力突破了高考作文训练无处下手、很难提高的瓶颈。

静心阅读提升解读经典文本能力

摘　要　浮躁的社会导致阅读的粗浅和不深入，加之教辅的泛滥，师生深受其影响，很难领会到经典文本内蕴深厚的魅力之所在。而静心阅读有意回归阅读的本质，以走进文本、挖潜文本、创新文本为基本方法和步骤，与新课程着力培养学生的实践能力和创新精神相吻合，旨在强化解读文本意识，培养良好的阅读习惯，最大可能地提升解读经典文本的能力和水平，是一种切合经典作品特质的阅读方式，值得在教学中不断探索实践。

关键词　静心阅读；解读经典；阅读能力

一、静心阅读，走进文本

走进文本就是静心与文本进行真诚、自然的对话，从而真切地走进文本当中去。虽然现在教学资料浩如烟海，但我们教师不能一味地钻到资料堆里去考古、考证、辨识，而要首先自己沉下心，原原本本去读作品，原汁原味品读文本。而走进文本就是经由品味文章的语言文字进而走进文本，实现与文本有效的对话与交流。

走进文本可以从文本结构入手，精心玩味。《林黛玉进贾府》是《红楼梦》的精彩片段，小说的结构是十分清晰的，似乎没有什么可以分析的。但当我们细心阅读时，小说结构的独特之处就显露出来了：一是课文以巧妙的结构串编故事；二是鲜活的人物形象在巧妙的结构编织中呼之欲出。这只有在静心走进文本，才会有这个感悟和发现。

走进文本更多的是要细细品味作品的语言。《北京人》是曹禺的诗意话剧。剧中的愫方美丽而鲜活的形象就是通过剧作的语言表现出来的。戏剧舞台说明的文字"哀静""秋水"等词，在描述她的外在美，而她发自内心的道白就体现了她的内在美，这种美融有女人特有的韧性与执着，有着四五十万年前"北京人""敢爱敢恨，追求自由"的性格特点，是那个时代许许多多青年义无反顾的选择和追求，也是那个时代的主旋律，所以人物形象也是典型而鲜活的。

教师引导走进文本可以从艺术手法入手，比如可以从修辞方法、表达方式出发，由浅入深，分析、领会文本。比如：学习《谈中国诗》，学生最容易发现的是文章采用的比喻修辞，教者可以先从分析"空中楼阁"这个比喻入手，引导学生体悟比喻生动形象、自然贴切的特点，然后启发学生通过分析"怀孕的静默"等比喻，再感悟比喻新颖独到、深刻透彻的特点，最后形成对比喻修辞由感性到理性的深刻认识，提升学生解读作品的能力，实现课内知识技能向课外知识技能的有效转化。

二、静心阅读，挖潜文本

挖潜文本就是静心与文本进行深刻、厚实的对话，将文本中潜藏的内蕴挖掘出来，从内容到手法。当然，挖潜文本一定需要静下心来，细细品味经典文本的"言外之意"，特别是要善于挖掘文本的哲思和理趣。当然，这还需要必要的知识积累。不过，只要静下来，沉下去，文本的意蕴还是可以"钻探"到的。

我在解读老子和庄子的散文时，就是在走进文本后，从不同修辞角度去"想深想透"。对于老子的散文，学生说出对比的修辞不是很难，关键在于进一步分析理解。从老子散文思辨的特点，我们可以看到：老子以对比建构对立统一的客观世界，以对比彰显了作者的哲思和睿智，对比与其他修辞手法结合平添了文章语言的魅力。这些分析，既有"知人论世"的理悟，更多的是细读文本、挖掘文本的收获。

在分析庄子散文，同样学生说出"思辨艺术"不是很难，甚至将庄子散文思辨艺术的三个大的方面找出来也有可能。不过，要具体分析庄子散文"大与小之辩""幻与真之辩""生与死之辩"这三个方面就必须静心读好文本，而且要站在把握文章大意的高度来理会庄子表现出的哲理思考。《庄子散文的思辨艺术》是我花了两周时间写的，当时我还没有教选修课本，老庄的书也没有系统读，但我就是静下心，反复读才写了出来。看来，挖潜更需要静心。

现代经典也能够借助"深挖慢探"，开掘出"深情厚意"来。中小学老师对文本的挖潜，要在密切联系学情的基础上，去挖，去探，这样的挖潜才会有意义、有价值。对《荷塘月色》中引诗《西洲曲》内蕴之探微是《语文报》编辑给我提供的一个思路。刚开始想的时候，一度思路中断。没办法，我只好反复读文本。在多次阅读后，我有了"蓦然回首"之灵感：就从悲与喜来写吧，这不就是文章的主旨吗？于是，我反复咀嚼引诗《西州曲》原诗，展开联想和想象，结合《荷塘月色》抒发的感情，以"心的愉悦与悲戚"为题，进行了较好的解读。这次解读给我的启发是：要有效解读经典文本，解读的角度是很重要的，换句话说，挖潜要挖到有"活水"的地方。

三、静心阅读，创新文本

创新文本就是静心与文本进行新颖、独到的对话，让文本在今天也大放光彩。接受美学的理论启发我们要勇于创新，创新也是新课标的基本要求。静心读文本就要创新，就要使文本有时代的意义与价值。在新课程突出学生创新能力的今天，创新文本尤为重要。

探讨《林教头风雪山神庙》中"风雪"的诗化描写，得益于朱光潜的几句话：朱先生认为"一切纯文学都要有诗的特质"，"读小说只见到故事而没有见到它的诗，就像看到花架而忘记架上的花"，"能欣赏诗的人们不但对于其他种类文学可有真确的了解，而且也决不会觉到人生是干枯的"。有了这个认识，我将"风雪"作为诗歌意象，由意境入手，结合小说的情节和主旨，分别从"'风雪'写意、造境""'风雪'叙事、传情""'风雪'写人、显旨"等三个方面解读，挖出了新意。这次解读的启发是：创新解读更需要扎实的知识积累，创新解读是"厚积薄发"。

创新的目的在于借鉴，要善于借鉴经典作品独特的写作方法。高中学生喜欢写作议论文。如何写好议论文呢？从文言文学习议论文的基本写法，就不失为一种很好的办法。我曾经写过《品读韩愈〈师说〉，打造高考议论佳作——与高三同学谈高考议论文写作》的文章，文章抓住文言文"文"的特点，注重分析文章的论证方法，从"论证思路要清""论证要有层次""论证方法要灵活""兼及作文的话题和材料"等四个方面进行创新，给同学们写作议论文提供了有益的帮助，对同学创新阅读也是有启发的。实际上，仅仅《师说》中的对比论证的方法，无论从全篇，还是从第二段的重点段落看，如果静心阅读，善于思考，也还有可以创新借鉴的地方。

静心"读抄背":阅读文化经典的"终南捷径"

摘　要　文化经典意蕴深,距离我们远,学生在很短的时间内很难掌握。基于这一现实,在教学中,借鉴教师自身阅读文化经典的经验,给学生提供了一个比较有效的办法:静心"读抄背"。在静心的基础上"读抄背",从而自然地走进文化经典,"品尝"文化经典,"消化"文化经典,提升学生的人文素质,提高课堂教学效率。

关键词　文化经典阅读;静心;读抄背;高效途径

教读先秦诸子选读过程中,经过我反复的"说教",学生对文化经典学习的重要性有了较深的认识,但还是觉得这门课意蕴太深,很难一下子领会。这也难怪,对于中国文化的源头——彰显先民智慧的著作,要一个十多岁的孩子在较短的时间内领会其中的微言大义,确实是很困难的事。为了解决这个当务之急,我思考了许久,借鉴自己阅读文化经典的经验,给学生提供了一个比较有效的办法:静心"读抄背"。静心是学习必备的基本素质,如果在静心的基础上"读抄背",那么,就会自然地走进文化经典,"品尝"文化经典,"消化"文化经典。下面,我就自己的实践与构想,与大家分享一下。

一、静心读,亲近经典

众所周知,阅读文化经典最基本的办法是读,读有朗读、默读、诵读等多种形式,尤其是朗读,是大家都赞同和推崇的方法。教读先秦诸子选读时,我很重视学生的自读,要求学生在老师范读基础上自读,课堂上也不吝啬读的时间。我特别倡导学生大声地去读,读出节奏、读出韵味、读出情调、读出感情。如此反反复复地读,往往能够激发学生阅读的兴趣,点燃他们思考的火花,自然而然地提升他们读书的境界。

但我觉得,读最关键的是静心去读。静心读,才会扫除文字障碍,领略作品的思想内容和艺术真味。比如读《论语》中孔子赞颂颜回的篇章："子曰：'贤哉，回也！一箪食，一瓢饮，在陋巷，人不堪其忧，回也不改其乐。贤哉，回也！'"如果我们不静心去读，根本读不出什么味道的。但是，如果我们静下心去读，就会亲近经典的韵味。这么简短的文字，首尾以反复的修辞在强化孔子极尽赞美之能事，主体部分由叙述入手，将颜回的行为与众人作了一个比较，在对比和映衬中表现出孔子蓄满内心的自豪与赞赏情感。

当然，静心情读是亲近文本的必要条件。我认为，阅读的起点是诵读，终点也是诵读。如果我们指导学生多次朗读后，学生能有声有色地将作品读出来，那么，他就会自觉地亲近文本，走进文本创设的境界中去。古人说的"书读百遍，其义自见"，就是这个道理。文化经典是文言文，距离现在远，学生读起来不好懂，假若我们用这个方法去做，绝对会有好的效果的。在读《〈庄子〉选读》时，我就是这样做的。我要求学生在扫除了字词障碍后，紧接着就反复去默读、朗读。如此一来，文章变得越来越熟悉，个别悟性好一点的学生竟然在读中领略了文章的大意。不过，不管怎样的读，我们都要求学生静下心来去读，这样才会自然而然地去亲近文本。

二、静心抄，走进经典

要实现真正地走进文本，我觉得最好是静心去抄。先秦诸子散文是先民智慧凝聚而成的最强音，是我们民族文化的根本。让学生走进文本，我们不可能带学生去穿越，回到古代，与这些睿智的思想者进行一场真真切切的对话。我自己有这样切身的体会和经验。几年来，我先后抄录了《论语》《孟子》《老子》《庄子》《人间词话》《西厢记》等古典著作，收获很大。在静心抄录中，我的文化素质得到很大的提高。事实上，抄看似很繁琐、很原始、很单调，也有点不切实际，但仔细想来，却是一种似拙实巧、大巧若拙的方法，静下心去抄就更有意义和价值。

静心抄需要的是静心、专注。在任何时候，做任何事情，我们都要静下心去做，这样才会有意义、有效果。因此，抄录中要求学生一定要静下心去做，心无旁骛，专心致志。我们不可能要求学生像古人那样去抄七遍，但如果自己觉得有必要、有兴趣，多抄几遍总比少抄几遍要好许多。

至于具体怎样去抄，说起来也很简单。一般地说，静心抄就是每次上新课前，在读三五遍后去抄一遍。当然，抄的方法可以因人而异：学生可以在上新课前去抄，也可以在上完新课后去抄，不能拘泥于某一种方式。不过，静心抄是关键，特别在开始时我们不妨来一个"一刀切"，不管什么基础的学生都要抄。老师也不妨做做表率和引领，自己动手坚持去抄。在教读先秦诸子散文选读中，我一直坚持去抄，每次都把自己抄的内容展现给学生，这样学生的主动性就会自然地增强，学生在我的引导下由静心抄走进文本也成为了可能。

三、静心背，"消化"经典

仅仅读抄是远远不够的。要让经典文化在学生的心灵生根开花，结出丰硕的果实，就要"消化"文化经典。这样，我们必须要求学生去背一些篇章，最好完完整整地背一些章节。比如，读《论语》，如果你没有背下完整的一个章节，而只是记下寥寥的几个句子，那是没有什么效果的。只有将一些章节烂熟于心，才会使文化经典升华为自觉的言行，进而内化为自己的人文素养。因此，背是很重要的，大段大段地背诵尤其重要。

自然，静心背也是必须的。只有静下心来，才会背下来；也只有静心背，才会真正地消化文化经典。背诵从一定意义上就是理解和消化。静不下心就不可能背下来，即使背下也没有多少积极的意义和价值。近几年新课标理解性默写的考查要求我们在背诵时一定要理解背诵，要不然就答不对或者答不好。这方面我曾经以新课标的古诗文的考查为例，强化学生的背诵意识和能力。这方面老师最好也带点头，背下一些章节，给学生一个好的引导，这也是十分重要的。

静心读抄背，是引导学生学习文化经典的"终南捷径"；静心读抄背，是引导学生学习中华文化的有效方法；静心读抄背，是引导学生学习文言文的有力武器。让我们的学生以静心读抄背这样古朴而有用的方法，在潜移默化中去理悟我们中华文化的博大与精深，汲取其中的精髓，并让其发扬光大，内化为自己的人文素养，传递我们民族文化的正能量，传递我们这个时代的正能量，使我们的学生成长为社会主义建设的接班人，为实现中华民族伟大复兴的中国梦，打下良好而坚实的基础吧！

巧引智导强能力，激疑启思成境界
——也谈钱梦龙《愚公移山》一课的教学艺术

钱梦龙老师的课堂艺术被当代许多教育专家所推崇。钱老在 20 世纪 80 年代就提出学生为主体、教师为主导、训练为主线的"三主"教学思想。品味钱老的《愚公移山》授课实录，这一教学思想很显著地体现在他炉火纯青的课堂教学艺术当中，那就是：巧引智导强能力，激疑启思成境界。

具体体现在以下三个方面。

一、紧扣学情，激发兴趣

这节课一开始，钱老先交代这一课是在学生预习的基础上来学习的。语文课要不要预习这个问题是不需要再讨论的。因为预习就是学生自己预先去学习，这显然是很有必要的。李仁甫老师把预习说成预学，很显然强化了预习的作用。我认为预习的作用是把自己能看懂的先看懂。实际上，学习的目的就是把不会的知识搞懂，这是学习最重要的意义。钱老师特意安排的 20 分钟预习是很有必要的，特别是让学生在课堂单位时间内带着问题去预习，这是很不错的一种方法。

在预习完之后，钱老很重视紧扣学情激发学生的兴趣。首先体现为切中学情与学生亲切对话，而没有摆出一副居高临下的架势，这就十分难得。他一开始就问学生预习中的问题，从学生最容易感悟的字词开始讲授，很切合学生的实际。而对于学生的提问总是给予充分的褒扬，从来不吝啬褒扬，因而整个课堂里说了许多赞扬的话，例如："同学们学习得很好，老师非常满意！""嗯，这个问题提得好""说得真好！""这个问题提得好，解决得更好""讲得对！""很好，说明大家都懂了""啊，讲得真好！""说得很好啊""讲得好""读得很好""这篇文章经过大家的认真思考，共同探讨，同学们学得很好""同学们理解得很好""好，讲得真好，老师很满意"等等，这些赞扬的话语，对学生予以充分的肯定和鼓励，极大地激发了学生的学习兴趣。

语文课上他尽量调动一切手段，或提些有启发性的问题，或设置能引起学生思考的悬念和情境，想方设法激起学生读书、求知的欲望和兴趣，引导学生学习语文。这正如钱老师自己所说："像我当年学习国文那样学习语文；教学生读课文时，则自己尽量少讲，多留一点时间给学生自己读书和思考。当时脑子里还没有'教学艺术'的概念，但这种从自己独特的'学历'（自学的经历）中体悟出来的'教学法'，与当时语文教学中普遍采用的刻板的串讲法确实不大一样，学生学得比较主动，读书、写作的兴趣也很高，因此受到了学生的欢迎，弥补了我学历不合格的'先天不足'。"

更可贵的是，依据学情进行教学时，钱老的思路很清楚：先在学生预习基础上疏通字词，重点与学生理解探讨了"亡""曲""本""以""之"等词的意义；接着借助列作品的人物表来理解文本写的主要内容；而后对比分析愚公与智叟两个人物，得出"愚公不愚"的结论；最后联系现实分析，并用一道很有特色的练习题来拓展迁移，巩固课堂的学习效果。这堂课恰如一篇形散而神聚的散文一样。这种"形散神聚"的课堂艺术就是紧扣学情的教学，就是切中学情的激发诱导，至今读来仍然很有新意和价值，值得我们学习、借鉴。

二、重视能力，培养习惯

语文学习的能力，现在许多人认为集中地体现为语文的核心素养，包括语言建构与运用、思维发展与提升、审美鉴赏与创造、文化传承与理解等四个方面。但我仍然觉得这些素养与我们过去说的语文学习的听说读写四个方面的能力是一脉相承的，也可以简单地说，语文学习的能力就是叶圣陶先生说的阅读和写作两个大的方面，而提高这两种基本的能力必须发挥课堂这个主阵地的作用，在一定程度上说，语文课堂就是阅读和写作最重要的训练场。

预习既是一种习惯，也表现为一种能力。怎样预习，这里面有大学问。钱老主张学生课前要预习，而他所说的预习是在老师指导下的学习。像这一节课，老师指导学生在课前用 20 分钟时间去学习，如果把这种学习也称作预习的话，我觉得更有针对性，更有效果。我常常感到：我们好多时候强调语文课要积累，要厚积薄发，于是语文学习的繁难问题就这样产生了，并且这成了我们语文老师挥之不去的心痛。我曾经有个想法，语文老师能不能多引导学生做一些"刀下见菜"的事情。比如：当时记下字词，当时背下经典名句，当时理解文本，甚至当时对课文内容有深刻而新颖的理解。这些都是一种有益的尝试。钱老好多年前做的这些事情至今对我们有启发、有教益。

阅读是一种能力。具体地说，到底怎样去读呢？钱老是这样做的：学生先自己读，在阅读过程中，让学生自己去发现问题。发现了问题之后，不是直接地告诉同学答案，而是让他们先自己设法解决，特别是字词方面的问题，让学生自己去查词典，解决问题。这种解决问题的方法实际上就是学习语文的一种最基本的方法。

查词典是一种很好的语文学习的方法，这个我深有感触。拿自己来说，我比较重视查词典，因此，几十年来，我一直保持着勤查词典的好习惯。当然，我的词典也比较多，大大小小的词典有十多本，这为我教学提供了便利。我经常说，自己动手勤查字典，潜移默化中，积累就厚实了，厚积薄发是绝对可能的事情。

当然，阅读过程就是质疑而问、质疑而解的过程，这过程本身需要思考。思考是人类智慧的火花。而有自己的疑问，有自己的思考，才可能碰撞出智慧的火花。我觉得真阅读就是静下心来自己独立阅读，而真思考就是在真阅读基础上自己真正有创意的思考，这是师生语文学习中弥足珍贵的经验和方法。钱老特别注重培养学生真阅读、真思考的能力，因此，他的课自然就更像语文课，更有语文味，也有好的效果。

三、尊重文本，形成风格

现在讲授语文课有一种很不好的风气：一味地让学生去说，而忽略文本的真正内容，并用"有一千个读者就有一千个哈姆雷特"作为根据，为师生随意理解寻找充足的理由。这显然是有害的。文学作品既有多义性的特点，但同时又更有确定性和认同性的特点。我们引导学生解读文学作品时，必须恪守这一准则和标准。

钱梦龙老师不愧为教育教学的大家。在《愚公移山》授课中，他在结合学情的前提下，充分尊重文本，在教学中表现出鲜明而独特的教学风格，集中体现为以下三个方面：

一是文言相容，相得益彰。文言文教学历来是重言轻文，尤其是初中语文教学，好多已经异化为简单的文言翻译。但钱老的课言文并重、言文相容的特色却非常显著。讲文言词就浸透文化色彩，而文言内容的归纳也是在总结文言词语的基础上得出的。这种言文并重、言文相容的教学特色在倡导语文核心素养的今天更值得我们去深思，去借鉴。

二是小大结合，浑然一体。在文言文教学中，如果我们只重视文言词语教学，就会显得小气；相反，如果我们只重视文言文传达的内容，又往往会使教学变得虚空，以致好多东西落不到实处，使教学的效果和课文价值大打折扣。钱老的课不仅重视课文的细枝末节，而且注意文章整体内容的把握，很有自己独特的教学风格。课堂的后半部分，为了从大的方面来梳理文章内容，钱老从小到大，通过解释"叟""龀""高万仞""方七百里""君""汝""疑""笑""虽""厝"等重点词句来达到梳理文章基本内容的目的。

三是对比分析，迁移拓展。在对比分析愚公与智叟这两个人物时，钱老先侧重分析倒装句，分析对愚公的看法，总结文言句中倒装句的知识；再分析称谓"汝"和"君"，自然拓展古代文化常识；最后分析对愚公的态度，重点分析了文章中的"毛"，通过两句文言句式的细微差别来分析。以上不仅仅是对比分析，也自然在进行迁移和拓展。这足以看出钱老教学的高超艺术。

我认为，巧引智导是钱老《愚公移山》这一课教学的最大特色，充分体现了钱老"三主"导读教学的指导思想，对于我们今天的语文教学有很重要的意义和价值，需要我们细心品味、潜心学习、认真实践。

经典的叙事，鲜活的人物
——解读《烛之武退秦师》

记叙文如何叙事写人，读完《左传》后我们会有深刻的体会和感悟。这里，我们以《左传》的精彩片段《烛之武退秦师》为例，从叙事和写人两个方面解读一下《烛之武退秦师》这篇作品。

先谈一下《烛之武退秦师》的叙事方法。品读这篇作品，我们在叙事方面的收获是：写作记叙文，大家要特别注意记叙的顺序和记叙的详略。简单地说就是，叙事要学会顺叙的叙述方法，叙述要有详略。

顺叙是最基本的叙事方法。我们这里以过去教材选编的《烛之武退秦师》《勾践灭吴》《邹忌讽齐王纳谏》《触龙说赵太后》这四篇课文为例具体地说明一下。这四篇文章都以时间为序来写，采用的是顺叙的方法。《烛之武退秦师》以时间为序，依次写了秦晋围郑、临危受命、说退秦师、晋师撤离等事件；《勾践灭吴》以时间为序，依次写了定计求和、卧薪尝胆、准备复仇、同仇敌忾、一举灭吴等事件；《邹忌讽齐王纳谏》按时间顺序，依次写了进谏的缘起、进谏的内容、进谏的结果等；《触龙说赵太后》按时间顺序，依次写了"说"的前因、"说"家常、"说"爱子、"说"的后果等。顺叙是最基本的叙事方法，即使倒叙和插叙，其主体部分仍然是以顺叙的方法来叙事的。历史散文一般都用顺叙的方法来写，而同学们写作记叙文只要按时间顺序把事件记叙清楚就可以了。

记叙要有详略。《烛之武退秦师》以"退"为核心，说劝秦师是文章的中心，因此课文重点写了烛之武的言辞，其他部分只作了简单交代，在叙事上做到了有疏有密，繁简得当。对"退秦师"的前因后果，只是略作交待。对烛之武"夜缒而出"前后，郑国百姓是如何焦急地等待烛之武的消息，秦国君臣又是以怎样的场面和骄横态度接待这位即将亡国的使臣，作者只字不提，惜墨如金。而把重心放在"烛之武退秦师"这一内容上。这一部分，作者又主要是写说辞。先是以退为进，站在秦伯立场上说话，引起秦伯好感。然后晓之以害，诱之以利，再施以离间，最后进行未来推测，一步步地让秦伯进入自己的预设圈，顺利地达到了目的。

我们教学生写作记叙文也应该借鉴这种写法：对核心事件要围绕文章中心精雕细刻，做到描写生动形象、细致入微；对次要内容要概括总结，敢于一笔带过。如果这样的话，我们的文章自然会主旨显豁，重点突出。

我们再来谈谈这篇作品描写的那些生动而鲜活的人物。可以说，这篇文章在经典叙事中，各个人物的鲜明形象可以说已经呼之欲出。

首先走进我们视野的是作者浓墨重彩描绘的主要人物烛之武。烛之武不愧为一个"三士"形象，即"志士""勇士""辩士"的形象。

烛之武是一个有才华的爱国志士。烛之武的外交才能通过佚之狐的话得到了充分的肯定。"若使烛之武见秦君，师必退"，一个"必"字，尽显烛之武的才华。由于长期未被重用，烛之武满腹牢骚与委屈溢于言辞，以至于以"今老矣，无能为也已"来推辞。但郑伯的一番诚意和对国家形势与个人利益关系的透彻分析，最终感动了他，他决心以国家利益为重，出使秦师。这足以说明他是个深明大义的爱国志士。

烛之武也是一位勇士。两方交战，生死未卜；出使秦师，成败难料。烛之武"夜缒而出"，勇入秦营，其知难而上、义无反顾的冒险精神也展示了他的"勇士"性格。

烛之武更是一位能言善辩的辩士。烛之武在到了秦营之后，面对强敌，不卑不亢，侃侃而谈。他先低调退让，论说利弊，灭亡郑国对秦国有害无益，只是增加了邻国（晋国）的土地。然后，先退后进，承诺利益，保存郑国将会对秦国大有好处，"行李之往来，共其乏困"，这是郑国请求秦国退兵所施予秦国的小小恩惠，既可使对方感兴趣，以权衡利弊，又不失本国尊严。一番利诱之后，烛之武陈述史实，巧妙离间，从秦晋的历史关系入手，揭示出晋文公过河拆桥、忘恩负义的本质，公开挑拨秦晋两国关系。最后，着眼未来，许秦重利，用发展的眼光，引导秦伯认识到晋的贪婪会给秦国带来的危险，这就使秦伯认识到晋是敌而非友，并最终和郑国结盟。这样一来，"攻守之势易矣"。烛之武一字未提郑国的利益，却成功说退秦师，充分展现了他的"辩士"形象。这是烛之武形象的核心。

可以说，《烛之武退秦师》一文展示的烛之武是一个深明大义的爱国志士，是一个勇于出使、直入敌营的勇士，是一个机智善辩的辩士、外交家。

其他人物佚之狐、郑伯、秦伯和晋侯等人物虽然着墨不多，也写得栩栩如生，形象和个性鲜明突出。

佚之狐是一位荐贤举能的伯乐形象，作品中直写了他的直爽、耿直。他说了这样的话："国危矣，若使烛之武见秦君，师必退。"从他的话语中也可以看出他不仅是一位伯乐，也是一位敢于直言进谏的谏士。

最后我们简单地分析一下几位君主的形象。

郑伯是一位贤明君主的形象。在秦晋围攻的危急时刻，郑伯没有任何行动，而当佚之狐荐烛之武"若使烛之武见秦君，师必退"时，他立即抓住这一线希望"从之"，表现了一位君主决策的及时、果断。而当烛之武面对郑伯的重托，满腹牢骚且不愿受命时，尴尬之中的郑伯没有放弃，而是首先自责："吾不能早用子，今急而求子，是寡人之过也。"将过错揽到了自己身上。这番自责，可谓动之以情，令烛之武为之语塞，对其牢骚情绪也是一个至好的抚慰。然后又晓之以理："然郑亡，子亦有不利焉。"短短二十六个字，终使烛之武"许之"，达到了预期的目的。这充分展现了一位善于纳谏、勇于自责、精于言辞的君主形象。

秦伯是一位善于决断的君主。作者用了"说（悦）""盟""使""还"四个动词来写秦伯，一是反衬烛之武劝说之效果，二是揭示秦伯决策之过程。为什么会有这个决策？虽然他先与晋围郑，后与郑盟，但这并不是说秦伯是一个朝三暮四的君主，因为秦伯的决策，完全是站在秦国利益的角度来考虑的，这也是秦国以后能够统一中国的一个重要原因。秦伯之决策，使秦、郑之盟非常牢固，而秦晋之盟也就自然瓦解了。我们看到，作者笔下之秦伯，是一个善于决策、善谋利益的君主形象。

晋侯是一位有大雄心和大气度的君主形象。郑国这场危机，就是由他发起的。但偏偏中途杀出了个烛之武，偏偏中途秦伯就改变了决策，于是事情就发生了戏剧性的变化，晋侯无疑成了这起事件的最大失败者。

当"子犯请击之（秦）"，以对背盟者最好的警告时，晋侯以"不仁""不知""不武"三个理由明智地拒绝了，避免了晋国遭受更大的失败。这既表现了一个君主清醒的头脑和理智的判断，又显示了成霸业者应有的隐忍不发的胸怀和随机应变的谋略。

叙事是为了写人，写人必须在叙事中去完成。叙事和写人是紧密结合的。读了这篇传记后，我们在写作记叙类文章时要学习和借鉴的是：叙事，即使是采用倒叙的方法，要清楚明白，当然也要掌握叙述的艺术，如跌宕艺术、掀波艺术以及伏笔和照应的艺术等，至于写人，我们要用好"实录"的艺术，无论主要人物还是次要人物，我们都要刻画得个性突出、形象鲜明。

以"静心阅读"读好精美散文

俗话说:"慢工出细活。"文学作品贵在精打细磨,散文更是如此。无论是叙事散文、抒情散文,还是哲理散文,都是作者精心打磨的结晶,蕴含着作家对人生和世界的独特理解和深刻感悟,是他们智慧的哲理闪光。高考散文阅读材料富含哲理,题旨深透、多元,更具有意蕴性,因而需要同学们认真阅读,真正读透弄通。

那么,怎样阅读这些散文呢?

简单地说,就是要"静心阅读"。

怎样做到"静心阅读"呢?

一、"静心阅读"要"上心"

"上心"要强化主动、自主阅读的意识。要有自己主动、自主阅读散文的习惯。阅读要自主、主动,必须从培养阅读习惯开始。一般同学,即使上了高中,可能最初喜欢阅读的是一些故事性强的叙事散文,对抒情性的散文特别是哲理味浓厚的散文是不怎么喜欢阅读的,这种状况是需要改变的。试想,一名高中生如果自己没有主动、自主进行过阅读,何谈阅读能力的培养和提高?

"上心"就要培养阅读的兴趣。兴趣不是天生就有的,是可以培养的。即使你不喜欢阅读散文,也不可能所有散文都不喜欢阅读。散文中总有你自己喜欢的,最少有自己比较喜欢的文章。因此,可以选一些作品去读,读得多了,自然慢慢就有了兴趣。拿我们这本《散文选粹》来说,选文丰富多彩,你可以先选一些自己喜欢的去读,慢慢地,就有了阅读的兴趣,有了兴趣,后面的问题就好办了。

"上心"关键要学会独立思考。阅读文章的过程就是对话的过程,这对话主要包括读者与作者、读者与文本、读者与世界(作品所写时代)等三个方面。作为高考散文阅读,还有一个很重要的对话,那就是作为读者的考生与命题者的对话。无论怎样的对话,必须真诚,发自内心,来不得半点的虚假和装饰,从这个角度说，同学们在平时就要学会独立思考，要有真思考，要有深思考，特别要有来自文本的原汁原味的思考。

二、"静心阅读"要"专心"

"专心"就是一心一意、心无旁骛，就如明代思想家王阳明所说的那样——"静坐息思虑"，即就是静下心来，灭除杂念。很显然，专心与独立思考是相辅相成的。只有专心，才可能独立思考。当然，对于阅读习惯不够好的同学来说，专心阅读是很难的。不过，我们要有这个自信，因为阅读既然是自主、独立的活动，就一定要我们自己专心去读，别人是帮不了什么忙的。

专心地"静心阅读"会使内蕴丰厚、主旨幽深的散文变得容易理解。初读《故都的秋》，你没有自己自主思考，没有专心品味，你还会以为作者在传达简单的悲秋情绪，因此你可能认为作品中的"悲凉"就是"悲伤""悲观"的意思。如果你自己能静下心专心地读一下，你的感受就会大有不同，你会觉得作者眼里的"悲凉"与"寂寞""落寞"是十分相似的，甚至有豁达、乐观的情味。同样，读《囚绿记》，初读你一定会觉得作者只是简单表达追求希望的意思，专心读之后，你会发现，作者是以"囚绿"的过程，在抒写自己的心路历程，重点在抒发家国情怀。

培养专心阅读很重要。因为只有专心阅读才可能自主阅读、主动阅读，才能独立思考，思考真问题，提出真问题，进而提升阅读的品位和层次。专心阅读的习惯养成了，阅读速度自然就提高了，阅读水平和能力也会自然提高。散文阅读时，同学们一定要专注，专心致志，这样才能提升阅读的境界和层次。

三、"静心阅读"要"细心"

处处留心皆学问。在文章阅读时，我们也要如此。落实"静心阅读"关键在于"细心"，善于发现，注重阅读的方法和技巧。

要细心品味文章的语言。散文的语言最值得玩味。阅读时，要细心找出文章中重点词句和段落，尤其要注意作者的炼字炼句，把握作品的关键词和主旨句，品味出作品中运用修辞的句子的妙处。在学习《荷塘月色》时，我们不就是重点阅读了文章景物描写的段落，着重分析了那些有修辞手法的句子吗？

要细心梳理文章的结构。散文的结构形式多变，有时间顺序、空间顺序和逻辑顺序等，不拘一格，我们要细心梳理，理出文章的脉络，理出脉络才能把握文章的主要内容。这里,提醒各位同学的是,我们这里的梳理不是简单地划分文章段落,实际上,仅仅划分文章段落不是真正意义上的阅读,因为文章作者在真正写作时一般是不划分段落的。

要细心思考和回答问题。阅读的过程就是思考的过程,而回答问题必须思考。平时阅读可以自己细心思考问题,做阅读题目时就要细心思考命题者给出的问题,想想这些问题问的是什么、应该怎样回答才好。平时独立思考与做题目时围绕题目思考应该是互相促进的。只要平时真正细心思考了,就能在考练中做好题目。

四、"静心阅读"要"有心"

"静心阅读"要"有心"。这里,特别提醒考生同学一定要做"静心阅读"的"有心人"。就拿阅读《散文选粹·高考精读精炼2》这本书来说,考生朋友要在浏览、泛读基础上,精心选择适合自己阅读的散文作品,当然要充分考虑高考这类阅读文章的选材特点。这是第一步。选好自己阅读的作品后,我们就要"静心阅读"了,具体说就是"上心"地去读、"专心"地去读、"细心"地去读,读出自己的思考,提出自己的见解,达到与作者、与文本、与编者进行真诚对话的目的。

当然,"有心"不要拘泥于考试,不能局限于屈指可数的几道题目,不要仅仅为了考试而去阅读,而要有大阅读的视野和境界。只有自己真正"静心阅读",你的阅读才会风景旖旎、风光无限,你阅读起来才会游刃有余。

引导学生巧梳结构，解读《长恨歌》之主旨

摘　要　基于叙事性的古诗具有小说叙事的特点，教读《长恨歌》时，以诗歌情节结构为切入点，激疑启思，启发诱导学生积极思考，让他们在老师的热情引导下，自觉地走进诗歌的故事情节，巧妙梳理诗歌的叙事脉络，把握诗歌塑造的人物形象，理悟诗歌"长恨"的这一主旨，真切感受诗歌情节结构的艺术之美。

关键词　《长恨歌》；梳理结构；解读主旨

教读白居易长篇叙事诗《长恨歌》时，我以学生感兴趣的诗歌情节结构为切入点，紧紧结合叙事诗具有小说情节结构的这一特点，激疑启思，激发学生的兴趣，启发他们积极思考，让他们自觉地走进诗歌的故事情节，在老师的热情引导下，巧妙理清诗歌的叙事脉络，把握诗歌塑造的人物形象，理悟诗歌"长恨"这一主旨，进而感受诗歌情节结构的艺术之美。

设置问题，投石激趣。关于《长恨歌》的情节结构，历来有不同的看法，主要有三种：

一是人教版选修教材《中国古代诗歌散文欣赏》[①]认为"从作品结构上看，全诗以'惊破《霓裳羽衣曲》'为界，分为前后两个部分，分别写安史之乱之前和安史之乱之后的唐玄宗、杨玉环"。

二是两本《唐诗鉴赏辞典》都把这首诗歌分为三部分。其中商务印书馆国际有限公司版的《唐诗鉴赏辞典》[②]说得更加明确："长诗共分三大段。从篇首至'惊破霓裳羽衣曲'写安史之乱前唐玄宗与杨贵妃的情恋史"，"从'九重城阙烟尘生'到'魂魄不曾来入梦'写唐玄宗的生离死别，和玄宗对死去的杨妃无时或已的怀念"，"从'临邛道士鸿都客'到篇末，在一个幻想的神仙世界中，刻画了死者对生者刻骨铭心的眷恋，补足了悲剧主人公之一的杨妃形象"。

三是《鼎尖教案·语文·选修·中国古代诗歌散文欣赏》[③]（以下简称《鼎尖教案》）把这首诗歌分成四个部分，是这样表述的：

第一部分：自开头至"尽日君王看不足"，叙述李杨会合经过及李对杨的眷恋宠幸。

第二部分：自"渔阳鼙鼓动地来"至"回看血泪相和流"，叙述安史之乱爆发，杨贵妃因禁军兵变而殒命。

第三部分：自"黄埃散漫风萧索"至"魂魄不曾来入梦"，写李回返长安后对杨的无穷思念。

第四部分：自"临邛道士鸿都客"至结束，写已登身仙境的贵妃仍心系尘寰，对李思念不已。

在教学中，我先把以上三种划分简单地介绍给学生，投出一块"石子"——"这三种划分你同意哪一种"，试图在课堂这个水面激起一个个水花，让学生思考这些划分同叙事类诗歌与小说结构之间的区别与联系。结果大多数学生都赞同第三种划分，并且很容易将诗歌情节结构与小说结构的四个部分对应起来，并且体悟出这种划分正体现了小说开端、发展、高潮和结局四部分的基本结构特点。这时，我又故意问学生："从诗歌特点考虑，这首诗划分为四部分还可以有哪种不同的划分方法？"这个问题纯粹是随机生成的，孰料有一个学生依据这个提示，将全诗这样划分：前面没有变化，只是把结尾几句单独划开。问他理由，他只是说这几句卒章显志，应该单独分开。我鼓励了这位同学。细想也蛮有道理：中国诗歌，即使像叙事类诗歌，将结尾主旨句单独分开，也不失为一种合乎诗歌特点的划分。因此，按照诗歌的特点，这种划分还是有道理的，不过从叙事诗类似于小说情节结构的特点来说，这样划分还是比较勉强的。

静思巧理，体味主旨。为了让学生对诗歌相似于小说结构的特点有更进一步的理悟，我先特意引述了《鼎尖教案》上关于诗歌情节结构梳理总结的结论。

《鼎尖教案》[④]对四个部分是这样归纳总结的：

第一部分：李杨会合，眷恋宠幸。

第二部分：安史乱发，兵变殒命。

第三部分：李返长安，思念无穷。

第四部分：贵妃心系，思念不已。

这个划分确实体现了小说的基本特点，但是总结的段意不能尽如人意，不能充分突出诗歌"长恨"的主题。为了在梳理情节中彰显诗歌的人物形象和主旨，我要求同学围绕诗歌主要人物找一下诗歌叙事的线索。我们一般都认为诗歌开头两句

"汉皇重色思倾国，御宇多年求不得"是诗歌叙事的总纲，塑造的主要人物是李隆基和杨玉环，以李隆基寻找美人杨玉环为中心环节，诗歌围绕"寻美""迷美""失美""思美""访美"展开故事情节，这样就可以清晰地梳理出全诗的情节结构了。

最后，结合情节、人物和主题，师生讨论，达成共识，对诗歌的情节结构作了如下巧妙梳理：

开端：重色迷美（长恨内因），这是长恨的根本原因，这是主观方面的原因。

发展：兵变失美（长恨外因），这是故事的发展，是长恨的客观原因，实际与主观的原因密不可分。

高潮：返京思美（长恨情状），这是长恨的具体生动的表现。（学生对这样划分是有意见的，但我们从文题和作者表达的主旨看这样划分不无道理。因为这正是作者为我们展现的诗歌的主旨要义。）

结局：招魂访美（长恨苦果），唐玄宗自食其果。（这似乎是理所当然的。从中国文学作品的审美情结看，招魂的情节就有满足人们心理的意思，这也是作品的浪漫主义的特色，也是作品伟大的地方，大团圆的结局满足了读者的阅读心理。）

著名美学家朱光潜先生在《谈读诗与趣味的培养》一文中说："要养成纯正的文学趣味，我们最好从读诗入手。能欣赏诗，自然就能欣赏小说、戏剧及其他种类的文学。"[5]可见，一个人能把小说当作诗歌来读，自然有相当高的鉴赏水平。相应地，我们也可以说，一个人能从叙事诗歌中读出小说的韵味，自然就能把诗歌领悟得更深刻、更透彻些。众所周知，各类文学体裁是相通的，诗歌与小说都属于文学，而叙事性的诗歌更兼具小说的特质，让学生在品读中明白这一浅显的道理，以此激发其兴趣，深究下去，自然会取得触类旁通、融会贯通的效果，这岂不是教学的更高境界吗？故笔而录之，以求教于大方之家。

参考文献

[1]人民教育出版社课程教材研究所，中学语文课程教材研究开发中心，北京大学中文系语文研究所.普通高中课程标准实验教科书 中国古代诗歌散文之欣赏：语文选修.[M].北京：人民教育出版社，2006：11.

[2]周啸天.唐诗鉴赏辞典[M].北京：商务印书馆国际有限公司，2012：1162-1167.

[3][4]李欣，孟凡振.鼎尖教案：语文选修 中国古代诗歌散文之欣赏[M].延吉：延边教育出版社，2016：5.

[5]朱光潜.朱光潜全集：第3卷[M].合肥：安徽教育出版社，1996：354.

精读作文批注,提升作文水平

中学生都急于提高自己的写作能力,以便在考试中取得优异的成绩,于是大家都喜欢购买作文书,特别是中高考的满分作文,想借此提高自己的作文水平。但大家可能也有这样的经历和体会:买了作文书,读了之后大多"涛声依旧",效果不佳,甚至有上当受骗的感觉。这其中的很大原因是:同学们读作文书大都囫囵吞枣,走马观花似的去看一下,这显然是提高不了作文水平的。事实上,读作文书,不仅要认真读,更要善于借鉴,借鉴人家的立意、写法、结构,而不是盲目阅读,不会借鉴。一般的作文书,不仅有作文,更有编者老师写的点评。如果要提高作文的水平,必须精读作文,尤其是作文的点评,这样才能提高自己的作文水平。

点评是中国古代文艺批评的主要手段,很值得我们学习借鉴。《金圣叹评点〈水浒〉》,脂砚斋评点《红楼梦》,王国维撰写《人间词话》,都传为文坛佳话,被后代文人墨客所称道。阅读这些大家的精妙点评常常给我们茅塞顿开之感。比如:《水浒》的片段《林教头风雪山神庙》一文中"那雪下得正紧"一句,金圣叹用"写雪绝妙"来批点,以"绝妙"二字准确概括了作家惜墨如金的描写艺术。《红楼梦》的片段《林黛玉进贾府》中对王熙凤出场的艺术,脂砚斋点评道:"第一笔,阿凤三魂六魄已被作者拘定,后文焉得不活挑(跳)纸上?另磨新墨,搦新笔,特独出熙凤一人。未写其形,先闻其声,所谓'绣幡开遥见英雄俺也'。"其中"未写其形,先闻其声"已成了王熙凤出场艺术的代名词,可见其概括的精妙。王国维在他的《人间词话》中对宋祁的词"红杏枝头春意闹"一句,这样点评道:"着一'闹'字,而境界全出。"这里的境界显然就与我们现在说的"意境"有着异曲同工的艺术效果。精彩恰当的点评,不仅有助于读者解读文本,还可以引导他们学习文本的写作方法,在自己的写作中去尝试实践。

那么,我们中学生怎样读好点评呢?我认为,主要可以从以下几个方面着手:

首先,静下心去阅读,养成好的习惯。静下心阅读不仅是阅读的基本要求,也是大家应该养成的阅读习惯。试想,作家在创作时,同学在考场写作文时,都是静心状态下去写的，因此，同学们在阅读时也要静下心才可能读懂别人的文章。从这个角度说，静心阅读的理念必须牢固地树立起来。尽管同学们因自己作文水平一时半会提高不了很是着急，但这是急不得的事情。实际上，静心阅读不仅仅是考场阅读和写作的基本要求，平时阅读和写作时也必须逐渐培养这种良好的习惯。

其次，善于进行选择，精心阅读原文。一本作文书有许多篇，不一定篇篇都好，即使篇篇都好，每个同学不一定都能体会其中的"好"来。基于这种情况，拿来一本作文书以后，可以先浏览一下，选择一些自己喜欢的、自己能读懂的文章去读。你喜欢议论文，就专门选择议论文去读。甚至可以范围再小一些，比如你喜欢并列式议论文，就重点读这一类议论文。这表面是"急功近利"，实际是"因地制宜"，实践证明是很有效的。

再次，品味作文点评，实现潜移默化。这一点可以说最重要，值得我们切切实实去做。简单说，就是要落实"三要"。

一要搞清点评的基本特点。学生作文通常从立意、结构、写法和语言等方面来评析，一般地说，点评是有所侧重的，总是对文章的主要特点先评，对次要特点后评。因此，同学们阅读时，要注意抓住点评的这些基本特点，突出重点，以便学习借鉴文章的这些特点。

二要比照感悟点评的作文。认真阅读作文后，先将编者老师的点评与原文对照一下，看是不是很符合，领会点评，理解阅读的作文。在此基础上，联系阅读的作文进行比较分析。例如：点评重点评析的是文章的立意，就对照原文，理解、感悟文章的这一艺术特色；如果编者老师重点评析的是文章的结构，就重点对照分析、理解文章的这一艺术特色；如此等等。当然，感悟需要思考。这就要求同学们学会思考，养成思考的好习惯。这是现在同学们学习时亟待解决的问题。

三要善于取长补短。比照分析之后，就要学习借鉴了。读作文的目的是为了借鉴，读懂点评更是为了借鉴。自己作文的长处和短处是什么，阅读的文章的长处和短处是什么，我们都要一清二楚。假如自己文章的立意不好，就专门找一篇立意精准的作文，与自己作文比对一下，吸收人家文章这方面的长处。不过，同学们可能发现：一篇佳作，它的可圈可点之处往往是很多的，因而以"解剖麻雀"的方式读一篇作文也是很好的阅读方法。比如读过一篇作文后，从中分析并找出该文章的诸多长处，对照分析自己文章的短处，从而来弥补自己作文的短处，是一种又好又快的方法，对即将参加中高考的同学来说，更可谓是多快好省。

现代诗歌阅读之如何表达情感

有人说:"诗歌是感情的喷发物。"从这个意义上说,诗歌相对于小说和散文而言更注重感情的表达与抒发,现代诗歌也是如此。那么,现代诗歌是如何传达诗人情感的呢?我们认为,可以从以下三个方面去把握、领会。

一、以鲜明、生动的形象浸透感情

诗歌总是以鲜明而生动的形象来渗透作者的主观感情的。诗歌中的形象简单地可以分为两大类:物象与人物形象。其中物象分为单个事物形象和多个事物形象,人物形象分为抒情主人公的形象和作者在作品中塑造的人物形象。这些形象不仅有着深厚的文化内蕴,也浸染着作者的浓厚的感情。现代诗歌中的这些形象既有其文化的和民族的东西,也有着鲜明的时代烙印。著名诗人艾青的诗《我爱这土地》,诗人以"土地"为抒情媒介和核心,以鸟为喻,将抒情主人公外化为具体可感的物像,又分别以"河流""风""黎明"等富有特征的意象,喊出了抗战时期所有爱国者的最强音,动人心魄。又如诗人鲁藜的诗《泥土》:"老是把自己当作珍珠/就时时有怕被埋没的痛苦/把自己当作泥土吧/让众人把你踩成一条道路。"诗人以"泥土"这一普通的意象,托物言志,在饱含哲理中体现了诗人敢于担当社会责任的人生态度和感情,意象鲜明,思想感情鲜活、生动、具体、深刻。

二、以简练、含蓄的语言饱含感情

诗贵含蓄。比之于古典诗歌,现代诗歌虽然可能直白了些,但由于现代诗歌是对古典诗歌的继承与发扬,因此,现代诗歌语言简练与含蓄的特点也是极为突出的。中国现代新诗中的象征派诗歌和当代朦胧诗更具有含蓄简练的艺术特征,而诗人的感情就是饱含在这些简练含蓄的字里行间的。比如臧克家的《三代》:"孩子/在土里洗澡;爸爸/在土里流汗;爷爷/在土里埋葬。"全诗写尽了三代人的不同命运,既有时空的对立性的特点,又有时空的叠加性的特性,为我们生动展现了旧中国农民的艰辛而代代贫困的生活图景，饱含着作者同情的泪水，可以说感人肺腑。现代诗歌即便明白如话的诗歌，其语言也是大有意蕴的。当代诗人韩东的诗《山民》，整首诗好像在说白话，口语化的语言、散文的句式，诗人借助如此素朴的语言道出了山民在追求过程中的迷惘与希望，看似直露，实则大有深意。由此可见，现代诗歌传达感情主要靠的还是满含意蕴的语言。

三、以高超、独特的手法传达感情

诗歌为了传达出细致、深婉、深刻、独到的感情，往往借助于多种多样的艺术手法，现代诗歌更注重各种艺术手法的灵活使用。舒婷的《祖国啊，我亲爱的祖国》全诗以新颖的比喻、整齐的排比、生动的拟人和反复等手法，倾吐了新时期年轻一代热爱祖国的心声。海子的《面朝大海，春暖花开》以排比句、反复句写出诗人对美好生活的憧憬与向往。美国女诗人狄金森的《篱笆那边》以象征、虚实结合、反复等艺术手法，渗透了诗人对人生和社会的独特理解，饱含哲理。当代诗人柯岩的抒情诗《周总理，你在哪里？》综合运用设问、反复、呼告、排比、对偶等艺术手法，深刻生动地传达出了亿万人民对周总理的无限热爱和万分崇敬之情。诗歌的感情正是借助这些恰当的艺术手法使所写之物形象化、具体化、立体化，所写之情深刻化，从而产生感动人心的艺术力量。

当然，诗人传达的感情总是与诗人所处的时代以及诗人自己的艺术追求、艺术风格分不开的。因此，我们在把握诗歌表达的情感时，一定要了解作家，了解作品的写作背景，这样，我们才能更准确地把握诗人在诗歌中传达的主观感情。

对偶与反复的运用技巧

对偶与反复是诗歌中经常采用的修辞方法。准确恰当地使用这两种修辞手法，往往能够增强诗歌的音韵之美，强化诗歌表情达意的艺术效果。

请看下面两个例子：

①横眉冷对千夫指，俯首甘为孺子牛。（鲁迅《自嘲》）

②等待着，等待着，载着你遗体的灵车，碾过我们的心；等待着，等待着，把一个前方战士的崇敬，献给你。（李瑛《一月的哀思》）

例①用了对偶的修辞格，从正反两个方面形象生动地展现了诗人爱憎分明的人生态度和高尚品质。例②用了反复的修辞格，四次反复使用"等待着"，表达了亿万人民对周总理的无限崇敬和对周总理去世的悲痛之情。这两个例子由于使用了对偶和反复，切合了诗歌语言精练、含义深刻、感情强烈的基本特点，从而激发了读者的思绪，引起了读者的共鸣，成为人们交口称赞的优美诗句。

当然，诗歌以外的文学体裁，也可以借助对偶和反复的艺术方法来取得同样感动人心的艺术效果。下面我们以鲁迅先生的《记念刘和珍君》中的一个段落为例，来具体分析一下这两种修辞的技巧和方法。

惨象，已使我目不忍视了；流言，尤使我耳不忍闻。我还有什么话可说呢？我懂得衰亡民族之所以默无声息的缘由了。沉默呵，沉默呵！不在沉默中爆发，就在沉默中灭亡。

首句采用了对偶的修辞手法，突出了当时社会的黑暗，概括了反动派的凶残和走狗文人的无耻以及爱国青年被杀害的惨状，"已使"和"尤使"构成递进关系，突出流言更使作者愤慨。而最后几句采用了连续反复的方式，淋漓尽致地道出作者对当权者和无耻文人的极端愤恨和对那个社会的无情控诉。这里，我们感受到了对偶和反复运用产生的魅力。同时，我们也明白了诗歌之外作品中对偶和反复运用的独特之处：对偶一般是宽式对偶，只求上下句字数、句式相同，个别字可以重复，这显然与对偶中要求极严格的对联有显著的区别，不过就其形式来说，仍可分成正对、反对和流水对三种形式，这一句属于正对的形式，不管哪种对偶形式，都体现出从多个角度、多个侧面展现事物的特点，形成比照关系，细致入微地描摹事物、抒写真情。而反复在上文中可以说是作者感情的总爆发，有挥之不去、不吐不快之感。在散文类的作品中，还有一种反复的方法，那就是一个主旨句反反复复在文章中出现，犹如文章的主旋律，这就是反复的另一种形式——间隔反复，使用这种方法，自然能够显示文章抒发感情的脉络，强化了作品的抒情特色。

　　对偶和反复是两种不同的修辞方法，但它们有相通的地方：都是为了文章读起来有节奏、有韵味，形成文章语言文字的铿锵之致，从而强化和突出作者传达的主观感情。同学们，在写作文章时，你可记着用它们啊！用了它们，你的文章语言会平添几分亮丽色彩的。

高考作文：带上"素材"善思维

众所周知，高考作文应考必须积累充分的素材，这是夺得高分的必要保证和前提。

那么，考生在高考作文应考的准备阶段，应该怎样积累作文素材呢？

我们可以从以下几个方面去做：

1. 在平时语文课堂上积累素材

语文课本是作文素材的富矿。尽管像李白、苏轼、屈原、李清照、霍金、马克思、达尔文、毛泽东等课本上的人物素材大家已经耳熟能详，但在考生一时想不起其他素材的时候，完全可以用这些经典素材来阐述道理，这不失为一种很明智的做法。另外，如果考生在使用这些素材时，能巧妙转换角度，灵活运用，令人产生焕然一新之感，也能为自己的作文增光添彩。当然，语文老师在课堂上给大家介绍的文学掌故、励志故事、历史知识、新闻时评等，也都是很好的作文材料。

2. 在观察日常生活中积累素材

2019年高考全国卷Ⅰ作文题要求考生针对作文材料中关于"劳动"的不同看法，"面向本校（统称'复兴中学'）同学写一篇演讲稿，倡议大家'热爱劳动，从我做起'，体现你的认识与思考，并提出希望与建议"。这道作文题就是日常生活中常会遇到的问题。而全国卷Ⅲ的漫画类作文更是日常生活的集中反映。漫画描述的是毕业前——最后一节课，两位学子埋头苦读，课桌上书堆成山；一位老师背着手（手握一张卷着的试卷）站在旁边，深情地望着他们说："你们再看看书，我再看看你们。"这两道作文题意在提示广大考生：一定要留心日常生活，学会观察、思考和体验，传达自己的真情实感。

3. 在关注社会现实中积累素材

2019年高考全国卷Ⅱ的作文题要求考生以热点话题"爱国和青春"为范围，从五四运动、开国大典、改革开放、纪念五四运动100周年、新中国成立100周年五个历史节点的任务中任选一个，"以青年学生当事人的身份完成写作"。这需要考生从这些事件中感受到社会的发展与变化，从小我到大我，从个体到国家，注意与时代的联系，体现家国情怀和民族自豪感。这就提示考生要想写好作文，就必须多关注新闻，多关注时事，多思考新闻背后的价值，千万不能与社会生活绝缘。

积累素材是作文备考中重要的一环，但要想在考场上让自己的作文出彩，甚至拿到高分，更重要的是在已有素材的基础上，善于思维。这就好比习武之人学习武术一样，不仅要学会师父所教一招一式的动作和套路，更要灵活运用，勇于创新，大胆实践，使所学有所用、有大用。

善于思维，具体应该做到以下几点：

1. 善于思维，推陈出新

对于课堂积累的素材，考生要善于思维，推陈出新。

推陈出新的办法有多种，其中使旧素材陌生化是一种很好的办法。下面这位考生便将大家烂熟于心的司马迁的故事用新的语言、新的思维进行了改写，使旧的材料焕发了新的生机，很值得大家借鉴。

> 怎能忘了司马迁？惨遭宫刑，受尽凌辱，在一个铁血男儿最痛苦最失意的时刻，他没有任何人可以求助。一句"死或重于泰山，或轻于鸿毛"，饱含了多少坚忍和决绝。在绝望的深谷中，他凭借强大的意志力，奇迹般地重新站了起来。一段血泪，一缕哲思，依靠自己，他向世人低俗的眼神投出了利剑；几番徘徊，几度奋起，潇洒独行，他用生命的绽放成就了灵魂的崇高，以及那一段"史家之绝唱，无韵之离骚"的传奇。（学生考场优秀作文《潇洒独行》）

2. 善于思维，想清想透

对于日常生活中的素材，考生不仅要观察，更要体验、思考，将其中蕴含的意思想清想透。要认真思考这些素材与体现中国学生的人文底蕴、科学精神、学会学习、健康生活、责任担当、实践创新这六大核心素养有怎样的联系，是怎样体现社会主义核心价值观的。要有思想高度，要自觉地与核心素养、社会主义核心价值观保持高度一致，并要在行动上勇于践行。简单说，就是要学会思考，重视行动，知行合一，将核心素养和社会主义核心价值观根植在头脑里，落实在实际行动中，弘扬中华优秀传统文化，传递时代正能量。

3. 善于思维，学会借鉴

善于思维关键在于学习借鉴。在此，我们就以（《高考作文 Plus 材料备考和思维备考》的序言）为例，具体谈谈善于思维、学会借鉴的方法，希望对各位考生提高作文写作水平有所助益。

本书内容丰富，素材实用。书中既有高考真题作文和模拟原创作文，又有时文选粹和美文选粹，素材内容紧扣社会热点和焦点，丰富多彩，非常实用。

本书写法新颖，指导到位。书中收录的教师优秀文章给考生以学法与写法上的指导，模拟试题均来自一线考场，并由教师对具体写法及解题思路进行解读分析，很接地气，实用性强。

本书注重更新，不断超越。本丛书依据教学实际时时更新，不断推出新书，各册内容同中有异，有所侧重，切近学生实际，为学生备考着想，切实满足考生的需求，已经成为众多考生作文备考必备之书。

古人云："运用之妙，存乎一心。"真心期待各位考生认真积累素材，带好素材，善于思维，写出令阅卷老师耳目一新的作文来，最终赢得高考。

怎样做真正的名师

评上特级教师、忝列省级名师后,经常有老师,尤其是那些正在进行名师培养的老师,会问这样的问题:怎样才能做一个名师?

对于这样的问题,我感到很棘手,因为名师称号与真正的名师,这二者之间有着相当大的距离,命名为名师不一定就是名副其实的名师,相反,那些没有被命名为名师的老师,有时却有着名师之实,是真正的名师。

谈到名师培养,我总会想起南京大学蒙元史专家韩儒林教授曾经送给著名历史学家范文澜先生的一副大家耳熟能详的对联——"板凳要坐十年冷,文章不写半句空",这副对联不仅鲜明独到、生动形象地高度概括了范文澜毕生的治学风格,更满含着学者大家对青年学者的殷殷期盼。时隔数十年,现在读来,言犹在耳,这对于我们怎样做名师不啻是一个很好的借鉴。这里,我就结合这副意味深长的对联谈谈我们应该怎样做真正的名师。

先说这副对联的上联——"板凳要坐十年冷"。一个老师要做出一点成绩,仅仅靠一点热情是远远不够的,关键是要能静下心来,并且要将这种恬静之心持续下来才能有所收获。现实生活中,有的老师心浮气躁,一心想着投机取巧,或通过所谓的"终南捷径"来博取名利,甚至想不劳而获。如果仅存这种心理,也没有多少危害,但如果付之行动就要不得了,要知道成功往往只垂青于那些有准备的人。鲁迅先生曾经说过:"中国没有肯下死功夫的人,无论什么事,如果继续收集材料,积之十年,总可成为一个学者。"做任何事情要有效果,必须专注并下功夫。我们每一位老师,如果能真正静下心来,甘心坐冷板凳,积之十年,把教育教学当作真正的事业,身体力行,实践创新,一定会大有收获的。即使暂时成不了名师,也最少可以成为一名站稳讲台的响当当的老师。

再说这副对联的下联——"文章不写半句空"。"文章不写半句空"对名师来说更为重要。虽然说名师各有特点,有的名师课讲得精彩,有的名师文章写得漂亮,有的名师讲座搞得很有特色,不一而足。但是,一个老师真正的教研常常是从撰写教研文章开始的。众所周知，撰写教学文章是总结教育教学经验、提升自己教育教学水平最有效的途径之一。一个老师要构建自己的理念，进而形成自己的教育教学观点甚或思想，必须用文字来呈现和表达。因此，即使你不擅长写文章，也应该努力去写文章。一个老师要走得更远一些，一定要有写文章的意识和能力，即便写文章不是你的强项，你也应该努力地去写。叶澜教授就说过："一个教师写一辈子教案难以成为名师，但如果写三年反思则有可能成为名师。"我经常鼓励青年教师要培养写的能力，因为善于写的老师很占便宜。一个名师的真正成长几乎是从写作开始的，不写文章就没有发言权。虽然说我们在淡化论文、课题等东西，但一旦真正考量一个老师的业绩时，还不是去看他发表的文章、做的课题等的数量和质量，因为这些是研究型老师与一般老师迥异的地方。

当然，对中小学教师而言，片面地强调写文章是不正确的，尤其是那种为写文章而写文章的行为更是不足取的。这里，我要特别指出的是，文章要来源于自己的教学实践，来源于课堂，这点十分重要。作为中小学一线老师，课堂就是教研，教研就在课堂，我们不一定都要写高大上的文章，你完全可以静下心来，把自己的教学感悟写下来，不断实践反思，持之以恒，再在学习基础上升华一下，也许就是很不错的东西。名师一定要写文章，不写文章，文章写得少得可怜的人，很难对得起名师的称号。对于立志要做名师的老师来说，教研更要有追求、有境界，不仅要写有品位、有水准的文章，而且要敢于著书立说，要不然是成不了真正的名师的。

名师要做"四项全能"的好老师

成为名师、做真正的名师是许多有理想、有追求的老师的奋斗目标。一个名副其实的名师，要能讲课、能教研、能写作、能讲座，是"四项全能"的好老师。

要能讲课。讲课是每一个老师的必修课，名师也不例外。名师首先要上好自己的课，上好家常课，能够为大家做出表率。名师在不同的班级、不同的学情之下上课，要同样出彩。不仅如此，名师更要敢于上好各种类型的课，诸如观摩课、示范课，要敢于与一般老师同课异构。这一点特别重要。上课是硬功夫，也是一个教师成长和发展的起点。一个老师特别是名师，对不同的课型要有自己的判断和理解，要有自己的亮点和特色，这样日积月累，就会形成自己的教学艺术风格。

要能教研。作为名师，除了上课还要有较高的教研能力和水平。这里，先厘清一个观念：教研与教学不是矛盾的，而是相互促进的。对中小学来说，更是如此。在一定程度上说，课堂就是教研，教研就在课堂，课堂教学完全可以成果化。这是被许多老师的实践证明了的。即使研究什么高大上的课题，都必须以课堂为起点，以课堂为核心去研究，这样的研究才更接地气，更有研究的价值和意义，更具前瞻性、针对性和有效性。

要能写作。名师更要有专业的写作能力。朱永新教授认为：教师成长有"吉祥三宝"——专业阅读、专业写作、专业交往。在这三者中，专业写作最为重要，也很能体现一个教师的能力和水平。一个名师即便不擅长写作，也不可以拒绝起码的专业写作，因为教学水准甚至教学艺术水平常常是以写作水平，特别是写出的论文来衡量的。到一定层次，名师就要勇于突破自己，写好文章，善于总结、提炼自己的想法和做法，敢于著书立说，这样才会更有发展的潜力和空间。

要能讲座。如果说上课、教研、写作对一般老师来说可以做的话，那么做讲座可不是一般老师能够做的事情。作为名师要能讲座、会讲座。最初，可以就自我发展总结提升与大家分享。到一定程度，要找准自己的发展优势和特色，打造有特色的讲座。讲座不仅要有亮点，更重要的是要有干货，让别人听了，有启发、有收获。擅长写作的名师，要勇于开发"系列讲座课程"。

当然，要做"四项全能"的好老师，还需要我们勤于学习，善于反思实践，勇于超越自己。只有这样，名师才能成长为"四有好老师"，充分发挥名师的引领示范作用，为党和人民的教育事业作出自己应有的贡献。

骨干教师专业成长的三种方法

骨干教师在专业成长中容易出现"高原现象",这已影响到了他们进一步的发展和进步。如何帮助骨干教师突破专业发展的"瓶颈",超越自己,继续攀登,是亟待我们研究和解决的问题。作为陕西省"三级三类"骨干体系建设实施以来的一名直接受益者,笔者结合骨干教师培养的现状和中小学教师专业发展的实际,觉得有以下三种方法。

一、通过读书学习"充电""补钙"

众所周知,读书学习是教师专业发展的必修课。骨干教师的成长进步也离不开真正的读书学习。只有潜心读书学习,才能使自己不断进步,突破专业发展的"瓶颈",占领专业发展的新高地,攀登专业发展的新高峰。因此,骨干教师一定要强化读书学习的意识。

有了读书学习的意识,还得切实践行读书学习的理念,逐渐养成读书学习的好习惯。在读书学习中,要提升读书学习的品位,为自身专业发展"充电""补钙"。所谓"充电",就是既要读一般的学科教学类的书,又要读教育教学专著。所谓"补钙",就要做到阅读博而专,要有补足式读书的意识和行动,除专注地读好自己喜欢的教育教学专著外,还要针对自己的知识结构的短板和缺陷去补充阅读。同时,要敢于自我反省,思考自己专业发展的优势是什么,劣势有哪些,然后采取一些针对性的"充电"和"补钙"措施。另外,要重视多种形式的学习,例如专业培训、外出研修等,珍惜和利用好这些学习的时间和机会去提高自己。当然,在日常生活和工作中,也要向其他人学习,取长补短,以便尽快提升自己专业发展的水平和能力。

二、通过反思实践"归零""定位"

反思实践是教师专业成长的有力武器。骨干教师专业发展出现"高原现象"很正常，若想突破"高原"，就要在反思实践中善于适时"归零"。适时"归零"就是要敢于否定自己，看淡自己的已有成绩，正视自己的短板和缺陷，从头开始，突破自己。对于教研能力较弱的老师来说，更要有"归零"意识，可从写教学反思开始练习写教学文章，逐步提升自己教研的品位和档次。就陕西省的"三级三类"骨干体系培养而言，教学能手主要考量的是教师课堂教学的能力，而学科带头人和教学名师更侧重于考查教师教学研究的能力。因此，教学能手要进一步发展，必须学会"归零"，重新出发，在教研上下大功夫。

在反思实践中，骨干教师还要善于为专业发展准确"定位"。骨干教师要确定好自己在本学科研究的基本方向和具体领域。每位骨干教师可以根据自己所在的学校和所任学科，结合自己的能力、特长等，确定适合自己的研究目标和领域。城区学校的老师可以研究"高大上"一点的课题，形成自己的教研特色；乡镇老师可以从研究自己的课堂开始，选择比较切合实际的教学研究内容和任务。即便是同一学科，每个老师也可以有所侧重，因为每个人往往只会在某一个方面有自己独到而深入的研究。因此，在研究中，最好选择一个适合自己研究的小的范围和领域。

三、通过交流研修"爬坡""登峰"

"新教育"实验发起人朱永新教授主张教师专业成长有"吉祥三宝"，即"专业阅读""专业写作""专业交往"，而交流研修就是"专业交往"。教师要想超越自己，就要勇于以交流研修去"爬坡"，去"登峰"。

在成长过程中，骨干教师出现"高原现象"是很正常的，要突破"高原"就要先"爬坡"，而交流探讨就是帮助骨干教师"爬坡"的好方法。怎样"爬坡"呢？简单说，就是多与别人交流，特别是多与那些真正的名师大家交流，"得高人指点"，借鉴他们的成功经验和方法，并内化于自己的教育教学实践中，形成自己的教学理念和主张。这一点，我深有体会，我的"静心阅读"的理念很大程度上就是在同行朋友"裸读""素读"等教学思想的启发下催生而成的。可见，善于借鉴别人是十分重要的。不过，借鉴别人的经验时，要有不耻下问的态度和行动，要善于以交流探讨中的"他山之石"，助推自己的"攻玉""爬坡"之路。

交流研修的最终目的在于以自我研修去"登峰"。骨干教师，尤其是教学名师，要进一步发展，最终逾越的常常不是别人，而是自己。因此，骨干教师一定要静心做教研，读别人的书，说自己的话，大胆创新，构建自己的教育教学理念与框架，提出自己的教育教学主张。创新需要勇气，当然更需要"沉淀"自己，真正静下心来，再研究，再思考，再实践，再总结。有的骨干教师之所以难以突破自我发展的"高原"，主要是因为他们勇于突破自己的意识削弱了，虚浮有余，沉淀不足，这直接制约了他们自身发展的高度。骨干教师要真正走远、登高，只有潜心研修，超越自我，大胆"跨栏"，勇于"登顶"，才能领略到"会当凌绝顶"的妙处，感受到"无限风光在险峰"的愉悦与幸福。

感谢学生

当别人问起我为什么能发表这么多的文章时，我总会说，这要感谢我的学生，是他们给我最初的建议和启发，是他们让我写了下去。这是我的真心话，也是我的真切感受和体会。

我至今还记得 2008 年 11 月初的一次晚自习辅导。临近下课时，我顺手拿起一位同学课桌上的一份《招生考试报》，看了起来。我有一个习惯，在辅导的过程中，如果没同学提问题，我总会从学生的书桌上拿起书看，学生知道我爱好读书的习惯，也常常把他们的一些书刊拿给我看。就在这时，一位同学随口对我说："老师，人家这报纸征稿哩，我们希望读到你的文章。"我见他诚恳的样子，完全没有说说而已的意思，就笑笑说："我没地址啊！"我原本是想说一下就了事，没想到这位同学竟认起真来，他递过自己的报纸对我说："你拿我这份吧！"我犹豫地说："这不好吧。"他坚定地说："不要紧，我借别人的看一下就好了。"我收下了这张小小而珍贵的报纸。

以后，我在这家报纸上发表了三篇文章。这确实要感谢这位同学的。学生好多时候让我们恼火和忧愁，甚至后怕，但我们作为教师，作为他们的师长，一想到他们也是活生生的人时，我们的怒气和怨气大多会一扫而光，消失殆尽的。我们要感谢他们，真诚地感谢他们。

感谢学生，因为很多时候是学生说出了他们的心里话，这是许多成年人不会说的。有一次，在课堂上我读了自己写的文章，有学生怀疑是从网上拿来的。我很直爽地说道："程老师还用抄别人吗？"这话说得有点傲气，而且不是一般的傲气。我为这句话感到后悔，一个老师不能总在自己的学生跟前表现自己。我很快为自己的不够得当的语言向同学们致歉。这时，学生们却淡然一笑，用掌声表示了最大程度的谅解。我很感动，当下向学生深深地鞠了一躬。接着，有个爱说话的学生恳切地对我说："程老师，你要坚持写。"我笑着说："时间紧，没精力。"不想另一个调皮的学生说："时间就像海绵里的水，只要你挤总会有的。"这本是一句大家都熟知的名人名言，也许我们老师都曾用此言来告诫过自己的学生。然而，经这位学生一说，就有了特别的意味。回想自己，整天忙忙碌碌的，结果除了单调、乏味的教学还是乏味、单调的教学，这样的生活让人好累啊。于是，从那一学年开始，我几乎每天挤出一点时间写些东西。一年下来，我已经写了三大本，这确实印证了这句名人名言的可靠性了。

苏联教育家苏霍姆林斯基说过："教育才能的基础，是深信有可能成功地教育每个儿童。我不相信有不可救药的儿童、少年和男女青年。要知道，我们面前的这个人才刚刚开始生活在世界上，我们可以使这个幼小的人身上所具有的美好的、善良的、人性的东西不受压制、伤害和扼杀。因此，每个决心献身于教育的人，应容忍儿童的弱点。"作为教师，我们一定要热爱学生，始终认为每一个学生都是好人，同时觉得跟他们交往是一种乐趣。生性耿直、性情温和、最喜欢活出真实的我，很少压抑自己的感情。要我板着面孔、不苟言笑，自己永远做不到，这可能就是"江山易改，本性难移"的道理吧！因此，在与学生交往的过程中，苦恼是有的，忧愁是有的，但快乐、收获却也不少。

我常常想，与同龄人交往的过程中，心理不设防往往很难做到——我们很难逾越心理的防线并使它溃散。同志之间、同事之间，特别是我们校园的文人之间，有多少人能真正越过文人相轻的藩篱，打破文人孤芳自赏的桎梏呢？而在与学生的交往中，这样的界限就完全有可能被打破、被跨越。

感谢学生，学生使我们明白了什么是真诚；感谢学生，学生使我们教师感到自己永远年轻；感谢学生，学生促使我们也在不断成长、进步，与他们一起成长、进步。只有感谢学生，我们枯燥的生活才会有生气、有亮点；只有感谢学生，我们才会有滋有味地生活，我们的事业之树才会开花结果，我们的人生才会更有境界、更有华丽的乐章。

教育高中生践行社会主义核心价值观，贵在坚持知行合一

社会主义核心价值观是新的历史条件下国民思想教育的基本内容，也是当前和今后相当长的阶段学校德育工作的重要内容。高中时期是一个人的人生观、世界观和价值观形成和发展的重要阶段，践行社会主义核心价值观毫无疑义就是贯彻落实新时期以立德树人为宗旨的教育目标和任务。高中学校教育引导学生践行社会主义核心价值观，贵在坚持知行合一。

一、践行社会主义核心价值观贵在坚持知行合一，知为前提

在当前有些高中生中，由于受不良思想的影响，他们总是觉得践行社会主义核心价值观与自己关系不大，或者认为践行社会主义核心价值观是将来的事情。这些认识是不正确的。高中生虽然还不是成年人，但是最能体现国民教育基本内容的核心价值观，与他们不仅在思想上有着千丝万缕的关系，在学习和生活上更有着密不可分的联系。这是因为社会主义核心价值观的三个层面、十二个方面的具体内容不仅是我们国家和社会的美好愿景，也是我们每个公民的行为规范的基本要求，三个层面、十二个方面是一个有机的整体：我们国家的富强、民主、文明、和谐与我们社会的自由、平等、公正、法治是相辅相成的，而社会主义核心价值观个人层面的要求与国家、社会层面的要求也是相互依赖的，我们只有爱自己的国家、爱我们这样的社会，才可能热爱祖国，才可能在现在和将来的学习和工作中去恪守爱国、敬业、诚信、友善的行为准则和道德要求，从而使这些基本要求成为我们大家共同的行为规范。因此，我们学校要教育广大高中生，认真学习社会主义核心价值观，从思想上剔除不正确的认识，经过反复而耐心的说服教育，动之以情，晓之以理，让他们深刻领会社会主义核心价值观三个层面的丰富内涵，特别要弄清这三个方面密不可分的关系，从而真正地以社会主义核心价值观武装自己的头脑，让社会主义核心价值观在学生心中生根发芽。

我们不仅要让社会主义核心价值观在高中生头脑中生根发芽，还要在平时的教育教学中，通过开展以热爱祖国、热爱社会主义、热爱集体为主题的丰富多彩的活动，让学生真切地感受到领会社会主义核心价值观是十分必要，也是十分重要的。社会主义核心价值观就是我们国家和社会的正能量，传递着我们这个古老民族的文化精髓和文化精神，是我们每个人成长进步的物质基础和精神需求。在此基础上，我们要引导高中生学习好社会主义核心价值观，将其潜移默化为自己的理想信念和人生追求的不竭动力，转化成自己学习和生活的自觉行动，让社会主义核心价值观在学生的心中开花结果。

二、践行社会主义核心价值观贵在坚持知行合一，重在于行

如果说社会主义核心价值观中国家和社会这两个层面是学校思想教育的重要内容和根本任务，是引领高中生形成正确的人生观、世界观和价值观的保证，那么，社会主义核心价值观个人层面的内容就需要我们学校贯彻落实在日常教育教学的各项活动中，我们学校要引导高中生按照个人层面的基本要求从以下四个具体的方面去逐一落实。

首先，将爱国落实为行动。学校必须要求高中学生不仅思想上爱国，更要从我做起，从自己做起，以具体行动去体现爱国情怀。比如：大的方面，要尊重国旗、国徽，唱好国歌，关心国家大事，热爱中华文化，爱国、爱党，在思想上与党中央保持高度一致；小的方面，要严于律己，时刻注意自己的一言一行，不传播有悖于国家大政方针的言论，积极上进，在家做好孩子，在校做好学生，在社会上做好公民，做遵纪守法的模范。

其次，将敬业落实为行动。对高中生来说，"敬业"中"业"就是学业。因此，学校要教育他们勤奋学习，不断进步，争取优异成绩。同时，要教育高中生，不仅要搞好学习，更要加强思想品德修养，注意德智体美劳全面发展，做身心健全的人，成为祖国建设的有用之材，特别在当前，敬业就要着力培养学生的创新精神和实践能力，提高学生综合素质，为将来的人生奠基。

再次，将诚信落实在行动。学校要教育高中生，学习上踏实认真，不投机取巧，不蒙混过关，诚信考试，坚决做到考试不作弊，与各种学习上的不诚信行为划清界限；生活中，待人诚恳，不欺骗师长，团结同学，对同学坦诚相待，正视自己的缺点和错误，勇于知错就改，敢于与社会上不诚信行为决裂，善于与之作

斗争。

最后，将友善落实为行动。学校要教育高中生牢固树立与人为善的思想观念，善待同学，敬爱师长，孝敬父母，奉献爱心。针对现在学生自我意识普遍较强、比较自私的现状，要教育他们增强集体意识，经常开展"我为班级献爱心"等主题的班校会活动，以善念导引他们的行动，以善举为他们领航，进而使广大高中生把与人为善作为他们行动的一个基本准则，落实在日常的学习和生活中，培养他们高尚的思想品德。

总之，高中学校教育学生践行社会主义核心价值观体现知行合一的基本原则，就是在落实以德树人的教育目标，就是要学生在思想观念上真正认可社会主义核心价值观，在行动上切实践行社会主义核心价值观，换句话说，就是在全面推进学校的素质教育，办人民满意的教育，培养祖国现代化建设的合格接班人，实现中华民族伟大复兴的教育梦、中国梦。

文本解读

《归去来兮辞》的诗歌之美

摘　要　诗歌的散文化阅读是对诗歌特质的剥离和背叛。《归去来兮辞》是陶渊明写的一首独具特色的新赋体诗。从音韵的角度说,诗的押韵与其内容水乳交融,完美统一,结构、节奏既整齐又灵活。从意境角度说,全诗以情驭文,以景显情,达到了情景交融的艺术境界。从抒情特质说,诗歌饱含激情,淋漓尽致地展现了隐者之情、隐者风范以及隐者之伟大。

关键词　诗歌美;音韵美;意境美;抒情美

归去来兮辞(并序)

陶渊明

　　余家贫,耕植不足以自给。幼稚盈室,瓶无储粟,生生所资,未见其术。亲故多劝余为长吏,脱然有怀,求之靡途。会有四方之事,诸侯以惠爱为德,家叔以余贫苦,遂见用于小邑。于时风波未静,心惮远役,彭泽去家百里,公田之利,足以为酒。故便求之。及少日,眷然有归欤之情。何则?质性自然,非矫厉所得。饥冻虽切,违己交病。尝从人事,皆口腹自役。于是怅然慷慨,深愧平生之志。犹望一稔,当敛裳宵逝。寻程氏妹丧于武昌,情在骏奔,自免去职。仲秋至冬,在官八十余日。因事顺心,命篇曰《归去来兮》。乙巳岁十一月也。

　　归去来兮,田园将芜胡不归!既自以心为形役,奚惆怅而独悲?悟已往之不谏,知来者之可追。实迷途其未远,觉今是而昨非。舟遥遥以轻飏,风飘飘而吹衣。问征夫以前路,恨晨光之熹微。

　　乃瞻衡宇,载欣载奔。僮仆欢迎,稚子候门。三径就荒,松菊犹存。携幼入室,有酒盈樽。引壶觞以自酌,眄庭柯以怡颜。倚南窗以寄傲,审容膝之易安。园日涉以成趣,门虽设而常关。策扶老以流憩,时矫首而遐观。云无心以出岫,鸟倦飞而知还。景翳翳以将入,抚孤松而盘桓。

　　归去来兮,请息交以绝游。世与我而相违,复驾言兮焉求?悦亲戚之情话，乐琴书以消忧。农人告余以春及，将有事于西畴。或命巾车，或棹孤舟。既窈窕以寻壑，亦崎岖而经丘。木欣欣以向荣，泉涓涓而始流。善万物之得时，感吾生之行休。

己矣乎！寓形宇内复几时！曷不委心任去留？胡为乎遑遑欲何之？富贵非吾愿，帝乡不可期。怀良辰以孤往，或植杖而耘耔。登东皋以舒啸，临清流而赋诗。聊乘化以归尽，乐夫天命复奚疑！

诗歌的散文化阅读是对诗歌特质的剥离和背叛，也是对诗歌艺术之美的糟蹋。陶渊明的《归去来兮辞》是一首在继承和发展伟大诗人屈原"骚体诗"的基础上而创作出的一种新的赋体诗。这种新诗体以其独具特色的音韵、匠心独运的意境和浓烈鲜明的抒情特性，唱出诗人"不为五斗米折腰"的心声，产生了让读者回肠荡气的诗歌艺术魅力，成为脍炙人口的艺术佳品。品读这首别出心裁的诗歌杰作，我们就会走进诗歌，走近诗人，它撼动我们的心灵，净化我们的灵魂，让我们真切感受到了诗歌无穷无尽的艺术魅力。

一、《归去来兮辞》的音韵之美

谈及诗的音韵之美，我们自然想到的是诗的音律，主要包括两个方面：押韵和节奏（也可以说与平仄有关，因本诗是古体诗，这里我们暂不涉及本诗平仄问题的探讨）。

先说押韵。全诗一共押了五次韵，实际换了四次韵。押韵的韵脚（押韵的字）依次是：①归、悲、追、非、衣、微；②奔、门、存、樽；③颜、安、关、观、还、桓；④游、求、忧、畴、舟、丘、流、休；⑤时、之、期、耔、诗、疑。押韵依内容而定，几处押韵与内容紧密相关。第一组韵以"归"字韵领起，既写诗人自责之意，又含有自慰之情，传达出诗人辞官归园的决心，提挈全篇。接下来，第二组、第三组、第四组韵，主要抒写诗人回归田园的愉快生活。可分三层：第一层是初抵家时的情况，以"奔"韵领起；第二层写回家后的日常生活，以"颜"韵领起；第三层写出游方式，以"游"韵领起。最后抒发诗人"乐天知命"的情怀，以"疑"字韵收结。换韵和内容也紧密相关。第一次换韵的"衣"和"微"两个韵所在的句子好多版本都放到了下一个段落，这显然是有道理的，因为"舟遥遥以轻飏，风飘飘而吹衣"这两句确实具有过渡的作用。而第四组最后两个韵脚"时"和"疑"，也有承上启下的作用。总之，用韵的这种形式和诗歌的内容水乳交融，形式为内容服务，同时内容又不完全拘泥于形式，规中有矩，矩中有变，极尽诗歌押韵之能事。

再看诗的结构和节奏。从结构看，全诗基本上是四句一节的形式。将首段"归去来兮"和末段的"已矣乎"这两句分别作为一句看的话，每节都表达一个意思，很像四句一首的古体诗和唐代以后的绝句，可谓结构整饬，而在整饬中也稍有变化，显示了本诗流动飞扬的独有特色。另外，第二段中间突然由六言换作五言形式，节奏变快，简洁明快，淋漓尽致地传达出诗人初回田园的极度兴奋心情，描摹景物，倾吐心思，大有一吐为快之感。从节奏看，全诗以六字句为主（约占全文60句的3/4），都可以按三节拍来划分。六字句如"木/欣欣以/向荣，泉/涓涓而/始流""登/东皋以/舒啸，临/清流而/赋诗"等。其他句子也可按三节拍划分，例如"已/矣/乎""归/去/来兮""乃/瞻/衡宇""富贵/非/吾愿，帝乡/不可/期""寓形/宇内/复几时，曷不/委心/任去留""胡为乎/遑遑/欲何之"等都可体现三节拍划分的特点。这样的诗节奏整齐，音韵铿锵，确有悦耳动心之效。读着如此节奏鲜明又错落有致的诗，我们不得不击节赞叹，赞叹之余，我们领会到的更多的是诗歌高超绝妙的音韵之美。仅凭这一点，我们就没有理由把它当作散文来读。即使当作散文诗来读也是不合适的。看来，诗要讲究韵律和节奏。只有讲韵律和节奏，才是真正的好诗。这是我们品读《归去来兮辞》的共同感受吧！

二、《归去来兮辞》的意境之美

在鉴赏诗歌时，我们常常会提到"意境"这个术语。一般地讲，意境就是诗歌中诗人借助艺术手法创造的一种情景交融的境界。清代著名学者王国维把诗歌的境界分为"有我之境"和"无我之境"，而这两种境界实际上是意境的两种具体的表现形式，只是一种是借景抒情，一种是寓情于景而已。这两种不同的类型都是诗歌意境的形象化的具体描述。《归去来兮辞》以抒写诗人厌弃官场、追求田园生活为抒情脉络，以鲜活、生动的景物描写浸润诗人的这种情感，可谓以情缀文，以景显情，达到了情景交融的完美的艺术境界。

以情驭文，文盛情炽。整篇诗歌充溢着诗人向往田园生活的真切情感。开篇"归去来兮"四字如异军突起，开门见山，直泄衷情，回归田园的迫切之意已溢于言表。接着于自责反思之中娓娓道出诗人厌恶官场和向往归来的炽烈情感。中间极尽铺叙，描写田园生活之乐，饱含着诗人的浓浓深情。尾段开头"已矣乎"感叹之后，感情来了一个总爆发，末句以"聊乘化以归尽，乐夫天命复奚疑"作结，申明作者欲顺应自然变化、度完剩余时光的乐天知命的情怀。通览全篇，灌注在诗歌字里行间的诗人厌弃官场、恬淡自守、豁达乐观的情感，无不鲜活如初，读之令人警醒，使人遐思，引人共鸣，让人产生悠远的回音。

  借景抒情，以景显情。无论是归途之景还是田园风光，无不浸溢着诗人的激情。诗人惦念着"荒芜"园田，渴望早早地回到自己的家园，这足以看出"田园"乃诗人最好的栖息之所。而"遥遥""轻飏"之舟、"飘飘"之风，轻飘之衣，无一不是在写诗人归心似箭之情，越写心之切，就越能衬出他爱田园之炽、厌恶官场之深。这是典型的借景传情。中间部分诗人以类似电影蒙太奇快镜头的形式，将家园的"衡宇""僮仆""稚子""三径""松菊""酒樽"一组镜头推向我们读者，让人身临其境，共赏田园的美好生活。这里好似不动声色地展现田园的风物和人的活动，实则寓情于中，景现而情顿生，极尽诗人喜爱之意。田园生活一段，从描写日常生活的室中之乐到涉田园观景之乐（园中之乐），表面不施朱粉，观"庭柯"，靠南窗，居小屋，涉田园，闭家门，拄拐杖，观云山，看飞鸟，"抚孤松"，驾车马，话家常，调琴瑟，务农事，赏乔木，听小溪，而实际上，却将诗人自得自足之情全部浸透其中，倾泻而出，酣畅淋漓。这就是诗的意境之美，而这些都是借助于诗人精雕细刻的田园景色娓娓道出的。读之，我们深悟了古人说的"诗不过情、景二端"这个艺术论断之"三昧"了。

三、《归去来兮辞》的抒情之美

  作为最具抒情特质的诗歌来讲，饱含激情是诗歌很重要的特性之一。在一定意义上说，诗歌就是诗人感情的喷发物。《归去来兮辞》以浓烈的感情传达出了诗人孤标于世的高洁品德。诗的字字句句饱含着诗人的满腔激情，这是一般散文所无法比拟的。喜欢文学的读者会把它当作诗歌来读的，因为这样的诗绝不是一般散文那种不温不火的情感所能比拟、所能替代的。而擅长写作诗歌的朋友，一定会将这首诗写成现代新诗的形式。这里，我们不妨把最后一段改写成现代新诗的形式，与大家共飨。

  算了吧！
  我寄寓天地间还能有多久？
  为什么不随心所欲？
  管什么人生的去与留？
  为何急匆匆还到处游！

富贵不是我真正的追求,
飞升仙境我也无需追求!
珍惜时光吧,
亲手除草培苗,
就在我的田地里。
登高冈啊,
放声长啸;
对溪流啊,
作赋吟诗。
享用自然我走尽我生命的历程,
乐天知命啊,
我能有什么疑虑与忧愁!

读了以上的诗,恐怕读者不会认为《归去来兮辞》是散文了吧。实际上,我们把这首诗与陶渊明作的序文比较阅读,就可以更清晰地品读出这首诗属于诗歌的那种浓郁的抒情韵味。这首诗前的序文,以时间为序,记叙自己因家贫、生活原因去一百里以外的地方任职,交代自己不愿做官有两个理由:一是性喜自然,不爱做官;二是自己妹妹去世,他回家安排丧事后,就没回去。将序文与正文比较一下,我们不难看出:序文以叙述的方法,平静道来,态度平和,睿智潜藏于平和之中,是一篇典型的叙事散文。而本诗虽没直接地鞭挞现实,当然也不可能涉及后世说的"傲视督邮"之事,但诗人归心之切、归来之乐、退隐之决却全倾吐殆尽。这确实给人一种不吐不为快、一吐方为快之感。这就是诗,这就是隐者的风范,诗人的风范,一代田园诗鼻祖的伟大之所在。如果我们仔细品味他的这首诗、这篇序,一定会说,文与诗相映成趣,相得益彰。

诗就是诗,绝非散文。即使是再好的散文化解读,都会使诗的韵味顿失,至少会黯然失色,失掉了诗的音韵、诗的意境和诗的抒情本色。以诗的眼光品读陶渊明的这首《归去来兮辞》我们会感动、会陶醉,继而内心受到一次诗的甘霖的洗礼和净化。那种洗礼和净化是挥之不去的,那种洗礼和净化真正引发的是我们对诗歌这种艺术的憧憬和热爱,那种洗礼和净化使我们更真切、鲜活地领会到一代田园诗人的伟大与崇高。陶渊明无愧是中国文学史上的一颗璀璨的明星,更是我们永远景仰的一颗璀璨的诗歌明星。

饱蘸诗情品"风雪"
——也谈《林教头风雪山神庙》中"风雪"的诗化描写

著名美学家、文艺评论家朱光潜先生认为:"一切纯文学都要有诗的特质","一部好小说或一部好戏剧都要当一首诗看"。他还说:"读小说只见到故事而没有见到它的诗,就像看到花架而忘记架上的花。"(《谈读诗与文学趣味的培养》,《朱光潜美学文学论文选集》)《林教头风雪山神庙》是《水浒》中的经典片段,也是被人们常常称道和喝彩的篇章之一。倘若我们以朱老的观点去品读这样优秀的小说,用"诗的特质"来咀嚼它,小说中蕴含的诗味也会盎然起来,读者对作品的领悟也会因此而为之一新,小说中的诗意由此也能得到充分体现。本文试图就文题中的"风雪"这一诗的意象,结合全篇有关"风雪"的描写,品味一下这经久不衰的文学名篇中潜在的诗歌韵味和诗的美学价值。

一、"风雪"写意、造境

古人云:"诗不过情、景二端。"意思是说,诗歌无非是情与景结合的产物,诗歌中的意象常常具有情景交融的特征。将小说中的意象当作诗歌的意象来读,自然也会有这样的妙用。《林教头风雪山神庙》中的"风雪"就是一个意象,这意象客观描摹自然景物,更形成了浓郁的情与景的意境。

"风雪"写意。寒冬时节,朔风劲吹,大雪飘飞,唤起读者想象的是一种景致,一种纯客观的景致,引发人们思考联想的是"风雪"到来时的具体形象。这具体的形象,其中饱含着作者的主观情感。那风,那雪,已不是单纯的景物、景象,而有一种意蕴在,这意蕴就是作者的情感,就是诗一般的意象。唯有以诗的眼光赏玩它,才会有如此的审美意识和审美情趣。

同时,"风雪"造境。我们先来看原文中有关"风雪"的直接描写:"朔风渐起,却早纷纷扬扬卷下一天大雪来";"(林冲)带了钥匙,信步投东,雪地里踏着碎琼乱玉,迤逦背着北风而行。那雪正下得紧";"仰面看那草屋时,四下里崩坏了,又被朔风吹撼，摇振得动"；"便出篱笆门，仍旧迎着朔风回来。看那雪，到晚越下得紧了"。这些直接描写风雪的句子，不只是客观描述，更有一种境界在里面。作品把主人公始终置身于"风雪"之中，让他去活动、生活，这既是写实之笔，又再现了主人公林冲所处的真实环境，而这环境已成为他生活的一种遭遇，预示出他处境的艰难、生活的磨难。"风雪"在这里已与诗歌中的意境几乎没有多少的差别。细心的读者仅仅看了这样的几段文字，也会把"风雪"与林冲的个人际遇联系起来，为之动容，为之同情，为之伤感。这恐怕就是"风雪"的意境之所在吧。

二、"风雪"叙事、传情

"风雪"有叙事的功能。仅看标题"林教头风雪山神庙"，联系章回的另一半"陆虞侯火烧草料场"，"风雪"与"火烧"相对应，前后各连接了两个名词，有动作义在里面。综观全篇，我们不难发现，"风雪"贯穿了整个情节，有结构情节的作用，是小说叙事的线索。"早纷纷扬扬卷下一天大雪来""那雪正下得紧""到晚越下得紧了"，写雪极尽其用，同中有异，预示了情节的发展变化。而"风"紧跟其中，与之交会，也为情节的发展推波助澜。表面上写"风雪"，实则在预示情节的进一步发展，兼有叙写故事的妙用。

"风雪"也在传情达意。主人公林冲是迎着风雪走的，是踏着飞雪生活的，由此可见他生活际遇的艰辛。即使如此，他没有退缩，没有沮丧，而是镇定自若。"风雪"引发我们的感动，引起那些处在逆境中的人们深深的思考，并与之产生共鸣。这种情感的传达是借助于"风雪"倾泻而出的，"风雪"这一意象确实起到了传情达意的效果。聪明的读者完全可以借助想象由"风雪"联想到一个在"风雪"中生活的真实鲜明的形象——一个敢于面对挫折、面对艰难的英雄。

三、"风雪"写人、显旨

中国古代小说很少以细腻的心理描写刻画人物。《林教头风雪山神庙》也是这样。尽管如此，读了中国古代小说的人绝对不会因为小说少有心理描写而让人觉得小说塑造的人物形象干瘪、模糊，相反，品读本篇这样的佳作，我们会很自然地在头脑中浮现出主人公鲜明的个性来。这也许是中国古典小说更有"诗的特质"的体现吧！

"风雪"在刻画人物的性格。"风雪"是写活主人公形象的最好注脚。试想，一个在京城衣食无忧的八十万禁军教头,被发配到沧州的荒蛮之地,还有心思快乐地喝酒,还有心情对生活抱有希望,准备收拾好自己的住处。这是何等的豁达、开朗、乐观!透过这些,我们看到的是一个坚强的人,一个敢于面对生活逆境的人。当我们明白了他刺配的前后背景——高衙内的贪色、蛮横、陷害,我们的心情一下子沉重起来,进而明白了什么叫求安求稳,什么叫委曲求全。这就是林冲的性格,而这性格是在"风雪"的飘飘洒洒中凸现出来的。"风雪"表面写物、记实,实则在写人、画人。作者以淋漓尽致的"风雪"描写使林冲委曲求全的性格真实地、形象地、立体地站立在我们面前。

"风雪"也在有意识地突出小说的主题,有显示主题的作用。官逼民反是林冲被逼上梁山的真正原因,也是梁山众好汉生存的唯一出路。人生的坎坷有如"风雪",社会黑暗有如"风雪",官吏的暴虐有如"风雪",高衙内的贪色、陷害有如"风雪"。即使处在其中的人们敢于挑战"风雪",在"风雪"中抗争,企图求得自己生存的一点点空间,到头来,都是无济于事的。因此,要摆脱"风雪"的洗劫,不能心存幻想,苦苦挣扎,而要义无反顾地抛弃"沧州"的"风雪",走上梁山。这正是"风雪"描述的又一高明之处。看来,文题中的"风雪"这一诗的意象点亮了作品的主题。

"风雪"照小说的一般理解,是客观叙述,最多不过预示了情节的发展。如果加上诗的意会,那含义就更隽永、更深刻了。还是重复朱老的一句话:"诗是培养趣味的最好的媒介,能欣赏诗的人们不但对于其他种类文学可有真确的了解,而且也决不会觉到人生是干枯的。"让我们以诗的韵味品味小说吧!读出小说中意味深长的诗韵来,提高我们鉴赏文学作品的能力吧!

迷离意象演绎的"惘然"之情
——也谈《锦瑟》意象的朦胧美

欣赏达·芬奇的名画《蒙娜丽莎》时,那意味深长的笑,唤起我们的是这样的感受:真正的美是朦胧的。同样,在解读被誉为文学的"哥德巴赫猜想"的唐代诗人李商隐的《锦瑟》时,我们也会有这样的感慨:诗歌的美就是朦胧的。因为朦胧使诗歌美得纯粹、美得自然、美得让人神往。这首堪称唐代"先锋派"诗歌的《锦瑟》,以三组富有特色的迷离意象将作者的一腔"惘然"情怀演绎得淋漓尽致,精彩纷呈。

迷离意象托物言志。题为"锦瑟",这作派大有来头,可以追溯到中国诗歌的源头《诗经》,看来诗人要借此发思古之幽情的。不是吗?五十弦的瑟早已不在,后代多为二十五弦的瑟,这本身就很有意味。更重要的是,诗人起笔一句说"锦瑟"你为什么平白无故是"五十弦"呢?这里显然是在质问,质问之中凄婉之意顿生。接下来一句"一弦一柱思华年",作者将自己的一怀情思用"瑟"之"弦"、"瑟"之"柱"道出,再以"思华年"写出。这不正是我们通常所说的托物言志吗?不过这"志"不仅仅是一般人眼中的理想、志趣和追求,更蕴含着诗人要一吐心中种种块垒的心声。因此,诗歌的开头这组意象,以"锦瑟"为核心点染开去,提挈了全诗,而"思华年"乃全诗的灵魂,有"瑟"无"琴",琴瑟不能和鸣,"惘然"之情自然就笼罩全篇了。

迷离意象抒写"惘然"之情。颔联以"蝴蝶"和"杜鹃"为核心意象尽情抒写诗人的深挚情感。庄生化蝶有很深的文化底蕴,它是庄子追求自由精神与独立人格的象征,着一"晓"字,蕴含着诗人早年的梦想与希冀,言外之意是如今这个梦已破、已残,这中间饱含着诗人的迷惘。这还不怎样落寞。下句引古蜀国君主杜宇啼血杜鹃的故事,就很有凄凉之感了。我们可以说"春心"不是伤春之心,是诗人心中怀有的春天的勃勃生机,但与"杜鹃啼血"之景、之情关联,喜悦的成分毕竟是没有多少了,这怕是诗人内心怅然之情使然吧。显而易见,"蝴蝶"和

"杜鹃"这组意象缥缥缈缈、凄迷婉伤,在淡淡愉悦与沉沉的悲戚之间,传达出诗人满腹的愁思、曾经的美好与幸福,突出、强化了诗人的"惘然"情怀。

迷离的意象浸透"惘然"之情。颈联通过"鲛人泣泪"和"紫玉生烟"这组意象,再次将诗人的迷惘、缥缈的微妙情思为我们作了痛快淋漓的精彩演绎。这里诗人分别以和悦、美好的"沧海月明"与"蓝田日暖"作为背景,为我们勾画了两幅微茫、迷离的壮阔图景,以映衬的方式顺势推出"珠有泪"和"玉生烟"这两个中心意象,含义隽永。"鲛人泣泪"和"紫玉生烟"都只是传说,泪化珍珠虽则泪有所值,但涌泪之举,情何以堪?至于"紫玉生烟"就只能望望而已,而那"玉",已无处可寻,踪迹难觅了。这两个典故都来源于民间传说,因此神秘而美丽,越发显得虚无缥缈,而在这神秘、美丽与虚无中,诗人深致的迷惘与忧伤之情被倾泻得更为细致、绵长、深厚。

一首《锦瑟》,文人墨客品味了上千年,至今仍然咀嚼不尽、玩味不足。究其原因,很大程度上取决于独具匠心的诗人为我们精心选择的这三组内蕴丰富的凄迷意象。品读《锦瑟》,我们会被诗人编织和演绎的迷离意境所感染;玩味《锦瑟》,我们也会情不自禁地发出这样的感叹:诗是美的艺术,美的艺术是朦胧的,也是自然的。

《荷塘月色》中比喻修辞手法的妙用

朱自清的散文《荷塘月色》大量使用了比喻的修辞手法。比喻增强了文章描写的生动形象性，使写景自然真切、生动传神；比喻使文章新颖独特，独具情韵。

一、比喻使用恰当、贴切、自然

比喻与描写水乳交融。《荷塘月色》中作者在使用比喻时常常信手拈来。作者将"出水很高"的叶子的情状比作"亭亭的舞女的裙"，赋予静态的叶子以动态感，很有情味；将"叶子与花也有一丝的颤动"比作"闪电"，写活了叶子与花的动态之美；将"月光"比作"流水"，比得真切、自然；将"高处丛生的灌木，落下参差的斑驳的黑影"比作"鬼"，突出"黑影"的阴森可怖之状，也是写景中的自然、真实所得；将"树缝里也漏着一两点路灯光"比作"渴睡人的眼"，更具真切、自然之感。以上几个比喻都与写景自然紧密结合，真切地再现出荷塘特有的夜景，从中可以看出作者观察之细腻、体悟之深刻。

博喻极尽景物之美。原文这样写道："层层的叶子中间，零星地点缀着些白花，有袅娜地开着的，有羞涩地打着朵儿的；正如一粒粒的明珠，又如碧天里的星星，又如刚出浴的美人。"这里，作者分别以明珠、星星和美人三个富有特征的事物从三个不同的方面突出荷花的晶莹剔透、闪烁明亮和不染纤尘的美。而从总的方面说，实际是把荷花之美从三个方面进行了具体的描绘，强化了荷花之美，并使这种美立体化，从而产生一种具体可感的形象来，与前面"零星地点缀着些白花，有袅娜地开着的，有羞涩地打着朵儿的"这三个方面的描写也相印证、相呼应。细心的读者读到这里，不得不赞叹这一比喻的高超和绝妙。

二、比喻使用新颖、独特、别致

比喻使用新颖、奇特。作者写叶子荷花，用"叶子和花仿佛在牛乳中洗过一样"这一句来写，已经有了比喻的特点，而后一句以"又像笼着轻纱的梦"这一句，就用抽象的梦来作比。看似抽象，实则有具体的形象在，因为"梦"大家都熟悉，而"轻纱"更熟悉，因此用"笼着轻纱的梦"来设喻，就有别于一般比喻，高出了一般比喻。这足见作者设喻之新、设喻之奇了。还有，将"满月"的朗照和由于云的遮挡不能"朗照"分别比作"酣眠"和"小睡"，将自己看到的事物形象诉之于自己独特的联想、想象，显得新奇，别有情致。

比喻与通感融合，更别致、新巧。通感往往是与比喻结合使用的。通感简单地说，就是感觉之间互相打通。《荷塘月色》中两处通感和比喻的使用很有独特、新颖、别致的特点。第一处，作者将"缕缕清香"这一嗅觉与"远处高楼上渺茫的歌声"的听觉相连、相比，两者之间都有若有若无、似断非断、隐隐约约的特点，如此相连，更加新巧、美妙。第二处通感是这样的："塘中的月色并不均匀；但光与影有着和谐的旋律，如梵婀玲上奏着的名曲。"这一处，作者将"光与影有着和谐的旋律"与"梵婀玲上奏着的名曲"相连、相比，把视觉形象诉诸听觉形象，而两者的相同点就是和谐，如此比喻和通感，别出心裁，确实是一种奇特的创造。更难得的是，这个通感、比喻与前面的通感、比喻有联系又有区别：前面是以听觉写嗅觉，后面以听觉写视觉，都是将嗅觉和视觉形之于听觉，而前一个"远处高楼上渺茫的歌声"这个喻体是一种写实，是作者将自己的嗅觉和视觉自然地联结起来，后一个喻体是一种纯粹的联想和想象，不过这联想和想象有作者较高的音乐素质在里面。由此可以看出作家的敏感、作家的素质和作家的智慧，这也许是人们称道这两处比喻和通感妙处的真正原因吧！

情感是抒情写景散文的媒介。透过这些精妙绝伦的比喻，我们不能不说，正因为作者的情感在这一个个比喻中起了催化的作用，所以作者的比喻才如此真切、自然、形象、生动，才如此新颖别致，让人荡气回肠。这就是作家的艺术创造，这就是经典作品的艺术魅力之所在。

谈谈《说"木叶"》一文的引用举例

著名学者、诗人林庚的《说"木叶"》一文紧紧围绕与"木叶"密切相关的诸多意象,引用举例,引出核心意象,体现了文章逐层说理的论述特色。开篇以屈原的《九歌》中关乎"木叶"的名句引出"木叶"这一鲜明的形象,紧接着连用南北朝时的诗人谢庄、陆厥、王褒等三位诗人有关"木叶"的诗句,印证了"木叶"已经"成为诗人们笔下钟爱的形象"的道理。

在引出核心意象"木叶"后,正文部分先后援引了大量关于"木叶""树""叶""落叶"等古代诗歌中的诗句:有屈原《橘颂》和淮南小山的《招隐士》中关于"树"的意象的诗句;有萧纲的《折杨柳》和陶渊明《拟古》中关于"叶"的意象的诗句;有柳恽《捣衣歌》和沈佺期《古意》中关于"木叶"意象的诗句;更有大家耳熟能详的杜甫的名篇《登高》中关于"落木"这一独特意象的名句。在列举的同时,作者注重逐层分析,特别重点分析了杜甫在创造中学习前人庾信的诗《哀江南赋》中的句子,创造了"落木"这一独特的形象。然后,将吴均的诗《答柳恽》中的"寒风扫高木"与曹植的诗《野田黄雀行》中的"高树多悲风"这两句比较,得出"木"的艺术的第一个特征:"木"更单纯,更含有落叶的因素。这种逐层分析既体现了古代诗歌承延性的特点,也体现出作者逐层深入论证、自然得出观点的行文思路。

引用举例,细致比较意象,阐明了诗歌意象富有暗示性的基本原理。从上述引出意象的过程中,我们不难看出,"木"的第一个艺术特征显然是在比较几组意象后得出的:先比较"木叶"与"树叶",再比较"树叶"与"叶",最后在归纳比较"木叶"与"落叶"的基础上,比较"高树"与"高木",从而得出"木"的第一个艺术特征。这种比较性的引用举例很自然、很贴切,有水到渠成之妙。

在得出"木"的第二个艺术特征时,作者更是借助比较性的引用举例的方法来阐述道理。首先作者对"木"与"树"的意象比较,以周邦彦的词句"午阴嘉树清圆"为例,采用假设方法,说明"树"与"叶"的相关性,自然引出"木"的第二个艺术特征:"木"暗示颜色。接着,再以屈原的诗句"洞庭波兮木叶下"中的"木叶"与曹植《美女篇》中的"落叶何翩翩"一句里的"落叶"以及司空曙的诗句"雨中黄叶树"中的"黄叶"进行细致比较、深刻分析。

总之,作者紧扣"木叶"等一系列的意象,以引用举例,引出了诸多意象,阐述道理。同时,作者又对众多意象进行了细致入微的比较,将全文阐述的古代诗歌暗示性的问题论述得更加明确、更加具体、更加深厚、更加新颖、更加引人入胜,给读者留下了深刻而鲜明的印象,让人十分信服。

《动物游戏之谜》的语言艺术

众所周知,文学是语言的艺术,科普文也应如此。《动物游戏之谜》这篇科普文,其语言通俗易懂、简洁准确、生动形象,充分体现了科普文独有的语言艺术。

这篇课文的语言是相当平易的。这一方面缘于作者似乎始终在以给读者讲故事的形式说明、叙述。如开头娓娓动听的关于动物的三个生动故事很能吸引人、打动人。另一方面,作者在用一种一般读者都能理解的方式在讲故事。文章先以讲故事的形式列举出动物游戏的方式,接着具体说明,最后讲述它们游戏的各种假设以及将来有待研究的问题。"提出问题—分析问题—解决问题"的这种结构形式符合人们认识事物的规律,便于人们接受,也使文章的语言越发通俗易懂。

文章的语言是很简明准确的。通读全文,简明准确的句子比比皆是。比如,文中这样描写叶猴做战斗游戏:"它俩相互推挤,好像竭力要把对方推下树去,可被推的一方总是抓住树枝,巧妙地跳开去,绝不会失足坠地……它们是在打架吗?"这里,用了三个副词"好像""总是""绝不会"。"好像"表现了叶猴在战斗时的认真和分寸感,"总是"表现出叶猴一贯的方法,"绝不会"表示一种肯定,三个词语所表现的都是叶猴游戏时的特点,照应了下文对"战斗游戏"的解说。又如,作者以这样一些句子在总结:"动物学家对此做出的解释也许会使我们吃惊:这些动物是在游戏!"这里,作者以干净而简洁的语言在说明归纳,这简洁之中饱含着准确性。其中的"也许"表示一种推测,因为动物的上述表现,很多人不知道原因,当作者点出动物是在游戏时,一些人可能没有什么感觉,所以用"也许"表示大致的范围,体现出作者表述准确性的追求。

文章的语言也是十分生动形象的。这主要表现在三个方面:一是用描写的方法来写。开头描写动物的"走钢丝"和"倒立"的一系列动作,诸如运用"依仗""玩""推挤""抓住""跳开"等动词以及修饰语"好像竭力""巧妙"等,形象地描绘出叶猴游戏时的调皮、可爱、灵巧的形象。二是用拟人和比喻来写。文中写道:"它们飞上坡顶,像小孩子坐滑梯一样……"这种比喻手法,把难以见到的北极渡鸦玩耍的情景与日常生活中孩子嬉戏的情景联系起来，使读者可以想见北极渡鸦的天真可爱。又如："每当刮起大风时，成群的露脊鲸把尾鳍高高举出水面，正对着大风，以便像帆船似的，让大风推着它们，得意洋洋地'驶'向海洋。"这段运用拟人的方法，刻画了露脊鲸游戏时怡然自得、悠闲轻松的状态。三是作者采用的设问修辞方法平添了文章的趣味性和形象性。开头三段连续提出三个问题——"它们是在打架吗？""它们是在表演吗？""露脊鲸又是在干什么呢？"，设下悬念，极大地激发了读者的阅读兴趣。第 10 段中的"那么，动物为什么要消耗大量能量来进行这种没有明确目的的游戏呢？"用这个问题在人们心中制造未知与已知之间的矛盾，来激起读者探究的兴趣。结尾第 15 段的"这几种假说，哪一种更有道理？动物的游戏，究竟是为了'演习'，为了'自娱'，为了'学习'，还是为了'锻炼'"这个选择问句，则引导读者在对上述假说进行比较探究中尝试着去寻求更合理的解释，同时也使读者对生命智慧油然而生敬意。

老子散文的对比艺术

老子散文体现了老子及其后学者对人生和世界的辩证思考,具有强烈的思辨色彩,而这一显著特色是借助于鲜明的对比手法表现出来的。本文以《〈老子〉选读》为例,对这一艺术手法进行具体的理悟和解读。

一、对比建构对立统一的客观世界

老子认为客观世界是相对、相反又相成的。"天下皆知美之为美,斯恶已;皆知善之为善,斯不善已。"老子把客观世界分成"美""恶"和"善""不善"这两大类,这两个方面相互依存又相互作用。这里将"美""恶"和"善""不善"两组不同的事物进行比较,突出了事物之间对立统一的原理。同时,同一事物内部的两个方面也有这种对比的特点。文中的"难"与"易"、"长"与"短"、"高"与"下"、"音"与"声"、"前"与"后"、"大"与"小"等就是同一事物的两个相反又相成的方面。而"知人"与"自知"、"为"与"无为"、"事"与"无事"、"德"与"怨"、"柔"与"强"等又是一个人身上相互对立的两个方面。在如此对比中,我们看到了事物既有区别又有联系的对立统一的辩证关系,更让我们清晰地看到了这些事物构建客观世界的真切现实,从而使我们对老子认识论的高明不得不发出赞叹。

二、对比彰显了作者的哲思和睿智

老子的哲思和睿智是借助对比传达出来的。对比浸透了作者哲理性的思考。"知人者智,自知者明。胜人者有力,自胜者强。"这几句是说,了解别人的人聪明,了解自己的人更圣明。战胜别人的人有劲,而战胜自己的人更强大。这是作者在"知人"和"自知"的思考中得出的结论,印证了我们平常说的"人贵有自知之明"的观点。课文第七节由"人的生死"和"草木之生死"的各自对比,最终归结为"坚强者死之徒,柔弱者生之徒"的结论,又何尝不是"贵柔""知足"

"守雌"之思维放射出的哲理火花?

对比更体现了作者的聪明和睿智。读《老子》，我们常有如小学生聆听老师讲课那样的感受。老子的话语常令我们有醍醐灌顶之感。第二节以"无"与"有"的对比，强调了"无"的重要性，体现了老子重视"道"的特点，渗透了作者对人生和社会的深度思考，显示了其聪明才智。第五节"为无为，事无事，味无味。大小多少，报怨以德"，既有作者的哲理思考，也表现了作者以"无为"态度做事的原则，辩证思考的色彩很是浓厚，确有开启人们心灵的作用。而"合抱之木，生于毫末；九层之台，起于累土；千里之行，始于足下"这几句，阐述了要注重积累的道理，传达出作者的聪明和机智。

三、对比结合其他修辞手法的使用平添了文章语言的魅力

老子的作品如诗如歌，简练传神，言约义丰，很大程度上归因于运用了对比的修辞手法，而对比与其他修辞的完美结合，使文章的言与意相得益彰。

对比与对偶的使用使文章语言句式整齐，和谐优美。全篇几乎都可以看成是对偶句与对比句的结合。如"有之以为利，无之以为用""企者不立，跨者不行；自见者不明；自是者不彰；自伐者无功；自矜者不长""知人者智，自知者明"等都是整饬的对偶、对比句。这些对偶句，不刻意求工，自然贴切，确实达到了不以辞害意的修辞效果。

对比与排比使用也比比皆是。课文第一节在列举完六组相对的事物后，得出"恒也"这个结论，符合人们认识事物的规律，具体而深刻。第二节，在列举三种现象后，阐发作者对"无胜于有"的独到观点，如此论述也显得水到渠成。第六则"合抱之木，生于毫末；九层之台，起于累土；千里之行，始于足下"这几句，对比与排比连用，强化了点滴积累的重要，说理很有层次，也极有气势。

对比与比喻结合。"企者不立，跨者不行"既是对比，也构成比喻关系，形象说明了认识自己的重要性。最后一节，说到人与草时这样表达："兵强则灭，木强则折"，既有对比意味，也有比喻的意蕴，自然而然地得出"强大处下，柔弱处上"的结论，真切、形象、恰当。

有人说，老子散文闪烁着朴素的辩证法的闪光，之所以如此，很大程度上是因为老子的文章中大量使用了恰当的对比，对比使其散文更亮丽、更清新、更精彩，更具有无穷的魅力。

庄子散文的思辨艺术

作为标志先秦散文最高成就的庄子散文，它以亦真亦幻、仪态万方的意境，汪洋恣肆、纵横捭阖的笔法，曲尽幽深之意、微妙之旨。而在这种微言大义的阐述中，无不具有鲜明的思辨色彩。下面我们以《〈庄子〉选读》中的有关篇章来具体分析、探讨一下这一显著的艺术特色。

一、大与小之辩

"大与小之辩"最集中地体现在庄子散文代表作《逍遥游》里。在这篇作品中，庄子驰骋想象，浮想联翩，想到宇宙中大大小小的事物，而它们大体上又都可分为大与小两大类：鲲鹏与蜩、学鸠、斥鴳、冥灵、大椿与朝菌、蟪蛄、彭祖与众人等，这样的三组形象构成本篇的"大小之辩"的完整体系。在这种体系里，庄子以互相映衬的手法，传达了他关于逍遥游的基本观点：世间万物无论大小，他们都有"所待"，都不是逍遥游。这让我们看到了一个追求绝对精神自由的作者的鲜明形象。

不仅如此，庄子在《逍遥游》中还阐述了"大小之别"，即大用与小用的区别。"大瓠"和"不龟手之药"，如果不会使用，只有小用，而无大用。这如同一个人一样，作用大小因个人的际遇不同而有所区别。这一点，庄子在《庄子·人间世》中有更深入的论述。栎社之树在平庸的木匠眼里毫无用处，但在智者眼中却恰恰有大用。这里庄子已从小与大之用的思考升华为无用与有用的辩证分析。看似有点虚妄，实则有积极的意义在。

更难得的是，庄子以"大小之辩"为基石，进一步阐明了大小之境界。《庄子·秋水》篇中海神若走出了自我的小境界的藩篱，成就了一种大的境界，体现出一种蕴蓄博大而不自满的精神，这正是敢于正视自我缺陷的智者身上闪烁的充满思辨色彩的哲理闪光。

二、幻与真之辩

庄子散文中有大量精彩的寓言故事,这些寓言常常带有"现编现演"的倾向,而这种编演方式所表现出来的"幻"看似漫无边际,实则常有意蕴在。这意蕴就是庄子之"真"。庄子以逍遥游这种远离社会现实的虚幻之游,倾注了自己对现实社会的愤懑和不满,这种寓真于幻的手法,是庄子精神世界的真切象征。课文《无端崖之辞》这一部分,庄子极尽荒诞之能事,在怪诞之语中申明了自己的态度,表明了自己的心迹。庄子过惠子之墓,感慨良多,看似荒诞绝伦,语焉不详,实则有所寄托,于他人故事的"编演"里,表现了自己知己难求的隐忧。"借贷"一节,庄子借鲋鱼之口言事,以虚喻实,对监河侯的为富不仁的行径予以有力的还击。"惠子相梁"一节,庄子巧借鹓鶵与鸱的故事,表明了自己对功名利禄的明确态度。读着这样一些虚幻怪诞、扑朔迷离的鲜活故事,我们不禁会静心思考,品味其中的韵味,从中得到教益,并使我们由此透视出庄子保持人格独立的"清洁精神"。而这种弥足珍贵的精神是经过我们由幻到真的品味得出的,这就是幻与真的辩证法。

三、生与死之辩

"生与死之辩"主要集中于课文《恶乎往而不可》一节中。庄子虚拟了子祀、子舆、子犁、子来等四个人物,借此阐述了自己的生死观,有辩证思考的内蕴。首先,庄子以比喻的手法,把"无""生""死"分别当作人的头、脊、尻,实际上就把"死、生、存、亡"当作一个整体,而"生"与"死"正是其中最基本的部分。其次,讲述了对待生与死的态度:得乎时而生,顺乎理而死,一切均安然处之,哀乐就不会进入内心了;哀乐不能影响你的内心,就是解脱了倒悬之苦。("且夫得者,时也;失者,顺也。安时而处顺,哀乐不能入也。此古之所谓县解也。")这是人生的一种大智慧,表现了庄子对生命要有强度和韧性的深刻理悟。再次,假借子来之口得出观点:"故善吾生者,乃所以善吾死也。"就是说,善待我的生,就是善待我的死的原因。这里面包含着生与死的辩证思考,而目的在于化解世人在生死之间的偏执,巧妙回答了人们在人生陷入绝境后应该保持的态度——"安之若命",这是有德者的最高境界,也是庄子教给我们的"精神突围"的灵丹妙药。这一灵丹妙药浸透着生与死的睿智思考,点亮了庄子的思想,让古往今来的人叹为妙绝,成为我们民族的一大精神支柱,至今熠熠生辉。

庄子"无端崖之辞"折射出的睿智哲思与"清洁精神"
——解读《〈庄子〉选读·无端崖之辞》的思想内容

庄子其文,汪洋恣肆,仪态万方,于怪诞离奇、亦真亦幻的现编现演的寓言故事的铺叙中,折射出这位思想智者的人生哲思与他孤标于世的"清洁精神"。

庄子的"无端崖之辞"折射出他的睿智哲思。第一则,庄子经过惠子之墓,讲述极具夸张意味的故事,隐含着知音难求的人生隐忧,是对人生的一种哀叹和期许。这里,无疑也潜藏着对君王不识人才、英雄无用武之地的感慨。第二则,以列子为伯昏无人射箭为引子,阐明了人只有物我两忘、专心致志,才可能成功的道理。第三则,以南海、北海和中央之帝的奇妙故事,意在说明要顺其自然,无为而治,这才是真正地尊重客观规律。第四则,以任公子垂钓的故事,意在说明模仿别人是不行的,人生在世,应当有大志向、大抱负,才能达到目的,才能真正参与、投身到社会实践和国家管理中。以上几则,庄子都以现编的寓言故事在演绎人生的哲理,人生的微言大义俱蕴其中。

庄子的"无端崖之辞"也折射出庄子弥足珍贵的"清洁精神"。实际上,前几则在阐发人生哲理中也闪现出他的人生态度和"清洁精神"。列御寇射箭在昭示人生的哲理之同时,也隐含着庄子追求"无我"和"忘我"的精神品质;而任公子垂钓这一则,在彰显大境界的同时,无疑也体现了庄子率性而为、追求自然的高尚品质。可以说最后三则,突出表现了庄子的清洁精神。第五则借助曹商与庄子的对白,以庄子独有的绝妙辛辣的讽刺手法,嘲讽现实生活中那些以卑下的行为博得统治者欢心,而获得功名利禄的势利小人,具体而真切地彰显了庄子洁身自好、蔑视名利的"清洁精神"。第六则,庄子借贷的故事,讽刺了那些说大话、讲空话,不解决实际问题的人的惯用伎俩,是对为富不仁者的尖刻讥讽,在讥讽中,庄子的"清洁精神"得以充分展现。最后一则,庄子回应惠子的话,一方面表现了狭隘、贪婪、自私的人往往以小人之心度君子之腹,在鲜明对比中,淋漓尽致地表现出庄子蔑视权力、看淡名利的"清洁精神"。

　　庄子的"无端崖之辞",看似荒诞、虚幻、散漫,实则真实、真切、集中,蕴含着庄子对人生的哲理之思,也闪烁着他不与统治者合作的"清洁精神"的光辉。读之,品之,我们常常会自觉地受到一场哲理的洗礼。这就是庄子的人生智慧和道德境界的高妙之处吧!

刘备的"仁君"范儿

《三国演义》中的刘备是一位仁义而贤明的君主。我们静心品读小说中有关刘备的描写，不难发现小说在塑造刘备这一形象时，紧扣"仁"这一核心，从以下三个方面做了生动具体的描绘。

为人以仁。为人以仁是刘备为人处事的原则，也是他身上高贵品质的真切写照。小说以"宴桃园豪杰三结义"开篇，为我们浓墨重彩地展现了刘、关、张三兄弟桃园结义的精彩场面。桃园结义时三人发出的"上报国家，下安黎庶""背义忘恩，天人共戮"等誓言，将"仁义"的大旗坚定地竖立起来，并让此大旗在以后的岁月里高高飘扬。如此描写，也为刻画刘备"仁君"形象作了很好的铺垫。

刘备时时处处都在用自己的言行践行着"仁义"。在第十一回"刘皇叔北海救孔融"中，徐州陶谦请求刘备领州事，刘备以"汝等欲陷我于不义耶？"这样的反诘坚决拒绝。虽然"陶谦推让再三"，"玄德只是不受"。最终，在陶谦和众人的苦劝下，刘备才留驻沛县。类似这样的情节还有不少。比如：礼让吕布，不与其争权；荆州刘表请刘备来托孤，刘备"泣拜"，以"备当竭力以辅贤侄，安敢有他意乎"来回绝。

礼贤以仁。刘备非常重视礼贤下士。大家耳熟能详的"三顾茅庐"的故事集中表现了刘备礼贤下士的可贵品质。刘备求贤若渴。他不仅对诸葛亮极尽礼遇之能事，而且对遇到的崔州平、诸葛均、黄承彦等贤人无不是礼遇有加。

刘备对所有的贤士极尽礼仪之仁。对谋士徐庶、庞统以仁义招致自己麾下。即使徐庶迫于无奈离自己而去，刘备也没有一点怨言。当旧日故朋伊籍推荐荆襄名士马良时，刘备"遂命请之"，请来后，"优礼相待"，马良也为他献上了保守荆、襄的良策。

可以说，善待黄权家人把刘备礼贤以仁的品质写到了极致。当近臣奏称"黄权引江北之兵，降魏去了。陛下可将彼家属送有司问罪"时，先主曰："黄权被吴兵隔断在江北岸，欲归无路，不得已降魏；是朕负权，非权负朕也。何必罪其家属？"仍给禄米以养之。小说以如此真切动人的场景对话描写了一位体恤臣下的"仁君"形象。

爱民以仁。"仁君"刘备的"仁"最突出的表现就是爱护百姓。因为刘备一心为民，无论是在沛县还是新野，老百姓都对这位"仁君"十分拥戴。"弃樊城""携民渡江"一节，写百姓"即日号泣而行。扶老携幼，将男带女，滚滚渡河，两岸哭声不绝。玄德于船上望见，大恸曰：'为吾一人而使百姓遭此大难，吾何生在哉！'欲投江而死，左右急救止。闻者莫不痛哭。船到南岸，回顾百姓，有未渡者。往南而哭。玄德急令云长催船渡之，方才上马"。这里，小说为我们绘声绘色地描写了刘备爱民的典型化的言行，特别着力描绘了刘备"欲投江而死"这一近乎夸张的细节，使一位亲民、爱民的可亲可敬的"仁君"形象跃然纸上，感天动地，动人心魄。

"仁君"刘备还有一个更可贵的品质，那就是有强烈的反省意识。他勇于承担自己的过错，认为自己讨伐东吴"自取其败"的原因是"不纳丞相之言"，彰显了这位"仁君"弥足珍贵的精神境界和伟大人格。

美丽、纯真、脆弱的奥菲莉娅

《哈姆雷特》中的奥菲莉娅有着鲜明的个性，她美丽、纯真、脆弱，是中世纪丹麦宫廷少女的典型形象。

她美丽动人。莎士比亚笔下的女性大多都天生丽质，有着"绝色的仙姿"，作为御前大臣波洛涅斯女儿的奥菲莉娅就是这样。不过，戏剧对她的美貌是借助他人的描述来间接表现的。国王说她是"美丽的奥菲莉娅"。哈姆雷特给她写情书时赞叹她是"那天仙化人的，我的灵魂的偶像，最艳丽的奥菲莉娅"，连"发疯"时也称她为"迷人的东西"。王后希望奥菲莉娅的美貌能够治愈儿子哈姆雷特的疯病，就情不自禁感叹道："奥菲莉娅，但愿你的美貌果然是哈姆雷特疯狂的原因；更愿你的美貌能够帮助他恢复原状，使你们两人都能安享尊荣。"在她死后，她的哥哥雷欧提斯哀悼说："把她放下泥土里去，愿她的娇美无瑕的肉体上，生出芬芳馥郁的紫罗兰！"这诗一般的语言中也蕴含着对奥菲莉娅美貌的赞美之情。

她纯真善良。奥菲莉娅不仅天生丽质，而且感情纯真，心地善良。在那个时代，她的这种性格就注定了她的悲剧结局。奥菲莉娅天真地认为，哈姆雷特狂怒地咒骂她只是"疯病"发作，因而痛心惋惜。而哈姆雷特全然没有料到他自己发泄狂怒和失望，竟叫这可怜的少女感到那样绝望和悲痛。奥菲莉娅的父亲被恋人哈姆雷特所杀，她承受不了而发疯，正如她哥哥所说："啊，五月的玫瑰！亲爱的女郎，好妹妹，奥菲莉娅！天啊！一个少女的理智，也会像一个老人的生命一样受不起打击吗？人类的天性由于爱情而格外敏感，因为是敏感的，所以会把自己最珍贵的部分舍弃给所爱的事物。"最终，天真善良的奥菲莉娅，因爱情而耀眼，因爱情而陨落。

她脆弱保守。奥菲莉娅是一名中世纪丹麦宫廷中的美丽少女，她身上有着欧洲封建社会带给女性的巨大影响。奥菲莉娅坚守欧洲封建道德，保守而软弱。她以家庭、父兄为中心，不会主动追求本可以得到的幸福。奥菲莉娅虽然爱慕哈姆雷特，相信他合乎一套理想的标准，但是在父亲波洛涅斯和兄长雷欧提斯卑劣的怀疑和诽谤下，遵从他们的意愿，不与哈姆雷特接近，却又在"适当"的时候出现，成为刺探王子的工具。奥菲莉娅所受的宗法家庭的教养和管束决定了她的绝对驯服和无知。她的哥哥这样教训她："留心，奥菲莉娅，留心，我的亲爱的妹妹，不要放纵你的爱情，不要让欲望的利箭把你射中。一个自爱的女郎，若是向月亮显露她的美貌，就算是极端放荡了。"她自己的青春、激情和爱就这样被无情地压制着，她却默默承受，毫无知觉。在父亲对自己的恋人哈姆雷特作这样的诽谤——"奥菲莉娅，不要相信他的盟誓。它们不过是花言巧语，内心的颜色和服装完全不一样，只晓得诱人干一些龌龊的勾当，正像道貌岸然大放厥词的鸨母，只求达到骗人的目的"时，她只是以"一定听从您的话，父亲"这样的话作答，唯父是从，不敢反抗。脆弱和保守统一在她的身上：因为保守，所以脆弱；有了脆弱，就会保守。

　　从美丽、纯真、脆弱的奥菲莉娅的身上，我们清楚地看到了欧洲中世纪上层社会青年女性的鲜活、具体的典型形象。借助这一形象，莎士比亚为我们揭露了 16 至 17 世纪之交英国的社会现实，即宫廷挥霍浪费，社会动乱不堪，阶级矛盾日益尖锐。这些也是《哈姆雷特》这出悲剧"毁灭给人看"的"人生有意义的东西"。

以《涉江采芙蓉》为例谈谈古诗之美

我国现代诗人、文学评论家何其芳曾说:"诗是一种最集中地反映社会生活的文学样式,它饱含着丰富的想象和感情,常常以直接抒情的方式来表现,而且在精炼与和谐的程度上,特别是在节奏的鲜明上,它的语言有别于散文的语言。"这段话准确地概括了诗歌的几个基本特点。作为诗歌典型代表的中国古代诗歌,充分体现了诗歌的这些基本的艺术特征。古代诗歌饱含着诗人的思想感情与丰富的想象,语言形象凝练,节奏鲜明,音韵和谐,句式整齐,富于音乐美,其音乐之美、抒情之美、含蓄之美、形象之美、想象之美等艺术特点最为人称道。本文就以《涉江采芙蓉》为例品味一下古代诗歌的这些显著的艺术之美。

音乐之美。古代诗歌与音乐有着千丝万缕的联系。众所周知,中国诗歌是伴随着音乐与舞蹈而产生的。中国古代不合乐的称为诗,合乐的称为歌。可以说,"诗歌"中的"诗"随着诗歌的发展已经逐渐不带有明显的音乐痕迹,而"诗歌"中的"歌"却在岁月的洗礼中仍然熠熠生辉,光彩照人。《涉江采芙蓉》这首诗选自《古诗十九首》,属于汉乐府,带有很明显的音乐性。这从这首诗押韵可清楚地看出来。全诗偶句押韵,韵脚分别是"草""道""浩""老",音韵和谐。这些韵脚,都是仄声,仄得蛮有情味。这也是古体诗押韵的特点了。从节奏看,这首诗的节奏很有特色。对一般五言诗节奏而言,每一句中间的节奏点(也叫音步)分别在第二个字、第四个字上,而这首诗却不是这样。全诗每一句的节奏点基本都在第二个字、第三个字上面,比如:"涉江/采/芙蓉""采之/欲/遗谁""长路/漫/浩浩""同心/而/离居"等等。这样的节奏不仅使诗歌韵律更和谐,而且使诗歌语言结构更加整饬优美,读来尤其朗朗上口,强化了诗歌的音乐之美。

抒情之美。诗歌是一种抒情言志的文学体裁。《毛诗·大序》中说:"诗者,志之所之也,在心为志,发言为诗。"南宋严羽《沧浪诗话》又云:"诗者,吟咏性情也。"简单地说,诗歌就是诗人抒发感情的喷发物。古诗这一"最集中地反映社会生活的文学样式,它饱含着丰富的想象和感情,常常以直接抒情的方式来表现"

和抒发作者强烈而丰富的感情。这首诗应当写于汉献帝建安之前的几十年间。两汉时期，千千万万的学子离乡游学求宦。但大多无处施展才华，这些游学的士子在宦途无望、朋友道绝的孤单失意中，自然会苦苦地怀念故乡和亲人。如果我们认为这首诗的抒情主人公是这样一位游子的话，那么这首诗就抒发了游子思念妻子的炽烈感情。开头叙写采莲，叙写妻子高雅的情怀。三、四句自问自答，道出所思之人。五、六句以动作性画面，抒写了他孤独、痛苦、忧伤的感情。诗的最后两句是诗歌抒情的总爆发，将主人公内心的苦楚、忧伤倾泻而出，启人深思。

含蓄之美。诗贵含蓄，切忌直说。与小说、散文和戏剧等其他文学体裁相比，诗歌篇幅短小，语言凝练，表达感情时跳跃性大，可以穿越时空，写得含蓄蕴藉，耐人寻味，古诗更是这样。这首诗虽然语言朴素自然，叙述明明白白，但韵味十足，含蓄深沉。诗歌开头四句叙述平缓，而五、六句写了抒情主人公的动作，意味深长：暗含有故乡在哪，所思在哪的意思。尤其最后两句并没有顺着前面写下去，而是从眼前写及此后的天涯，有"此恨绵绵无绝期"的味道，有"言有尽而意无穷"的艺术效果。

诗无达诂。关于这首诗的抒情主人公是女子还是男子，有两种不同的看法。我们仔细分析，也不无道理。朱光潜先生认为如果"'还顾'者就是'涉江'者"的话，"照这样看，便是男子在说话，是他在'还顾望旧乡'，想念他心爱的女子，'涉江采芙蓉'的是他，'忧伤'的也只是他"。如果"'还顾'者就是'所思'者的话"，"照这样看，说话的人是留在'旧乡'的女子，是她在'涉江采芙蓉'，心想自己在采芳草寄给'所思'的男子"。

这里，我们用现代新诗的形式，分别从男女抒情主人公的视角，改写、演绎一下这首诗，就很能有力地证明这两种说法都是成立的观点，而这也不难看出这首诗含蓄深挚的艺术特点。

（男子）踏过江水去采莲花，
沼泽边还有那么多的香草。
采了花要送给谁呢？
爱妻她人在远道。
回想起故乡的她，
只觉路途茫茫又迢迢！
飘流异乡两地相思，

怀念心上人我忧伤到老。

（女子）涉过江水去采莲花啊，
沼泽边还有那么多的香草。
采来花儿送给谁啊？
我所思念的人儿在远道！
那人回头望故乡啊，
旅途漫漫路迢迢！
我们彼此感情深厚却分离了，
即使忧伤愁苦也要相守到老！

　　形象之美。这首诗具有形象性的突出特点。诗歌开头为我们展现了以芙蓉（莲花）为核心意象的景物形象，描绘了江南水乡夏秋时节日暖花香、荷花盛开的美好景象。涉足江边，鲜艳的荷花，沼泽地里鲜润的花草，伴随左右，徜徉其中，快乐、孤独、忧愁潜滋暗长。诗歌描绘了抒情主人公在江中泽畔采集了鲜艳的荷花，又摘取了芬芳的兰草的典型动作，在芙蓉、芳草、长路等景物形象的描绘中，一位高洁、孤独、痛苦、忧伤的游子的美好形象就呼之欲出了，营造出了诗歌高洁、清幽的意境。当然，诗歌的形象性不仅指诗歌所描写的意象和为我们创设的意境，还应该指诗歌语言具有的生动形象性的特点。这首诗语言质朴自然，却为读者生动展现出了江南水乡采莲的美好画面。事实上，生动形象的语言常常是不需要多少文采的，那些刻意雕琢诗句的诗歌，往往是没有多少形象性可言的。总之，这首诗以形象化的语言，为我们描绘美丽而鲜活、富有地域和季节特色的景物形象，充分展现出抒情主人的美好形象。

　　想象之美。想象是诗歌的翅膀。离开了想象，诗歌就缺少了生命和灵魂，也就没有其摄人心魄、感人肺腑的艺术魅力。这首诗的抒情主人公不管是男子还是女子，都有想象的特点。假如作品的抒情主人公是出游求仕的男子，那么开头部分就是这位丈夫在外地想象自己的妻子采摘了象征美好的芙蓉，却难以赠送给心上人，因为她的丈夫远在天涯。紧接着，在联想、想象的基础上，诗歌以"还顾望旧乡，长路漫浩浩"这两句具体描写这位游子还望旧乡的实景，从而情不自禁地发出"长路漫浩浩"欲归不得的感慨和叹息。这种从对面猜度彼意的表现手法，造成了"诗从对面飞来"的绝妙虚境，是诗歌想象手法的独特而新颖的一种表达方式，让人耳目为之一新。

艺术手法之美。《涉江采芙蓉》这首诗具有的想象之美，就是运用了想象、联想的艺术手法所营造出来的意境之美，与此相关，我们也可以说诗人采用的是虚实结合、对面落笔等艺术手法，这些艺术手法都与诗歌想象之美是一脉相承的。除此之外，诗歌还运用了设问、借景抒情、乐景写哀、双关、卒章显志等多种艺术手法。"采之欲遗谁？所思在远道"这两句，一问一答，采用设问的手法，引人深思，写出主人公的寂寞和忧伤。全篇描写景物，就是借景抒情，有以乐景写哀的特点。诗中的"芙蓉"谐音双关，暗指"夫容"，意蕴丰厚。而诗歌采用叙述的方法，就是"赋"的手法，具有"敷陈其事而直言之也"的艺术技巧。结尾在微嘘短叹之后总结，痛快淋漓地表达出作者沉痛深挚的忧伤之情。这种收束技巧，也是中国传统诗歌的结尾方式，有浓郁鲜明的民族特色，很值得我们分析理解，细心感悟。

当然，诗歌的艺术之美总是与诗歌自身的特点密切相关、水乳交融。细心的读者完全可以抓住古代诗歌的这些显著特点，静心品味出蕴含其中的多种艺术之美的！

苏轼《定风波·莫听穿林打叶声》艺术手法多维解读

摘　要　苏轼的《定风波·莫听穿林打叶声》这首词可谓脍炙人口。细心品读一代豪放派大词人留下的这一绝世佳作，人们常常对词人匠心独运的高超的艺术手法赞叹不已。反复研读这首词，会发觉这首词中不仅有比喻、双关和象征的艺术手法，更潜在着对比、反问、虚实结合、想象、联想、以小见大、情景结合和用典等多种艺术手法。这就是经典作品永远咀嚼不尽的艺术魅力。

关键词　苏轼《定风波》；艺术手法；多维解读

　　苏轼的《定风波·莫听穿林打叶声》这首词可谓脍炙人口。之所以如此，很大程度上在于词人以明白晓畅的语言、自然清晰的叙事与写景、叙议结合的方式，为我们读者创造了一个独特优美、深邃新颖的意境。细心品读一代豪放派大词人为我们留下的这一绝世佳作，我们常常会对词人匠心独运的高超的艺术手法赞叹不已。反复研读这首词，我们会发觉这首词中潜在的多种艺术手法。

　　比喻、双关和象征是这首词最显著的艺术手法。作者表面上写自然界的风雨，实际上在写人生的风雨、政治风雨。这就是双关的艺术手法。这里，词人将自然风雨和人生风雨相类比，"晴"喻人生顺境，"雨"喻人生逆境。这又是隐喻的修辞手法。而在"竹杖芒鞋轻胜马"一句中，以"竹杖芒鞋"隐喻闲居生活，以"马"隐喻官场生活，这何尝又不是一种比喻？同时，不管"一蓑烟雨"也好，还是"也无风雨也无晴"也好，这本身就很有象征的意味。从表达情感的角度说，比喻、双关和象征在全词中，可以说是三位一体的，都以含蓄生动的语言在传情达意，倾吐作家豁达乐观的心声。

　　乍看除了以上几种明显的艺术手法外，这首词似乎没有什么艺术手法了。其实不然，我们如果静心玩味文本，悉心探究，也会有好多意外的发现与收获。下面我不揣冒昧，紧扣文本，进行一下探究。

对比。"竹杖芒鞋"与"马"在比喻的同时,就是一种对比——词人将"竹杖芒鞋"与"马"相比,实际就是两种生活的鲜明比照,借助这种比照,词人的轻松心情、达观态度一下子生动而真切地表现了出来。

反问。上阕"谁怕?一蓑烟雨任平生"这两句中的"谁怕?"分明就是一种反问,意思是没有人"怕",字里行间意在强调自己不害怕、不畏惧的人生态度。这一倒装反问,铿锵而问,答案蕴含其中,感情饱满,尽显作者的豁达情怀。

虚实结合。整首词在叙写一次遇雨的经过,因此,词人为我们展现的无论是"穿林打叶"之声、"吟啸""徐行"之状、"竹杖芒鞋"之行头,还是"料峭春风吹酒醒"、"山头斜照却相迎",都是活生生的景物描写和词人的感受所得。这都可以说是实景。全词基本上以写实景为主。不过,虚写的景物也自然地浸透在实景之中。"一蓑烟雨""也无风雨也无晴"显然是作者的畅想,是作者情感的宣泄,这情感的宣泄很明显就是虚写。

想象、联想。虚实结合中的"虚写"究其实就是想象和联想。"蓑衣"是想象,也有虚写的成分,词人是不是看到了农夫雨中的景象,而油然而生这样的情怀呢?未必如是。"也无风雨也无晴"既是对刚刚遇雨的感受的实写,又是对自己平生经历过的宦海风波反思的虚写,反思的结果是归去,作者的心意在这里就表露无遗了。

以小见大。如果说全词以一次遇雨的经过为叙事、抒情的线索的话,我们完全可以说,上阕写的是"雨中情志",下阕则是写"雨后哲思"。词作以小见大,即雨抒怀,以生活小事揭示出人生大哲理、大智慧。

情景结合。全词总的来说就是描写自己道中遇雨的情景。上阕写雨中自己的所见、所闻以及动作行为,有穿林打叶的声音,有吟啸的情状,有竹杖芒鞋的装束与动作;而"谁怕?一蓑烟雨任平生"在写景中抒发了自己真挚感情。下阕将自己的感情融化在景物的描写当中,起头句"料峭春风吹酒醒"基本是在写景,当然已经饱含着感情;而"微冷"就很有感情的味道,"山头斜阳却相迎"可以说是纯粹的景物描写。结尾两句"归去,也无风雨也无晴",很明显是卒章显志似的抒情。整首词,借景抒情,融情于景。

运用典故。细心的读者读了全词后,不难发现,词中多处在化用别人的句子,在言说自己的情感。不是吗?开头"何妨吟啸且徐行"这一句,分明是屈原"行吟泽畔"的翻版。不过,词人在传达自己的苦闷之时,更多地浸透了他乐观、豪爽的性情。而上阕的"一蓑烟雨任平生"又似乎是在暗用唐代诗人张志和《渔歌子》中的诗："青箬笠，绿蓑衣，斜风细雨不须归。"这是隐者的风度，传达的自然就是隐逸的情怀。同时，这里已经为下阕的"归"张本。特别是词的结尾"归去"，与陶渊明的"归去来兮"更有一脉相承的味道，只是词人之"归"不是归于田园，而是回归心灵，回归自由，回归豁达与乐观，这种回归是一种恬淡自守的乐观态度的真切表白。由此看来，全词这种浑然天成的用典为诗歌平添了无穷的艺术魅力。

经典作品有永远咀嚼不尽的艺术魅力。静心品读苏轼的这首《定风波》，我们会对这一论断有更深的理悟和体会。

一个美丽而鲜活的形象
——也谈曹禺话剧《北京人》中女主人公愫方的形象

看过话剧《北京人》之后，人们普遍认为剧中的女主人公愫方是一个很善良的女性形象，在她至善的性格中，有忍辱负重、委曲求全柔弱的一面。然而，细心品读文本，善于思考的读者不难发现：在她至善、柔弱的性格里，包藏的是一颗美丽的灵魂，正因为如此，她的形象才真实、鲜明、熠熠生辉。如果我们悉心玩味剧本有关她的文字，我们看到的就是一个美丽而鲜活的富有那个时代的气息的年轻女性形象。

剧中愫方的形象是美丽的。愫方出场的戏剧舞台说明是这样描述她的："见过她的人第一个印象便是她的'哀静'。苍白的脸上恍若一片明静的秋水，里面莹然可见清深藻丽的河床，她的心灵是深深埋着丰富的宝藏的。"可见她是美的，从外到内是美的，这是一种"哀静"的美，忧郁的美。而她的至善，就是那"深深埋着丰富的宝藏"，恰好生动地诠释了她的至美。第三幕第一景中，当她心爱的表哥曾文清离家出走时，她打算替他守住曾家的摊子，体现了她的善良本心，这超出他妻子应承担的责任与义务。她说出了自己发自内心的话："他走了，他的父亲我可以替他伺候，他的孩子，我可以替他照料，他爱的字画我管，他爱的鸽子我喂。连他所不喜欢的人我都觉得该体贴，该喜欢，该爱，为着……""连他所不喜欢的人我都觉得该体贴"这一句太让人感动了！这是人性的一种自然的美，是她美丽人格闪烁的耀眼的光芒。这种美融于女人特有的温柔和伟大，这种美融于女人特有的韧性与执着。而我们剔除掉世俗的软弱、苟安的因素之后，我们感受到的何尝不是一种女性特有的坚韧、宽容与伟大，一种巾帼不让须眉的气度？这正是愫方形象美丽之所在。

剧中愫方的形象也是鲜活的。愫方是曾家的亲戚，在曾家她过着寄人篱下的生活，实际上是一个高级的奴仆。这种特殊的身份和地位，注定了她生命之火的暗淡、爱情之花的凋零。然而，即使如此，她没有完全丧失对生活的勇气，她说过:"我们活着就是这么一大段又凄凉又甜蜜的日子啊!叫你想想忍不住要哭,想想又忍不住要笑啊!"这发自肺腑的语言是她30年人生经历的感悟和收获,也是她对人生的透彻明白的理会。凭着这些,她活着,忧郁着,悲叹着,快乐着,坚强地走了下去,虽则艰辛,可她始终向前走着。这也何尝不是那个时代许多有志青年所走的路呢?透过这些,我们仿佛看到了一个20世纪30年代有个性、有追求的女性的生动鲜明的形象。同时,愫方的形象又是真切而又独特的。话剧最后愫方被大奶奶逼迫得无法在曾家待下去,曾文清的堕落、懦弱让她彻底失望了。这时,她在忧郁苦闷之后,最终选择了走出这个如"牢"的曾家。剧本细致入微地为我们展示了她艰难的选择和背叛,淋漓尽致地为我们刻画了她微妙的心理变化,真实而生动地展示了愫方出走的感人细节,使读者看到了一个女人的刚强和坚韧。她和瑞贞的默契,使两人最终走到了一块。之所以如此,是因为她们两个人身上都有着四五十万年前"北京人"的"敢爱敢恨,追求自由"的性格特点,而这正是新"北京人"的性格特征,是与曾文清之流浑浑噩噩生活的时代的"北京人"相对立的。这是那个时代许许多多青年义无反顾的选择和追求,也是那个时代的主旋律。从这个角度出发,愫方就是一个典型,一个与瑞贞相映衬的能够适应社会、顽强生活的鲜活的新"北京人"的典型。她的这一形象丰满、真实、生动、鲜明,她的这一鲜活形象点亮了剧本的主旨,深化了作品的思想意义。

  总之,曹禺话剧《北京人》中愫方的形象是美丽、鲜活的。愫方不是一个仅仅十分善良,一味柔弱、安忍的小女子,而是一个既宽容忍让、胸怀宽广的美丽女性,又是一个正视现实,能够与时俱进的新青年。她唤起我们对我们祖先"北京人"的遥念,她引发我们对文本的无尽思索,她使我们不得不对曹老的这一优秀作品发出由衷的赞叹。

"之乎者也"品《师说》

摘　要　"之乎者也"可以说是文言文的代名词。说起文言文，我们首先就会想到文言虚词"之乎者也"。品味韩愈《师说》中的这四个典型的文言虚词，读者定会清楚明白地梳理出"之乎者也"的基本用法，进而更直观、更真切地感受出经典文言作品的艺术魅力之所在。

关键词　韩愈《师说》；"之乎者也"；品味文言文

说起文言文，我们常常就想起"之乎者也"这些虚词，可以说，"之乎者也"就是文言文的代名词。《师说》是唐代大作家韩愈散文的代表之作。品读《师说》一文的"之乎者也"，我们对"之乎者也"这四个常见文言虚词进行简要的梳理，就会很直观、很真切地感受到文言文语言的独特魅力。

先找找文中的文言虚词"之"。《师说》中的文言虚词"之"可以说俯拾皆是。"之"这个虚词有代词和助词两个基本的用法，《师说》全文对这都有所体现。作代词一般作第三人称代词，翻译为"他""它"，比如"吾从而师之""问之，则曰""作师说以贻之""择师而教之""授之书而习其句读者""六艺经传皆通习之"，这些句子中的"之"都可以解释为"他""他们""它们"。也作"这""这些"讲，比如"人非生而知之者""巫医乐师百工之人""士大夫之族""郯子之徒"，这些句子中的"之"都可以解释为"这""这些"。至于作助词就比较复杂一些。主要有这三种情况：一是结构助词"的"，像"古之学者必有师""古之圣人""今之众人""彼童子之师"等句；二是主谓之间，取消句子独立性，像"道之所存，师之所存也""师道之不传也久矣""欲人之无惑也难矣""圣人之所以为圣，愚人之所以为愚""师道之不复可知矣"等句；三是宾语前置的标志，像"句读之不知""惑之不解"等句。实际上"之"这个文言虚词，除了代词和助词外，我们都知道，"之"还可以作动词用，如《史记·陈涉世家》中的"辍耕之陇上"这一句中的"之"就是动词"到，往"的意思。

《师说》中文言虚词"乎"也几乎涵盖了该词的一般用法。"乎"在全篇中有介词、叹词和助词这三种词性。开头"生乎吾前,其闻道也固先乎吾"和"生乎吾后,其闻道也亦先乎吾"这两个句子中的"乎"就是介词,不过前后意义有差别,前一个意思是"在",后一个意思是"比"。"嗟乎"中的"乎",与"嗟"相连,表示感叹。剩下的"其皆出于此乎""夫庸知其年之先后生于吾乎"这两个句子中的"乎",是句末语气助词,一般根据句子的语气,解释为"吧""呢""吗"。当然,"乎"这个虚词还可以出现在句子的中间,如"浩浩乎如凭虚御风"中的"乎"就是用在句子的中间,可以解释为"啊"。

文言虚词"者"在文章中的运用也很突出。首先,"者"这个虚词最常见的是表示判断。比如文中"师者,所以传道受业解惑也"和"非吾所谓传其道解其惑者也"这两个句子,就是用"者"和"也"做标志的判断句,不过前一个句子,"者"和"也"分开,后一个句子"者"和"也"连在一起,但它们都是判断句的基本标志。其次,"者"这个虚词可以作助词(有的语法书认为是代词),解释为"……的人""……的事情""……的东西"等,如"古之学者必有师"中的"者"就是"……的人"的意思。而"人非生而知之者,孰能无惑"中的"者",是助词,只是表示停顿罢了。显而易见,"者"的用法在古代汉语中还是比较灵活和复杂的,而《师说》中的"者"已经涉及了"者"一般的最基本的用法了。

本文文言虚词"也"的用法也很能体现虚词"也"的一般特点和用法。我们先看一下"者"和"也"连用表示判断的情况。这种情况有这么两个句子:"师者,所以传道受业解惑也""非吾所谓传其道解其惑者也"。这里的"也"是语气助词,只是表示判断。而"也"作为语气助词,还可以表达多种语气。主要有两种:一是表示句中停顿。比如:"其为惑也,终不解矣""生乎吾前,其闻道也固先乎吾""生乎吾后,其闻道也亦先乎吾,吾从而师之""师道之不传也久矣""欲人之无惑也难矣""古之圣人,其出人也远矣""今之众人,其下圣人也亦远矣""于其身也,则耻师焉"等句。不过仔细品味我们可以发现,这些句子还是有点区别的,就是它们停顿的长短是有差别的,停顿大一点的用逗号隔开了。二是句末停顿。比如:"道之所存,师之所存也""吾未见其明也""彼与彼年相若也,道相似也""其可怪也欤"等句子。这些句子,因为句末语气的不同,"也"相应的意思也就有了差别,肯定句可以不翻译,感叹句、祈使句可以翻译成"吧""啊",反问句必须翻译成"吗",像"其可怪也欤"这一句可以解释为"这真值得奇怪吗?"或者"(这)

难道值得奇怪吗？"，实际上句中"也欤"就是"吗"的意思。《师说》一文中的"也"基本涵盖了"也"的基本意义。

　　《师说》是脍炙人口的佳作，这众所周知，毋庸置疑。我们仅仅从文中的这四个文言虚词运用分析就可以得出这样的结论。静心品读《师说》中的"之乎者也"，可能你会对这个结论有更直观、更真切的体会和感悟。有时想，《师说》之所以脍炙人口，原因之一就是因为大文豪韩愈熟练、准确、巧妙地运用了文言文的这四个蛮有文气的文言虚词。四个文言虚词无疑为文章平添了文气，这也是《师说》这一文学经典的无穷魅力之所在吧。

韩愈《师说》对比艺术手法探微

摘　要　运用对比论证是韩愈《师说》突出的论证方法，也是这篇文章论证上的一个显著特点。细心品味《师说》原作，读者会发现：文章不仅以对比论证贯穿全篇，论证方式精彩纷呈，而且对比使全文条理分明，论证缜密深刻。这也就是韩愈《师说》论述的独特魅力之所在。

关键词　韩愈《师说》；对比手法；深入探究

对比论证是议论类文章常用的论证方法。韩愈的《师说》是一篇采用对比论证的典范的议论佳作，采用对比论证是文章论证的一大特色。细心玩味文本，我们会更深刻地体会到《师说》一文独特而新颖的对比论证的艺术特色。本文我们紧扣文本，来共同探讨一下对比这一艺术的特色。

一、对比贯穿全篇，论证精彩纷呈

开头一段起笔就有对比的意味："古之学者必有师。师者，所以传道受业解惑也。"以"古之学者必有师"开头，开门见山地提出中心论点，就有古今对比的意思，这种古今对比笼罩全篇。接下来品味"生乎吾前，其闻道也固先乎吾，吾从而师之；生乎吾后，其闻道也亦先乎吾，吾从而师之，吾师道也……"这些句子，作者将"生乎吾前"与"生乎吾后"对比，从而得出一个结论——"吾从而师之"，这样阐述问题的方法和角度显然就有对比论证的特色。

文章第二段在前文古今对比的基础上，集中进行对比论证，分别从古之圣人与今之众人、己不从师与为子求师、士大夫与巫医乐师百工之人这三个大的方面论证，这一段对比论证的特色十分显著。

第三段总体说采用了事例论证，不过透过这种事例论证，我们也看到了对比论证的特点。孔子与郯子之徒其贤高下有别，但孔子以其为师，无疑是一种对比论证的方法，如此对比，阐述了"圣人无常师"的道理，实则也在论证从师的重要性。

第四段表面说明"说"之缘由，实质上也有正反对比的意味。李氏子蟠虚心好学与当今世俗不屑学于师，这两者不正是一种潜在的对比吗？这其中饱含了作者弘扬从师之风尚的主旨，这里很显然在回应开头。

纵观全篇，对比贯穿全篇，对比有直接明用，也有间接暗用，对比的形式同中有异，对比的形式可谓丰富多彩。开头以对比意味提出中心论点。第二段以列举多个对比的枚举式对比，逐层深入地阐述观点。第三段以正反事例对比的形式来阐明观点。最后一段，以现实中两种不同表现对比，旨在解决问题，体现作者"文以载道""文以明道"的思想。这些对比，从不同侧面、不同角度论述了作者的中心论点。

二、对比条理分明，论证缜密深刻

品读《师说》全篇，作者之所以如此条理分明地说理，很大程度上是因为作者把握了古今对比的这个大的脉络来编织全文，古与今在每一段都可以得到印证，正是这种"古今对比"，使得文章论证的层次十分清楚，结构也十分清晰严整。比如：第一段以古今对比的意味提出中心论点，有总领全篇的作用；第二段在古今对比的基础上，集中进行论证；第三段孔子与郯子之徒是从古代圣人拜不如自己贤能者为师，在对比中论证观点的；结尾一段用李氏子蟠"行古道"从师与世俗不从师进行对比，收束全文。整篇文章，就是在古今对比中条理分明地论证观点的。

不仅如此，对比论证也使文章说理更为缜密深刻。从全文大的结构层次看，对比很有逻辑层次。如二、三段，两个段落内部都用了对比的论证手法，同时，二、三两个段落也具有对比的意味，因为这两个段落从正反两个方面来阐明观点。而第四段在古今对比的基础上，着意从现实生活入手，以现实生活为视角，强化议论文解决现实问题的特点，体现出很强的逻辑性和层次性，彰显了全文大的条理、结构和层次。

对比缜密深刻，突出地体现在文章的第二个段落。《师说》中的第二段的对比缜密深刻的特点是十分显著的。我们可以从以下三个方面来分析：

一是结构很有层次。这一段体现了"总—分—总"的结构特点，可以分成三层：第一层（开头两句）提出师道长期失传的问题。第二层（"古之圣人"到"官盛则近谀"）分析这个问题产生的原因——社会上存在着"耻学于师"的坏风气。

这一层可分三个小层：总提（今之众人"耻学于师"）；分提之一（"小学而大遗"）；分提之二（士大夫之族讥笑从师而学者）。第三层（"呜呼"到结尾）归纳本段主旨。如此严密的论证结构，使得本段很像一篇短小精悍的议论短文。

二是内容上很有层次。三个对比既体现了由古到今、由主到次的特点，也体现了先纵比、再自比、最后横比的特点。这种层次是十分清晰的，内容上也是很有逻辑性的。

三是语气上也更有层次。第一组对比，结尾句是"其皆出于此乎"，以揣测、推断的语气写出，在祈使中表达一点点希望请求之意。第二组对比后，以"小学而大遗，吾未见其明也"收尾，语气肯定，比前面的语气明显强了许多。第三组对比，以"其可怪也欤"收束，在反问中语气更为强烈。三组对比，按照语气的强弱递增排列开来，语气一个比一个强烈，作者表达的感情也一个比一个强烈，这种语气上的强弱实际上也在体现着文章的逻辑层次。

谈谈博喻在朱自清写景抒情散文中的妙用

博喻就是使用多个比喻的修辞手法。朱自清的散文，特别是写景抒情散文，常常采用博喻的方法以增强语言表达的效果。这里仅以大家熟悉的朱自清的散文《荷塘月色》和《春》为例，品味这一修辞表达的巧妙之处，为大家阅读和写作提供有益的借鉴。

我们先用散文《春》开头的一个博喻来了解一下博喻的最基本的特点。请看：

  桃树、杏树、梨树，你不让我，我不让你，都开满了花赶趟儿。红的像火，粉的像霞，白的像雪。

从上面两个句子看，第二个句子就是博喻。作者承接上文，把"桃花"、"杏花"和"梨花"依次比作"火"、"霞"和"雪"，在这里有铺陈景物之特点，极力描写了春花争奇斗艳之美。这个句子正体现了博喻使用的最基本的要求是：由三个或三个以上比喻组合而成，一般是明喻或暗喻的形式，几个句子句式整饬，在形式上构成一组排比。

这只是博喻使用的一般情形。朱自清散文中的博喻更有着其精妙传神之处。下面我们来重点分析一下《荷塘月色》中的这个博喻：

  层层的叶子中间，零星地点缀着些白花，有袅娜地开着的，有羞涩地打着朵儿的；正如一粒粒的明珠，又如碧天里的星星，又如刚出浴的美人。

这里的三个比喻，作者分别以"明珠"、"星星"和"美人"三个富有特征性的事物从三个不同的方面突出荷花的晶莹剔透、闪烁明亮和不染纤尘的美。而从总的方面说，实际是把荷花之美从三个方面进行了具体的描绘，强化了荷花之美，并使这种美立体化，从而产生一种具体可感的形象来，与前面"零星地点缀着些白花，有袅娜地开着的，有羞涩地打着朵儿的"这三个方面的描写也相印证、相呼应。此处博喻不仅在形式上有多个比喻排列的特点，更多的是内容上的相互补充、相互融合。细心的读者读到这里，不得不赞叹这一比喻的高超和绝妙。

类似这样的博喻在写景散文《春》中也表现得更为突出。先看作者描写春雨的句子：

> 雨是最寻常的，一下就是三两天。可别恼。看，像牛毛，像花针，像细丝，密密地斜织着，人家屋顶上全笼着一层薄烟。

这一处博喻，作家紧紧抓住春雨"细"的特点，三个喻体"牛毛""花针""细丝"对"细"的这一共同的特征都有所体现，而三个喻体却同中有异，各有侧重："牛毛"体现了春雨细而多的特点，"花针"体现了春雨细而亮的特点，"细丝"体现了春雨细而连绵的特点。显然，作者的这一博喻与《荷塘月色》中的博喻有着异曲同工之妙。

最精彩的博喻体现在《春》结尾的三个段落。

> 春天像刚落地的娃娃，从头到脚都是新的，它生长着。
>
> 春天像小姑娘，花枝招展的，笑着，走着。
>
> 春天像健壮的青年，有铁一般的胳膊和腰脚，领着我们上前去。

与前面的博喻相同的是，作者分别以"刚落地的娃娃""小姑娘""健壮的青年"三个能表现春天勃勃生机的事物从"新""美""力"三方面对充满希望的春天进行了热情的礼赞。更让人称道的是，为了使文章收束有力，卒章显志，作者把博喻写成三个自然段的形式，每个段落的句式大体相同，于整齐中见错落，灵动自然，这足见作家的匠心独运。读着这样精妙绝伦的博喻，我们不得不击节赞叹。

比喻就是采用联想和想象的方法，以通俗、形象和新颖的喻体来表达情感的一种修辞手法，而博喻就是用一系列的比喻，多角度、多侧面、多方面来生动、形象、具体地描摹事物，从而揭示事物的本质特征。在高考应考中，许多学生也喜欢使用博喻这种修辞手法，那么在使用时，不妨借鉴和学习朱自清先生这种出神入化运用博喻的方法。

高考研究

稳拿语文高分的秘诀

高考语文应考是许多考生头疼的事,而渴望拿高分也是不少同学的目标和愿望。如何在高考时稳拿语文高分呢?作为一个在高三任教的教师,笔者建议同学们必须不断强化四种意识,即考试意识、训练意识、矫正意识和积累意识。

秘诀一:树立考试意识

高考语文考试不是水平考试,而是一种以能力测试为目标的选拔考试,因此考生既要掌握相关的知识,形成一定的能力,又要以考试为准绳来提高考试成绩。简单地说,就是高考考什么考生就复习什么、掌握什么。从这个意义上讲,研究考纲和真题非常重要。在复习中,考生要熟悉考纲和真题,对考纲的要求和真题的类型要了然在心。像文学常识和名句名篇,考纲只要求掌握课本知识,因此,复习时抓住课本就可以了;而病句、成语、字音、字形等知识点,全国卷均以客观题的形式考查,复习时就应重点多做这类试题。同学们要认真研读考纲和考题,善于总结归纳,注重语文考题实用性、生活化、文学性、人文性等时代特点,并紧扣这些特点来复习。作文应考更应结合考题的类型来练习。许多语文水平较高的考生或写作水平不错的同学之所以高考语文成绩平平,很大程度上,就是因为他们的考试意识不强,从而马失前蹄,留下终身遗憾。

秘诀二:强化训练意识

我们常常听到有人指责高考语文试题,批评试题难度过高。这说明高考语文试题绝对有难度,也从一个侧面说明语文应考需要训练,尤其是需要遵从考试要求的强化训练。

首先,要有较强的动手意识。不管是任何题目,都应该动一动手做一做。简单地说,动手的理念要牢牢树起来,要牢记这句话:只有最初做得不好,最终才有可能做得好；只有最初做错，最终才有可能做对。

其次，要勇于限时和定时训练。要在单位时间内进行训练，无论什么样的题目，不管是平时课堂练习还是过关检测、模拟训练，都要用考试的态度去对待，用认真训练的方式去完成。

再次，要扎实针对弱项进行训练。不畏惧弱项，多做薄弱项的题目，以精练、苦练来弥补弱项。诗歌鉴赏可能是许多同学的拦路虎。在应考时，考生可将这类题的各类真题都做一遍，寻找规律，探求答题的方法与技巧，以期取得突破。如果你将这类真题的各类答案在训练的基础上能烂熟于心，就完全可能攻克这个弱项。

秘诀三：树立矫正意识

学习的目的是把不会的学会，练考的目的也应该是把不会的搞懂。因此，善于查缺补漏是提高语文成绩的必要途径。要有效地矫正，必须注意以下两点：

一是要养成研究答案的习惯，也就是养成良好的答题习惯。每次考试完毕后，要将自己的答案与参考答案对照，找出自己答案的亮点和盲点，以求更靠近答案，特别是像大阅读那样的主观类题目，一定要精心订对答案。同时，养成先想清再写的好习惯，寻找和捕捉答题的良好感觉，力争将最完美的答案写在试卷上，不要把最完美的答案带走。

二是要有对自己的语文薄弱点进行"恶补"的意识。例如，如果文言文翻译是你的弱点，你可集中一段时间回归课本，整合文言文虚词、实词及文言句式、活用等知识，在扎扎实实"恶补"的基础上，用知难而进的态度对待这一弱项，多做习题，多思考、多认真矫正，勇于苦练苦思，你就能很快补上这一弱项。

秘诀四：强化积累意识

同学们都明白这个道理，高考语文其实在考大家知识的积累。所以，在应考时，大家要时刻注意语文知识的积累。

首先要抓住有限的时间进行积累。虽然高考日益临近，但如果每天能坚持记两三个成语（词语）或一两句名句，如此积累也是大有裨益的。这是许多高考语文高分学生的成功经验。同时，要将自己积累的知识梳理整合，形成知识网络，构建知识体系，便于尽快掌握知识，更有利于高考。特别要注意针对性地进行知识积累。在剩余的几个月内，不必什么都积累，应重点就自己的弱项积累，以达到突破弱项、提高成绩的目的。

  总之,在高考语文应考中,考生一定要有考试的意识、训练的意识、矫正的意识和积累的意识,并应不断强化这四种意识,明确各阶段的目标任务,注重自主学习,有计划地进行查缺补漏式的复习。如能这样的话,高考语文定会稳操胜券,稳拿高分。

高三同学在语文复习应考中要善于归纳和整合

如何高效快捷地搞好高考语文复习,是许多高三同学十分关心的话题。笔者认为,高三同学在语文复习应考中要善于归纳和整合。

一、善于归纳和整合语文知识

语文知识可以说庞杂、繁琐、零散,并且有难度。考生如果毫无目标地去记忆,不讲方法地去识记,只能事倍功半,甚至草木皆兵,走进语文复习的死胡同。因此,要有较强的整合知识的能力,要善于变繁为简、变难为易、化多为少,化复杂为简单,化零乱为整齐、清晰,并牢固树立一个目标,即学习是把不会的学会。对十二年的语文学习不能全盘否定,从头再来,而要在原有的基础上梳理整合,将自己的问题找出来,弥补自己知识的漏洞,以期完备自己的知识。

有了这个认识以后,同学们还要学会整合知识的方法。有同学说,语文知识全凭记忆和背诵,但即便如此,如何记忆背诵也值得我们研究。

首先,要在较强的自制力的支配下,坚持天天记忆背诵。要化整为零,逐一突破难点和重点,不要企图一口吃个"胖子"。

其次,要掌握梳理整合的方法。一方面,要遵从记忆的规律,反复记,记反复,特别对自己的易混淆点进行强化记忆。另一方面,要巧梳理,科学记忆。比如字音字形,一定要记少不记多,记特殊的不记普遍性的。像多音字"曲",与歌曲、韵文等有关时读"qǔ",其余都读"qū",如"曲尽其妙"。字形识记也要记住特殊的。像异词同义或形近义近的两个词要特别关注。如"啰唆"和"啰嗦"(啰唆为第一选用词)、"执着"(执着为第一选用词)和"执著"等就属于异词同义,而如"坚忍"与"坚韧"、"幢幢"与"憧憧"等就属于形近义近。

再次,要善于自己总结和归纳。比如,文言实词的词义一般都是从具体到抽象引申的。如"道",它的意思有"道路""道理""方法""途径""规律""学说"等,就体现了这一特点,而"说""讲述"已经是很特殊的意思了。还有各个考点的知识也要自己归纳。如病句的六种类型，可以每一类识记一个病例，以此与所给题目中的材料来对照，就可以诊断、比较出句子的正确与否。总之，要始终以实用、快捷、有效为目的，随时总结归纳所学知识，以便掌握高考语文知识，争取好的成绩。

二、善于归纳总结答题的方法和技巧

在二、三轮的复习中，老师可能会给同学们介绍许多答题的方法和技巧，当然这些方法和技巧都是语文老师根据多年的教学经验总结的，好多都很管用。而且现在的复习资料也普遍编写得很精细，如果掌握了其中的方法和技巧，也可以使自己在解答试题时如虎添翼。但同学们要谨记：任何方法和技巧只有适合自己的才是最好的，就像人们劳动时使用的工具一样，如果掌握好了，可以达到多快好省的效果；如果掌握不好，不仅无用，甚至会有害。

不管怎样，总结的方法和技巧一定要实用性强、操作性强。语文学习应该是一个由感性到理性、再由理性到感性的不断循环的过程。因此，自己总结的方法和技巧不要太细致，太周全，而要切合实际。要在老师的指导下，摸索出适合自己的一套方法和技巧来。就像打排球一样，应该追求"短平快"，这样才能使方法和技巧有最大的冲击力和杀伤力。如大阅读和小阅读，只要你认真阅读，牢牢把握"查找"两个字就可以把所有的阅读都搞定，不一定要背许多资料上讲的那些方法和技巧。还有关于文言文翻译。你只要把自己会翻译的词画出来，对不会的词结合上下文猜测一下，然后连缀一下就可以的。只要你有良好的语感，你做的绝对八九不离十。不过，在归纳和总结中，还要不断思考和修正自己总结的方法和技巧。只有这样，你总结的方法和技巧才会发挥更大的效用。

高三同学在语文复习时一定要善于总结归纳，善于在积累知识时整合知识，善于在解题时总结方法和技巧。一句话，在应考中要有自己的一套，千万不要在复习中迷失自己，否则，提高成绩只能是一句空话。

谨记"四项注意",答好语文试卷

语文考试是高考的第一场考试,答好了语文卷子就意味着高考成功了一半。如何实现高考的这个开门红呢?总结众多考生的成功经验,笔者提醒同学们一定要谨记"四项注意"。

注意一:控制做题速度,从容答卷

在高考第一场语文考试中,大多数考生不是很紧张,因为平时语文考试成绩一般差距不是很大。但由于有的同学考前几天缺乏必要的适应性训练,刚上场可能一下子进入不了状态,以致速度有点慢,结果前松后紧、前细后粗。针对这种情况,考生在答题时,不仅要稳住情绪,冷静答题,更要控制答题速度,做到答卷不快不慢、不紧不松,确保答题的质量和效率。

具体地说,就是要科学分配答题时间。大家都知道语文考试时间是150分钟,而满分是150分,因此,要以"一分钟得一分"的速度去做题。具体到全国卷的21道小题,时间的分配大体是这样的:1—4题和5—7题各用10分钟完成,8—11题20分钟完成,12—13题15分钟完成,14—17题25分钟完成,18—20题20分钟完成,21题作文保证50分钟内完成。同时,要根据自己语文知识掌握的情况进行调控。具体的原则是,拿手的题目要少用时间拿全分,争取不丢分;不拿手或相对弱的题要多用时间多拿分,争取少丢分。例如,文言文翻译同学们不妨用10分钟多一点的时间去做,努力少丢分,避免丢掉冤枉分。

注意二:调整应试心态,冷静答卷

考试在一定程度上讲,是考心态,因此,在第一场语文考试时,一定要调整好自己的心态来答题,平和、冷静地答卷,克服偏执、消沉、轻视情绪,始终保持乐观、自信、平和的心态。

要读好题,读懂题,读准题。特别是主观性试题,一定要平静读题,抓住第一印象，对似是而非的判断，在看清题目的情况下，要敢于相信第一次判断；要有一次性做完选择题的意识，不等不靠，平等看待各选择题和选择题内各选项，防止前后选项之间的相互影响，杜绝犹豫徘徊、反复判断，避免破坏第一印象。主观题也要尽可能捕捉好第一印象，力求原汁原味地体悟题目，在获取良好整体印象的基础上答题，抓住重点和核心，找准感觉，取得答题的最佳效果。

注意三：精心组织语言，规范答卷

每年高考下来，不少考生在核对答案时常常恍然大悟，这是由于没有精心组织语言造成的。语文试题主观性试题占到全卷近五分之四的分值（120分），因此组织好语言至关重要。要以自己的最大努力，精心组织语言，将最完美的答案写在卷子上，而不要带出考场，留下遗憾。

一是要认真思考，仔细审题。最好在草稿纸上画一画，最起码要打一个腹稿。打腹稿思考和打草稿的时间要占有一定的比例，建议大家要有"1+4""2+8""5+20"的比例分别完成语言运用的一道题、诗歌鉴赏题和现代文大阅读题，其中"1""2""5"分别是打草稿和打腹稿应该用的时间。考生要思考命题者的意图，联系平时练习的相关习题，参照分值思考题目答案的层次和要点，以期最大限度地靠近参考答案。

二是要写好答案。认真书写是基本要求，写的速度不宜太快，因为写的过程也是思考的过程，可以在写时再思考一下，使答案更完备。写完后一定要读一遍，改掉里面的错别字和用错了的标点，一般不能大面积改正，语言表述力求清楚，文从字顺。

注意四：注意审题立意，写好作文

全国卷"新材料作文"是近几年来看好的一种作文命题模式。而紧扣材料，准确审题立意是写好这类作文的必要条件。

第一，做到"两个符合"。即符合题意和文体要求。要在熟读材料总体感悟之后，从一个角度来写。一般地讲，作文时间是50分钟的话，用5分钟左右的时间来审题、列提纲或打腹稿是必需的。一般考生最好在草稿纸上简单地列一个提纲，然后再写，这样能有效避免偏题或脱题。同时，要写出文体感强的文章。你如果没有用创新模式写过一次成功作文，就不要在考场创新。你写的文章文体必须符合要求。记叙文要以情感人,有细致入微的细节;议论文要思路明晰,论证充分,可采用议论文的一般结构模式;散文要讲求构思,立意新颖,注重主旨的阐发。总之,两个"符合"是高考作文的最低要求。

　　第二,思想健康,内容充实。思想健康也是近年来高考作文的基本要求。因此,考生写出的文章一定要立意明确,积极向上,力求思想鲜明、主旨高远,发人深思,不要思想消极,以偏概全,求奇求怪。另外,内容要充实。无论考生写哪一种文体,都要言之有物,避免假大空,特别是议论文,要有足够的事例论据,一般不少于三个,当然三个事例可有正有反、有详有略,体现议论文行文有致的特点。

　　第三,体现思辨,争取有亮点。"新材料作文"要求考生在总体阅读之后从一个角度来写文章,这就意味着从一个角度阐述材料就行(也可以说是回答这个材料提出的问题)。因此,文章一定要有思辨的色彩。记叙类文章,叙中结情,情中蕴理,理中显旨;而议论类文章,要观点鲜明,言之有理,言之有据。同时,要争取使自己的文章有亮点。考生可以不求深刻、丰富,但求内容充实;不求书写美观漂亮,但求字迹清晰整齐;不求文采飞扬,但求文从字顺;不求文章有创意,只求主旨或观点有启迪作用。总之,考生要尽可能地发挥自己的潜能,力争在考场的有效时间内将自己的文章打造成让人耐看、爱看的佳作,令阅卷老师读时眼睛为之一亮,从而得到一个满意的作文分数。

做与悟：高考语文应考的两大制胜法宝

如何高效而快捷地取得高考语文的满意成绩是许多考生关注的话题，也是不少同学头疼的问题。笔者根据多年指导学生语文应考的经验和体会，结合众多高考语文高分同学的成功经验，认为高考语文应考只需要抓住"做"和"悟"这两个字。

一、突出落实"做"

要多做。现在不少同学在语文复习中，不是做得多，而是囿于一些不正确的认识，认为语文考试不管怎样，成绩都差不多，所以普遍做得过少，其结果是成绩不很理想，甚至成绩较差。究其原因，就是做得少，缺乏系统化的强化训练，致使与语文高分失之交臂。事实上，高考语文应考中考生只有做一定数量的题目，才会实现由量变到质变的飞跃，才会训练有素，取得理想的成绩。

要精做。仅仅多做还是不够的，还要精做，善于做。在大量演练高考习题的基础上，还应该精做。要注意选择典型的习题反复去做，可以选择性地做一些高考真题，最好选择自己的薄弱点去训练，以期达到通过做巩固自己的知识、查缺补漏的目的。比如，病句和成语的训练，可以针对性选择一些高考真题进行训练，使训练有目的、有效果。

要限时做。这一点很重要，高考语文复习最忌讳不痛不痒地训练，要敢于在单位时间内做。笔者有两句话，那就是：只有做得不好才能做更好，只有做错才能做对。前面这句话是针对语文主观性题目讲的，后面这句话是针对语文客观题目说的，这两句话已经得到教者的学生的普遍认可。如大阅读总分是 25 分，同学们不妨用 25 分钟左右的时间去做，一般不要超过 30 分钟，也不要用少于 20 分钟的时间去做（除非这是你的强项）。倘若做的时间过长，不适合考试，做的时间太短往往会造成偏差。总之，在练习时一定要有很强的时间观念。只有这样去训练，才能接近考试，最大可能地适应考试。

二、重视并善于"悟"

孔子说:"学而不思则罔,思而不学则殆。"同样,在高考应考中,要把"做"与"悟"结合起来。光埋头苦做,不进行一番深层次的理悟,那种做,只会事倍功半,甚至走火入魔。

要在做中"悟"。大量训练的目的,就是要通过训练提高训练的效果,提高应考的成绩。为此,训练时,一定要带着思考去完成训练题目,切忌盲目地去训练。例如,在完成诗歌鉴赏题目时,要多读原作和试题,作答时尽可能地与原作和命题者的意图靠近,不要刻意地去创造与原作和题意不符合的答案,因为诗歌鉴赏本身只是一种初步的认同性的鉴赏。

要重视做后的"悟"。所谓做后"悟",就是大家都认可的矫正和纠错。高考训练就是为了提高绝对分数,因此做后的思考与分析是提高成绩的最有效的办法。这里面应该有两步:一是善于通过"悟"梳理和整合高考试题的特点和规律。考生在做之后要将高考考查的知识进行梳理和整合。像病句一般考哪些类型,成语主要考哪些,语用题语言如何组织,鉴赏有哪些提问形式,等等,都可以整理、梳理出来,如此才能够举一反三、触类旁通。二是通过"悟"做好矫正和纠错。这要求考生做完后要认真核对答案,客观题要核对答案,主观题更要仔细对答案,要认真捕捉自己答案的亮点和盲点,肯定亮点,积累经验和方法,找寻盲点,查找失误原因,以便在下次训练时不犯类似的错误。如果考生能够这样精细思考的话,就能提升训练的效能,进而以不变应万变,提高考试成绩。

高考语文应考虽然是比较难的,但如果考生能够牢牢地抓住"做"和"悟"这两个字,扎实训练,科学理悟,就能稳拿高考语文高分的。

文言虚词"之"用法的"三特点"

特点一：用作代词很常用

"之"常用作代词。有两种情形：作人称代词和指示代词。作人称代词时，大多作第三人称代词，相当于现代汉语中的"他""它""它们""他们"等。例如："我见相如，必辱之"（他）"阿母得闻之"（它，代这件事）"人非生而知之者"（它，代事理）"具答之"（他们，代指桃花源人）。有时还活用为第一人称代词，译为"我"。例如："不知将军宽之至此也""君将哀而生之乎"。作指示代词时，意思是"这""这样"。例如："均之二策"（这）"之二虫又何知"（这）"曾不能损魁父之丘"（这样）。

特点二：用作助词很复杂

虚词"之"用作助词确实很复杂。但究其实，有两大类型：一是语气助词，二是结构助词。其中前者比较简单。其用法特点是，放在不及物动词、形容词或副词之后，起协调音节、舒缓语气的作用，没有必要译出。例如："公将鼓之""久之，目似瞑，意暇甚""于是饮酒乐甚，扣弦而歌之"。用作结构助词时很复杂，具体有下列六种情况：①定语标志。译为"的"。如："南取百越之地，以为桂林、象郡""今日之事何如"。②主谓之间，取消句子的独立性。这时不必译出。如："予独爱莲之出淤泥而不染""鹏之徙于南冥也，水击三千里"。③宾语前置标志。通常出现在疑问句中，偶尔也出现在否定句中。例如："孔子云：'何陋之有'？"（有什么简陋呢？）"夫晋，何厌之有？"（有什么满足呢？）"句读之不知，惑之不解"（不知句读，不解惑）。④定语后置标志。为了强调定语，常把定语放在中心语的后面。例如："石之铿然有声者"（铿然有声之石）"蚓无爪牙之利，筋骨之强"（"利"和"强"本应分别修饰"爪牙"和"筋骨"）。⑤补语标志。在"以其求思之深而无不在也"这句中，"之"相当于助词"得"，"之"后面是句子的补语。⑥状语标志。特点是"之"与句末的语助词"也"连用,来作时间状语,意思是"当……的时候"。例如:"大道之行也,天下为公"(当政治上最高理想实施的时候),"臣之壮也,犹不如人"(当我年轻的时候)。从以上例子可以看出:尽管"之"作结构助词时很复杂,但仍有很强的规律性,那就是,它是定语、主谓之间、宾语前置、定语后置、补语和状语等语法现象的语言标志,其中状语标志和主谓之间的标志区别不大,联系很密切。

特点三:用作动词很少见

"之"作动词很少见。这时它已经由虚词变成了实词,译为"到""往""去"。例如:"杜少府之任蜀州""胡为乎遑遑欲何之"。在这两句中,"之"后面跟的是名词,因此就只能作动词了。

突出强化写作训练，稳拿高考作文高分

要赢得高考作文的满意分数，笔者根据多年高三作文教学的经验，提请广大考生要突出强化写作训练，具体就是：练好一种文体的写作，突出作文的审题立意训练，抓好作文的矫正反馈训练。

练好一种文体。在进入高三后，同学们在写作中要选择自己喜欢和擅长的文体进行练习。最迟应在高三第一学期后期，选定一种文体去练习，这样就能以逸待劳，从而达到以一种文体写就高考作文的目的。为了练好一种文体，考生要多读自己喜欢的文体的范文，争取烂熟于心，每次作文时注意有意识地与优秀作文相靠近。

突出审题、立意训练。要注重审题和立意的训练。不管写怎样的文体，审题、立意至关重要。训练时，一方面要认真聆听老师对每次作文特别是考试作文的审题、立意分析，尽快掌握审题、立意的基本方法；另一方面，自己也要有意识地进行这方面的训练，在高三后期的作文审题、立意的专项训练中，更要认真体会，把老师交给的审题、立意的方法融会贯通，变为自己的方法，练就出自己的一套审题、立意的方法。

抓好限时训练、反馈矫正训练。不少高考作文研究者认为，高考作文不同于文学创作，高考作文只类似于回答问题。因此，同学们只要注意研究考试作文题的特点，认真思考，及时总结，就能写出好作文。不过要写出好作文，关键要做好限时训练和反馈矫正训练。考试、测验作文要在单位时间内认真完成，平时作文也要力争在单位时间内完成。同时，要搞好作文的反馈矫正训练。平时作文要注重写后的反馈矫正，考试作文更要注意查找问题，发现差距，力求通过精细的反馈矫正，使作文水平上新台阶。

总之，在高三应考作文训练中，一定要突出强化作文训练。如果科学有序地按以上方法训练了，拿下高考作文的高分也是理所当然的了。

巧妙审题，精准立意
——与高三同学谈谈高考作文的审题立意

高考作文的审题立意是一个常谈常新的重要话题。为什么呢？审题立意很大程度上决定了一篇作文的成败。学会并掌握高考作文审题立意的方法和技巧，可以说高考作文就成功了一半。如何巧妙审题、精准立意呢？作为一名长期在高考应考一线的老师，我根据自己的实践经验和研究，在这里试图给各位即将走上高考考场的同学们介绍以下三种简单易行的办法，希望能帮助大家掌握高考作文审题立意的基本方法，以此夺得高考作文的高分，从而取得高考语文的优异成绩。

方法一：锁定范围，化大为小

这两年来高考作文一直是任务驱动型作文。任务驱动型作文是2015年高考出现的新型作文类型。这种作文的材料常以时政材料或现实生活的材料为内容，要求考生能够围绕材料给定的任务，提出自己解决问题的方法，表达自己的见解。它重点考查大家的阅读能力、写作能力和思维能力，充分体现立德树人的教育目标和社会主义核心价值观。

因此，对于这样的作文题，我们首先要明确范围，在试题规定的范围内去写作，不能离开试题的范围随意写作。

例如2017年高考新课标全国卷Ⅰ作文题：

阅读下面的材料，根据要求写作。

据近期一项对来华留学生的调查，他们较为关注的"中国关键词"有：一带一路、大熊猫、广场舞、中华美食、长城、共享单车、京剧、空气污染、美丽乡村、食品安全、高铁、移动支付。

请从中选择两三个关键词来呈现你所认识的中国，写一篇文章帮助外国青年读懂中国。要求选好关键词，使之形成有机的关联；选好角度，明确文体，自拟标题；不要套作，不得抄袭；不少于800字。

对于这个题目，考生在审题立意时，必须在自己所认识的中国的范围内来写，以给外国朋友介绍的口吻来写，这是大范围，是大前提，必须遵守。同时，必须用十二个关键词中的两三个关键词，这是大范围之中的小范围，不能离开这个小的范围，并且所选的几个关键词之间必须形成有机联系，例如以"美丽乡村""广场舞"来谈中国农民的美好生活，以"移动支付""高铁"来谈中国普通老百姓的生活，以"中华美食""长城""京剧"来谈中国古老文明的现代魅力，等等。

锁定范围是审题立意的第一步，之后还要善于化大为小。善于化大为小是同学们必须做的，如果仅仅就这个大范围中的小范围简单去写是远远不够的，最好要从自己的切身体会来谈谈自己的具体感受。拿这道题来说，考生在选了大小范围后，在确定写作素材时，就尽可能地把几个关键词化大为小，千万不要大而空去写，否则，容易写得空洞。如果以记叙类文章来写，一定要写具体的事件，最好有生动的细节；如果写成议论文，要尽可能地用具体而鲜活的素材来论证观点，列举现实生活中的现象要具体，要有画面感、真实感和生动感，不要"大而空"的政治说教。近年，高考作文偏重"讲政治"，同学们在写作时绝对不能"大而空"、简单化地去陈述政治、政策，而应该以具体鲜活的社会现实来摆事实、讲道理。

下面，我们以 2017 年高考新课标全国卷 Ⅱ 作文题再作说明：

阅读下面的材料，根据要求写作。

    1. 天行健，君子以自强不息《周易》

    2. 露从今夜白，月是故乡明（杜甫）

    3. 何须浅碧深红色，自是花中第一流（李清照）

    4. 受光于庭户见一堂，受光于天下照四方（魏源）

    5. 必须敢于正视，这才可望敢想，敢说，敢做，敢当（鲁迅）

    6. 数风流人物，还看今朝（毛泽东）

中国文化博大精深，无数名句化育后世。读了上面六句，你有怎样的感触与思考？请以其中两三句为基础确认立意，并合理引用。写一篇文章，要求自选角度，明确文体，自拟标题；不少于 800 字。

显然，新课标全国卷 Ⅱ 的作文题的大范围是对传统文化的正面理解，在这个大范围内，选择的两三句就是小范围，可以是对传统文化的正面理解的进一步解读，围绕这个小范围最好确定一个中心词，比如"成功""品质""理想""信念"等，比如，围绕名句 1 这样就把原来的范围进一步缩小了；围绕名句 5，可以以

"成功"为小范围，确立"成功需要坚强的毅力和勇于担当的精神"这样的观点。不过，这种化大为小的方法，需要大家学会思考，善于思考。

方法二：抓住关键，拓宽思路

我一直认为，高考语文只有两道题——阅读与写作，甚至说极端一些，高考语文的所有题目都是阅读题，作文是最大的阅读题。因此，从这个意义来说，我们同学一定要好好读作文材料，弄清楚高考作文题这个特殊的阅读题让大家做什么，完成好这个驱动任务。这也需要大家潜心阅读，善于思考，将这类高考题中的关键词句找出来，并且有机地融合起来。

那么，什么是作文材料中的关键词句呢？

所谓作文材料中的关键，简单说，就是作文材料的核心句及其核心句里的关键词。抓住这些关键词句，就能准确把握作文材料的核心，从而达到正确审题立意的目的。

例如2018年高考新课标全国卷Ⅰ作文题：

阅读下面的材料，根据要求写作。

2000年　农历庚辰龙年，人类迈进新千年，中国千万"世纪宝宝"出生。

2008年　汶川大地震。北京奥运会。

2013年　"天宫一号"首次太空授课。

2017年　网民规模达7.72亿，互联网普及率超全球平均水平。

2018年　"世纪宝宝"一代长大成人。

……

2020年　全面建成小康社会。

2035年　基本实现社会主义现代化。

一代人有一代人的际遇和机缘，使命和挑战。你们与新世纪的中国一路同行，成长，和中国的新时代一起追梦、圆梦。以上材料触发了你怎样的联想和思考？请据此写一篇文章，想象它装进"时光瓶"留待2035年开启；给那时18岁的一代人阅读。

要求：选好角度，确定立意，明确文体，自拟标题，不要套作，不得抄袭，不得泄露个人信息；不少于800字。

在这个作文材料中,题目后启示性的句子"一代人有一代人的际遇和机缘,使命和挑战。你们与新世纪的中国一路同行,成长,和中国的新时代一起追梦,圆梦。以上材料触发了你怎样的联想和思考?想象它装进'时光瓶'留待2035年开启;给那时18岁的一代人阅读"就是这段作文材料的核心,其中的"联想和思考"是核心句中的关键词。

在抓住关键词句后,考生写作的思路一定要开阔一些。像上面这道题,大家在审题时,不要满足于简单地为时代发展大唱赞歌这个层次,即使要唱赞歌也应该在过去与未来的有机联系中阐发自己的见解。比如可以抓住关键词句后从以下角度拓展思路来立意:①个人和时代的联系。你们与新世纪的中国一路同行、成长,和中国的新时代一起追梦、圆梦,启示我们一定要关注社会热点,要有创新,有责任担当,要不忘初心……,在2018年的作文题中我们可以看到很多时代的影子。②材料要求写自己的联想和思考。这种思考有对过去的,也有对现在的,更有对未来的,从写作的思考层面来看,所给材料是有时代跨越的,材料本身通过一个"时光瓶"将过去、现在、未来紧密地联系在一起,就给了考生很大的思考空间,让考生有话可说,而且要写真情实感,避免虚假做作的套作。从表达层面来看,联想是充满情怀的,一定包含着对未来的美好憧憬,是感性的,而思考是多角度,有思辨性的,应该是理性的分析,注意感性认识和理性分析的结合,并由此拓展开去。③留待2035年开启。是和下一代青年一起阅读,这是一种传承,考生应该思考材料所展现的内涵,哪些是值得经典永流传的。考生要善于思辨,以思辨拓展开去,理性客观而有内涵地说出自己的独到观点。

抓住关键,拓展思路,也是高考议论文审题立意时常用的方法。对喜欢用议论文来写作文的同学而言,要抓住关键,就要对作文材料多问几个为什么。而拓展思路,简单地说,就是要多联系现实生活,以作文材料扩展开来,进而解决现实生活中的实际问题,这也体现了议论文写作的基本特点和要求。

下面,我们以2018年高考新课标全国卷Ⅱ作文题为例来作具体分析:
阅读下面的材料,根据要求写作。

"二战"期间,为了加强对战机的防护,英美军方调查了作战后幸存飞机上弹痕的分布,决定哪里弹痕多就加强哪里。然而统计学家沃德力排众议,指出更应该注意弹痕少的部位,因为这些部位受到重创的战机,很难有机会返航,而这部分数据被忽略了。事实证明,沃德是正确的。

要求：综合材料内容及含意，选好角度，确定立意，明确文体，自拟标题；不要套作，不得抄袭；不少于800字。

这个作文材料的审题立意的关键是事情的结果为什么如此。可以说，回答好这个为什么就抓住了这件事的关键，也就抓住了材料的关键。我们可以从以下几个"为什么"中抓住关键，提炼出切合作文材料的正确的立意来。

(1)为什么多数人只看到战斗机弹痕多的地方就想当然地认为这些地方最应该防护，而沃德则非常理性地从科学的角度进行分析，认为应该防护的是那些弹痕少的地方？因为他们看问题只看表面，没有透过现象看本质。

(2)为什么多数人认为战斗机弹痕多的地方应该防护？因为他们只凭经验主观地做出结论，而沃德则是从科学的层面得出正确结论。

(3)为什么针对战斗机的防护的见解，多数人的观点最后被证明是错误的，而沃德的观点是正确的？因为真理有时掌握在少数人的手中。

有了以上分析，就能轻松地从正面角度由以下这些方面来拓宽思路立意：①质疑成功经验；②不要轻视失败，而要从中总结经验教训；③警惕容易得到的数据，从全局看待问题；④善于听从别人的意见。

方法三：紧扣主旨，多维解读

对于近几年高考作文题，掌握了以上两种审题立意的办法基本就可以了。但是，意蕴类作文题就不宜用以上方法来审题立意，而现实类材料有时它的意蕴也是需要我们联系现实生活去思考，去体悟，去归纳。

例如2018年高考新课标全国高考卷Ⅲ作文题：

阅读下面的材料，根据要求写作。

  时间就是金钱，效率就是生命——特区口号，深圳，1981

  绿水青山就是金山银山——时评标题，浙江，2005

  走好我们这一代人的长征路——新区标语，雄安，2017

要求，围绕材料内容及含意，选好角度，确定立意，明确文体，自拟标题；不要套作，不得抄袭。不少于800字。

这个题目是一道多材料作文题目。在审题时，我们要先对三个材料进行理解，找到它们的关联点，进而归纳出材料的主旨。第一则材料"1981年深圳特区的时间就是金钱，效率就是生命"是我国改革开放初期，以深圳为代表的经济特区的发展理念。时间和效率，实际上是发展经济时的两个重要因素，在那个时代是尤其重要的。第二则材料"2005年浙江的绿水青山就是金山银山"是我国经过一些年的改革开放的摸索后，在发展经济的同时有了更多的思考，知道了不能一味地发展经济而忽视生态环境。第三则材料"2017年雄安的走好我们这一代人的长征路"是我国在改革进入深水区后，要有更长远的规划，雄安新区的设立，就是我国领导人高瞻远瞩的体现。三个年代，三个地区，三种不同的发展理念，这就是这三则材料展现给我们的内容。我们在审题立意时要把这三则材料进行梳理、整合，然后概括、归纳为国家的发展理念是在不断更新，并越来越科学，越来越利民。归纳出材料的主旨后，我们可以就其中的其一点或是某几点来叙事、抒情、议论。比如，一味发展经济危害多多；保护生态环境是千年大计；城市并非越大越好等。这要求考生有较强的综合思考能力和品质，既要有能回顾总结发展历史的能力，也要有展望未来发展的思考。当然，考生更应该理解材料主旨蕴含的丰富而深刻的社会背景，即纵向时间轴上的改革开放和展望未来发展的背景以及横向轴上的十九大提出的"人民对美好生活的愿望"所涉及的经济发展、生态环境和谐美好和实现现代化强国等广阔背景。

对于纯粹的寓言类的新材料作文，我们审题立意时必须在找准或者概括材料的寓意的基础上，对材料进行多角度的解读。

请看下面的这道作文题：

阅读下面文字，根据要求写一篇不少于800字的文章。

南山寺中，有一个年纪最小、资质最差的小和尚，他终日苦思如何改变自己，却不知该如何去做，心情愈加愁苦。

一日，小和尚终于鼓足勇气，向师傅道出了心中的疑惑。师傅并没有回答他，而是领着他来到后山的竹林。

师傅缓缓地对小和尚说："你看这些竹子和地上的蕨草，皆由为师几年前栽种。刚开始种下它们时，蕨草很快便长得葱郁茂盛，而竹子却毫无声息。一年又一年，年年如此，但我始终坚持浇水、施肥。"

看小和尚疑惑不解，师傅又继续讲道："直到第五年，竹子才拱出了嫩芽，弱不禁风。但只过了六个月，它们便长到齐人高了。竹子用五年的时间来扎根，才有了今日的苍翠。人亦如竹，你只有心静如竹，定性扎根，方可有所造化。"

小和尚如醍醐灌顶，顿悟了师傅的教诲。

要求选准角度，明确立意，自选文体，自拟标题；不要脱离材料内容及含意的范围作文，不要套作，不得抄袭。

这是一道寓言类的新材料作文题。这道试题讲的是一则寓言故事，从审题立意讲，材料的主旨在最后一句："人亦如竹，你只有心静如竹，定性扎根，方可有所造化。"围绕这个主旨句，我们可以多角度思考，因此，最佳立意可以有：拒绝浮躁，静心做事；扎实做事，必有收获；静心厚积才能薄发；等等。当然，这样的材料作文立意的大的角度可以根据材料中的人物决定，一般地讲，材料中有几个人物就可以有几个大的角度。比如，从小和尚的角度出发，可以有这样一些立意：要静心，不要嫌弃自己的资质，要不断反思，改变自己；要有改变自己的勇气；要乐于向别人请教，只有向别人请教才会不断进步；等等。从老和尚的角度可以有如下立意：教育别人要循循善诱；教育别人要讲究方式和方法；等等。很明显，从小和尚和大和尚的角度立意，虽然有新意，如果不围绕主旨句的话，很容易跑题的。可见，只有围绕主旨句进行审题立意，才能确保审题立意的准确、新颖。

再看一道寓言类作文题：

阅读下面的文字，根据要求写一篇800字以上的文章。

一只美丽的蝴蝶去找医生整容。医生对她说："你已经很美丽了，简直无可挑剔，用不着来做美容。"蝴蝶说："红颜易老，我想把自己整得再年轻一点。"医生说："其实，你现在的美才是最有魅力的。"蝴蝶打断医生的话："我说过了，我要再年轻一点。"医生只好同意为蝴蝶做了整容手术。几天后，当一层层的绷带被解开，蝴蝶怀着激动的心情接过镜子，镜子里面竟然是条毛毛虫。

要求选准角度，明确立意，自选文体，自拟标题；不要脱离材料内容及含意的范围作文，不要套作，不得抄袭。

这则寓言材料，写蝴蝶为了追求更年轻、更美丽而做整容手术，结果适得其反，变成了一只毛毛虫。分析材料，概括材料的寓意，可以说，"正确认识自己"是这个材料的主旨，即蝴蝶没有真正认识到自己的美丽而产生了不切实际的想法，结果害了自己。审题立意时一定要把握住这个材料的两个关键：一是"更重要的是现在"，即现在是最美好的；二是"欲望不加控制就会害人害己"。因此，立意角度可以在"正确认识自己"这个主旨下，从以下几个方面立意：人要正确认识自己；学会控制欲望；把握现在，珍惜现在的美丽；做事要适可而止；做事过犹不及；贪婪害人害己；无欲则刚；学会享受生活；善于听从别人的意见；等等。

从上面两道题目分析可以看出：寓言类作文题一定要找准或者概括出主旨句，然后以主旨句为中心，多角度立意，解读的观点一定要能回过头去证明材料中的主旨句，这样才能确保审题立意的准确无误。

总之，巧妙审题，精准立意，简单地说，就是锁定范围，化大为小，抓住关键，拓展思路，这是基本的、简单的、可操作的方法，而对于意蕴类作文题，必须在找出材料的主旨句或者概括出其主旨句的基础上，从一个小的角度去审题立意。

当然，高考审题立意时一定要静心阅读，只有静心阅读才能弄清楚命题者的意图，才能很好地切近材料，完成好作文，从而为自己夺得一个满意的作文分数。

把握特点，精准应考
——2017年高考全国卷Ⅱ试题特点之分析与2018年应考策略方法

2017年高考已经落下帷幕。综观2017年高考语文全国卷Ⅱ试题，给人一种耳目一新之感。可以说，2017年高考语文试卷中，全国卷Ⅱ试题创新力度最大、新意最足。本文就2017年高考语文全国卷Ⅱ试题的新特点进行具体分析，结合这些新特点以及高考应考的实际情况，并根据笔者多年高考试题研究的经验和体会，谈谈2018年高考语文复习应考的策略方法，以求教于大方之家。

一、2017年高考语文全国卷Ⅱ试题特点

2017年高考语文全国卷Ⅱ试题的显著特点就是"新"，具体说，这"新"的特点表现为以下三个方面。

1. 试题内容新

高考语文试题的内容与现实生活有千丝万缕的联系。因此，许多有高考应考经验的老师常常这样教导学生："高考应考时，我们要密切关注现实生活。"高考语文试题从来都是与现实生活紧密相关的。2017年的高考语文全国卷Ⅱ试题，在内容上的特点是：试题材料现实生活气息浓厚，并饱含丰富的传统文化的内涵，题材广泛，体裁多样。

2017年的高考语文全国卷Ⅱ试题很有现实生活气息，时代特色鲜明。有以下一些具体表现：

成语题和病句题像过去一样，始终关注社会的焦点和热点问题。请看试题：

17. 下列各句中加点成语的使用，全都不正确的一项是（3分）

①这是一条经典的旅游路线，既能让你饱览大自然巧夺天工般的美景，又能让你领略多姿多彩的异域风情。

②近年来农民收入稳步增长,生活条件大大改善,对商场里琳琅满目的高档电器也不再望尘莫及了。

③他在学习上坚持博学审问,对待工作更是兢兢业业,经过长时间的努力,终于取得了突出的成就。

④由于过于相信自己的能力和判断,不肯认真研究调查,他对于群众的意见总是充耳不闻,所以常常受到大家的批评。

⑤有的同学过去对语文学习不重视,到了高中才发现既要补欠账,又要学新知识,被弄得左支右绌,狼狈得很。

⑥央视《中国诗词大会》这个温文尔雅的节目走红,引起社会广泛关注,节目中一举夺冠的小姑娘更是成为谈论的焦点。

A. ①②⑥　　B. ①③⑤　　C. ②③④　　D. ④⑤⑥

18. 下列各句中,没有语病的一句是(3分)

A. 截至12月底,我院已经推出了40多次以声光电技术打造的主题鲜明的展览,是建院90年来展览次数最多的一年。

B. 书法是我国优秀的传统文化,近年来在教育部门大力扶持下,使得中小学书法教育蓬勃发展,学生水平大幅提高。

C. 我国传统的"二十四节气"被列入《人类非物质文化遗产代表作名录》,使得这一古老的文明再次吸引了世人的目光。

D. 这家公司虽然待遇一般,发展前景却非常好,许多同学都投了简历,但最后公司只录取了我们学校推荐的两个名额。

以上题目中有举世瞩目的中国诗词大会的内容,有国家重视的传统文化(书法和传统佳节)的内容,也有老百姓关心的旅游、日常消费、群众工作等内容,更有考生关注的,像学习尤其是语文学习、大学生就业等内容。从这些题目中我们可以看出,高考始终在关注社会热点和焦点问题,关注我们的现代生活。

语言运用题的21题中关于云南的"思茅市"和四川的"南坪县"的更名也体现了关注社会焦点和热点问题的特点。

特别是实用类阅读题以垃圾分类为核心摘编的新华网和《人民日报》的两篇文章《垃圾变资源!这不是魔法,而是垃圾分类》《垃圾分类应各扫门前雪》,更体现了试题对现实生活的高度关注。

试题彰显弘扬传统文化的特色,文化内涵丰富。

试题与往年一样，在古诗文阅读中，强化传统文化的内容，像苏轼的诗《送子由使契丹》、传记《后汉书·赵憙传》、名篇名句默写《庄子·逍遥游》和《陋室铭》，这些材料突出的就是传统文化的内容。

除古诗文突出传统文化外，作文和论述类文本阅读也在突出传统文化的内容。正如教育部考试中心在试题评析中所说："2017高考作文聚焦中华优秀文化，彰显文化自信。全国Ⅱ卷作文题'中华名句用用看'，体现了中国文化的博大精深与历久弥新，体现了中华优秀传统文化的传承有序与生生不息。文化传承不应只是静态记忆，名句需要在使用中焕发出新的活力，命题要求'合理引用'，引导考生将传承与发展优秀文化落到实处。"论述类文本阅读"青花瓷兴起"体现了传统文化与现代生活的有机对接。也正如教育部考试中心所说："郑和下西洋是海上丝绸之路的重要开拓，而青花瓷崛起正是大航海时代技术创新与全球文明交融的硕果。在历史的回顾与现实的展望中，引导考生了解古代的丝绸之路及其重大意义，进而对党中央'一带一路'的战略决策有更深入的了解。"

不仅如此，试题内容丰富多彩，体裁多种多样。从内容题材看，有历史文化传统、有现代日常生活、有古代历史人物、有家国思亲等，几乎涵盖了我们现代生活的各个层面。从材料体裁看，有社科类文章、有古代诗歌、有历史人物传记、有现代散文、有新闻、有科技短文等，这是近几年高考试题体裁最全的。

2. 试题结构新

2017年高考语文全国卷Ⅱ试题结构很是新颖。这应该也是大家意料之中的事。因为从2017年考纲和考纲说明就可以预知这一显著变化。从2007年至今，课标区试题已经走过了整整十年时间，十年间，课标区语文试题结构相当稳定。其试题结构一直延续"两卷""六部分""18小题"的基本模式特点。"两卷"即整个试题由阅读题和表达题两大部分组成，而阅读又分为甲乙两类，甲为必考题，乙为选考题。"六部分"即整套试题由现代文阅读、古诗文阅读、文学类阅读、实用类阅读、语言文字运用和写作等六大部分组成。

2017年高考语文全国卷Ⅱ试题结构有了很大的变化。其结构新特点是：试题分为现代文阅读、古代诗文阅读、语言文字运用和写作等四大部分，其中现代文阅读又分为论述类文本阅读、文学类文本阅读和实用类文本阅读三大块，这是今年考题结构的一大新变化，古代诗文阅读和语言文字运用与过去的试题结构没有多少变化；试题小题个数变成22道，增加了试题数量。现代文阅读与古诗文阅读分值各占到 35 分，其中论述类 9 分，保持分值不变，文学类试题三小题，分值是 14 分，实用类也是三小题，分值是 12 分，这样一来，强化了现代文阅读，开创了现代文阅读与古诗文阅读平分秋色的新局面，试题结构更清晰、更合理、更科学。

3. 试题题型新

2017 年高考语文全国卷Ⅱ试题的新主要表现在试题题型的创新上，可以说，试题题型创新力度之大是近年来罕见的，也是最多的。具体地表现在这么几个方面：

文学类文本阅读和实用类文本阅读试题题型"大变脸"。文学类试题以现代散文为内容考查，设置了一道单项选择题、两道主观性题目，题目设计难度有所降低，由鉴赏文本的内容和艺术手法开始，再到理解词语、进行文本艺术特色的探究，设题层级更清楚，强化了紧扣文本分析的特点。实用类文本阅读以新闻材料为考查内容，材料内容变化很大，但仍与考试说明中新闻阅读设题形式、难度相当，都是图文结合的新闻类材料，我认为这是该试题的最大亮点。从试题题型看，也很有特色：三道题目中，两道客观性题目，包括一道单项选择和一道多项选择，由理解内容到分析和评价，层次清楚，考查全面而准确；一道主观性题目，属于探究题目，应用性特强，体现了从文本出发进行探究的新特点，有意强化考生的迁移能力；三道题目，难度适中，梯度分明，利于考查学生的阅读能力。

古诗鉴赏题型的新特点更明显。选材上不回避名家，选了宋代著名诗人苏轼的诗《送子由使契丹》。题型设计上，一改过去两道主观题的俗套，以一道多项选择题和一道主观题的形式出现。更难能可贵的是，两道题很有侧重：多项选择题围绕艺术手法（运用典故）设计题目，角度小，利于考查考生的鉴赏水平，降低了考生分析和辨识的难度；主观性题目，以首联为核心，评价诗歌思想内容，概括诗人的性格特点，与课本实现了有效衔接——考生如果熟读了课本中苏轼的《赤壁赋》《定风波》等作品，归纳说出"旷达"一词是很容易的，至于分析，结合文本，也不会有多大难度。

作文题很有新意。作文题承接过去"任务驱动型新材料作文"的特点，以"中华名句用用看"的形式，强化考生对传统文化的感悟力和理解力，也在考查考生的思考能力、想象能力和整合能力等，杜绝了抄袭和套作，是一道很有清新之气的好题。

语言文字运用题也很有新的特点。语言文字运用题大胆去掉多年考查的衔接题，以选择题形式直接考查语言得体，强化试题的文化味，有回归过去试题的倾向。另外，出现了新题：以考查语言准确为核心，同时考查学生缜密的思维能力，这是2017年高考试题的一大新亮点。

论述类文本阅读也在有意创新。第一道小题，要求考生选择正确答案，增加了试题的难度；第二道小题从"对原文论证的相关分析"入手，强化学生对文本思路的分析，渗透了对考生思维能力的考查，这是论述类文本试题的新特色。

名篇名句默写也有新变化。两个小题仅仅考查初高中的古代散文，这是过去从来没有过的事。并且，高中一篇中考查三句，初中考查两句，也是一个新的特点。

客观性题目的数量在增加，分值在增加。试题增加了三道客观性题目，包括两道单项选择题和一道多项选择题，这也使主观性题目有所减少。

二、2018年高考语文复习应考之策略方法

针对以上试题分析，笔者认为：2018年高考语文复习应考中，要讲究策略，运用正确而科学的方法。要引导考生做到以下几点。

1. 引导考生关注社会现实，铭记文化传统

关注社会现实、渗透文化传统是2017高考语文试题的新特点，因此，在指导学生应考时，我们一定要引导考生关注社会现实，铭记文化传统。一方面，我们要引导考生关注社会现实，多收听、收看新闻，多阅读报纸，要多阅读与高考相近的新闻材料，时刻关心媒体新闻，特别是很有正能量的国家大事、民生事件，并在关注中有自己的理解和见解。教师可以考虑采用演讲交流的形式，利用短评演讲的方式，始终关注社会热点、焦点问题，保持对现实生活的高度敏感，实现语文应考与考生生活的无缝对接。另一方面，谨记文化传统。教师要引导学生扎实复习好课本有关的文化常识的内容，注意梳理、整合，积累关于文化传统的知识，并且要注重现代生活与文化传统的有机结合。要有用现代观点解读传统文化的意识，注意找寻古代文化传统的渊源所在。这一点，简单地说，就是要善于灵活运用有关知识和原理，解答现实生活中的问题，争取融会贯通。

2. 引导考生深入研究考题，把准命题方向

2017年语文全国卷Ⅱ的试题结构、题型变化大，创新力度大。除实用类文本阅读和文学类文本阅读由选考改为必考之外，作文题、语言文字运用题、名言名句默写、古代诗歌鉴赏和论述类文本阅读等试题，都有不同程度的新变化。可以说，2017年试题有"翻天覆地"的变化，是近几年全国高考语文试题变化最大的。

有了这个共识，我们完全可以预测，2018年高考试题一定会具有相当稳定性，最起码表现在这么几个方面：试卷结构稳定，文学类阅读、实用类阅读、古诗鉴赏、名言名句默写等试题结构和命题形式不会有大的变化，甚至作文试题也可能采用这种很有文化意味的作文题的形式。

但我们应该看到：变革是高考语文题的特点，尤其是作为高考"试验田"的语言文字运用类试题，一定会有新变化的。第17题成语题一定会有新变化，很有可能会变成2017高考考试说明上的那种形式，给出若干条成语，选出两条成语使用正确的那一项。第20题选出语言得体的一项这道题，也会有新的变化，即使考查语言得体，难度会增加，还有可能考查其他的内容。第21题也不一定要考查学生的思维能力，换成其他的形式，比如，考查句式与微评的形式，也是一种很好的考查方式。而作文也会改成其他形式，如以写读后感，给定经典作品，让考生写读后感，可以限定副标题，主标题要求学生拟写。总之，教师要引导考生谙熟高考试题，准确把握高考命题的新方向，以期有效应考。

3. 引导考生进行科学训练，增强复习效率

2017年语文全国卷将实用类文本阅读和文学类文本阅读由选考改为必考，显然增加了考生的阅读量，另外增加了三道客观性试题——一道诗歌鉴赏的多项选择题以及文学类阅读和实用类阅读的两道单项选择题，这给考生应考带来新考验和新挑战。针对以上新情况，教师必须要引导考生在复习应考中进行科学训练，增强复习效率。

那么，怎样进行科学训练，增强复习效率呢？

首先，要养成习惯。高考语文应考一定要有良好的习惯，特别是良好的阅读习惯。高考阅读都是精读，所以必须静下心去读。当然，所有题目都要精心阅读，实际上高考的所有题目都是阅读题，都要静心阅读。只有静心阅读，才可能把高考的所有题目拿下，从而取得比较理想的成绩。

其次，要限时训练。要敢于去做，相信"只有做错才能做对，只有做得不好才能做得更好"。要限时训练。过去，我们总结的"一分得一分"，就是说无论在平时练习还是考练或考试，我们要力争在一分钟时间内得一分，比如：论述类文本阅读是9分，我们要求学生在10分钟之内完成；古代诗歌鉴赏是11分，我们要求学生在10分钟左右完成，即使是弱项，也不能用时超过15分钟。在复习应考中，我们要求考生在单位时间内完成答卷，以"一分夺一分"的理念强化训练的力度，提升训练的速度。当然，练习真题是很重要的。

再次，要及时矫正。语文应考的一个误区是只训练不总结，实际上，语文应考更要矫正。如果说训练重要的话，那么矫正也重要，趁热打铁的矫正，更重要了。语文应考不是跑没有名次的"马拉松"，因而不要仅仅限于简单的训练，无所作为，或者说"无为而治"，而要及时矫正。对于客观题，要引导学生认真核对答案，寻找出错的原因；对于主观性题目，要引导学生找寻自己答案的亮点和盲点，记忆答案是很好的矫正方法，记下真题答案是很有用的。

4. 引导考生学会思考，提高思维能力

思维能力也是语文能力一个很重要的方面，思维能力高低直接关系到一个人创新、实践能力的高下，因此，2017年高考试题强化了对学生思维能力的考查。比如：论述类阅读对段落内容的整合、21题对段落思维毛病的诊断，还有作文材料中名句的选择与整理、归纳，这些无疑都在考查学生语文的思维能力。从这些试题看，我们必须培养学生善于思考的习惯，提高他们思维的能力。

要有思考的习惯。要敢于思考，将古代生活与今天的生活密切联系，有自己的看法，并且言之有理。对于古人要敢于准确评价。能对史传人物进行客观评价，汲取正能量的东西，给自己带来启发和教益，指导自己的行动。

要缜密思维。思维活跃是思维的基础，考生一定要有相当活跃的思维。比如：在完成2017年高考作文时，我们一定要开阔视野，有相当活跃的思维能力，才能写出好作文。同时，要处理好思维的放与收的关系，准确思维。

总之，要引导考生学会思考，灵活思维，提升思维的品质。

抓住诗歌特点,鉴赏古代诗歌

摘　要　紧扣诗歌特点是鉴赏古代诗歌的一种有效途径和方法,本文结合2008年高考试题,论述了该方法运用的一些步骤和技巧。

关键词　古代诗歌;鉴赏;语文高考;语言

紧扣诗歌特点鉴赏古代诗歌无疑是鉴赏诗歌的一种有效途径和方法。本文就紧扣古代诗歌特点,结合2008年高考诗歌鉴赏的有关试题,谈一下鉴赏诗歌的一些方法和途径。

一、领悟语言

中国古代诗歌语言上的最突出特点是简练含蓄、音韵和谐,诗人常常借助凝练深沉的语言、和谐优美的音节,传达丰富的情感。鉴赏诗歌时,我们最先接触的是诗歌语言。因此,品读古诗"言有尽而意无穷"的语言就至关重要。考生如果能认真玩味诗歌的语言,就可较轻松地完成题目。

请看2008年全国卷Ⅰ:

1. 阅读下面这首宋诗,然后回答问题。

江间作四首(其三)
潘大临

西山通虎穴,赤壁隐龙宫。
形胜三分国,波流万世功。
沙明拳宿鹭,天阔退飞鸿。
最羡渔竿客,归船雨打篷。

注　①潘大临(约1057—1106):字邠老,黄州(今湖北黄冈)人,善诗文。曾随苏轼同游赤壁。②西山:在湖北鄂州西,山幽僻深邃。③拳宿鹭:指白鹭睡眠时一腿蜷缩的样子。

（1）第三联两句中各有一个字用得十分传神，请找出来，并说说这样写的好处。

（2）从全诗看，作者向往一种什么样的生活？请简要分析。

这道题是从古诗语言"炼字"的角度命题的。考生答出第一小题的"拳"和"退"两个字是不难的。因为古诗炼字一般是动词或者是活用的词。但如何分析呢？这就要玩味本联的语言了。通过赏读，将诗人描写的这个画面再现一下，再加上自己深切的感悟，结合诗歌的描写手法就能写出答案。这中间关键是在领悟中玩味，其中心平气和地读全诗是最重要的，而第二问便是鉴赏评价。一般地讲，这种咏怀诗绝对不是单纯的写景，而是常常在诗的末尾含蓄地点明作者的观点。因而品读诗的最后两句就可以看出诗人对隐逸生活的向往之情，再结合全诗由实到虚进行具体分析，就能完成好这道题目。

答案（1）"拳"和"退"。用"拳"字形象地表现出鹭鸟在沙滩上栖息时的神态。用"退"字生动地表现出鸿鸟在天空中飞行的状态。这样写构成了作者江边所见的一幅静动结合的画面。

（2）向往一种隐逸的生活。①诗的前两联，作者从眼前之景，转入怀古，遥想当年赤壁之战时的人事，而今安在？从而发出了"波流万世功"的感叹。②诗的后两联，作者赞叹宿鹭、飞鸿的闲适，接着又仿佛看到了渔翁的扁舟，联系到"波流万世功"的感叹，于是提出"最羡渔竿客"，想驾一叶小舟在烟雨朦胧中归去！

二、品味形象

生动性、形象性是古代诗歌的一个突出特点，古代诗歌以诸多形象来表情达意，形成情景交融的意境。具体地讲，形象包括景物形象、事物形象和人物形象。同学们如能准确把握这些形象，就打开了诗歌鉴赏的一片新天地。

请看2008年宁夏卷：

2. 阅读下面这首宋诗，完成（1）—（2）题

题李世南画扇

蔡肇

野水潺潺平落涧，秋风瑟瑟细吹林。

逢人抱瓮知村近，隔坞闻钟觉寺深。

注①李世南：北宋著名画家，擅画山水。②蔡肇（？—1119）：字天启，丹阳（今属江苏）人。曾任吏部员外郎、中书舍人等职。③瓮：这里指水瓮。④坞：地势周围高而中央低的地方。这里指山坞。

（1）请简单描述一下李世南画的扇面中应有的景物。这样一幅画面呈现出什么样的气氛？

（2）古人的题画诗往往会阐发画面以外的意趣，你觉得这首诗哪些描写表现了画面以外的景和趣？这样写有什么好处？

鉴赏这道题的第一小题时，考生只需将诗中的"野水""秋风""坞"（寺）钟"等景物形象找出来，结合诗歌演绎一番，最后答一下呈现的气氛也很容易。第二小题是让考生"阐发画面以外的意趣"，这实际上是考查对意境的掌握程度。因是题画诗，展现时自然有创造。而画面不可能展现声音，所以"潺潺""瑟瑟""闻钟"这些传达声音的词语显然是画面不可能有的，"知村近"也是一种推想，是画意。至于妙处。联系意境让画面内容丰富起来、生动起来就可以了，不过最好结合一下描写方法，最常见的是动静结合等描写方法。

答案（1）画面大概是：有条小溪从两山之间流出，树林里树叶飘落，一个人抱着瓮在路上（或在溪边），山谷那边隐约露出寺庙。画面呈现出的是乡村野外恬静、安详的气氛。

（2）①"水潺潺"声音的描写，②"秋风瑟瑟"声音的描写，③联想到附近有个村庄的描写，④远处寺庙传来"钟"声的描写，都表现了画面以外的景和趣。这样写的好处是：①使画面上静止的景物活动了起来，变得有声有色；②拓展了画面，使之更显丰富多彩。

三、展开想象

想象是诗歌的翅膀。写诗要想象，鉴赏诗时也要想象、联想，文学鉴赏也是一种再创造的过程。因此，考生在鉴赏古代诗歌时一定要借助自己平时的阅读和积累，大胆进行想象。

请看2008年福建卷：

3. 阅读下面这首唐诗，按要求答题。

绝句漫兴九首（其三）

杜甫

熟知茅斋绝低小，江上燕子故来频。

衔泥点污琴书内，更接飞虫打着人。

注 这首诗写于杜甫寓居成都草堂的第二年（公元761年）。

请从表现手法的角度，对这首诗作简要赏析。

这道题要求考生从表达技巧的角度来作答。考生鉴赏时，绝对离不开想象，既要想象诗歌为我们展现的画面，又要结合自己的知识积累再创造。从全诗看，只写了茅斋的小燕子，显然诗人用了寓情于景的写法。明白了这些之后，逐句分析全诗，最后再总结就可以了，只是鉴赏语言要有诗的韵味。

答案 这首诗景中含情。诗人从燕子落笔，细腻逼真地描写了它们频频飞入草堂书斋，"点污琴书""打着人"等活动。这些描写既凸现了燕子的可爱之态，又生动传神地表现出燕子对草堂书斋的喜爱，以及对诗人的亲昵。全诗洋溢着浓厚的生活气息，给人自然、亲切之感，同时也透露出诗人在草堂安定生活的喜悦和悠闲之情。

当然，结合古诗特点鉴赏古诗，要将古代诗歌语言简练含蓄、富于想象、形象鲜明生动等特点结合起来鉴赏，这样，就会准确、快捷地完成试题，取得满意的效果。

把准脉搏，科学应考
——2009年高考古诗文试题命题特点之分析与2010年高考古诗文应考之方略

本文就刚刚揭晓的2009年全国高考十七套语文试题（上海卷除外），在全面分析2009年全国高考语文试题中的古诗文阅读题的基础上，结合实际，为即将参加2010年高考的莘莘学子提出以下针对性的应考建议和意见，希望起到抛砖引玉的效果。

一、2009年高考古诗文试题命题特点的分析

总览2009年全国各省市的古诗文阅读的试题，我们得到的最直观、最深刻的印象恐怕只有两个字，那就是：稳定。这也是近几年来全国各科命题的总特点。十多套语文试题基本上都保持了近两年来的命题特色。无论从选材上还是题型上都相当的稳定，变化很小。这说明这种命题形式已经日渐成熟，为大家所认可。具体地讲，文言文阅读试题选材基本上都以全国卷为命题蓝本，题材仍选定的是史传类文章，都通俗易懂，体现考查考生浅易文言文阅读能力的要求，兼有其他文体的浅易文言文的考查。题型上，也呈现出两种基本形式，即三道单项选择题再加一道文言文翻译题的"3＋1"的结构形式和四道选择题再加一道文言文翻译题的结构形式，考查范围是实词、信息筛选、分析理解、翻译或虚词。并且，翻译大都出自阅读材料。而古诗鉴赏的命题也很稳定。所选的古诗仍以唐宋诗歌为主，偶尔在个别省市的命题中有所涉及。从命题形式看，基本上是有两个层次的问答题，鉴赏重点是诗歌的语言、形象和表达技巧，同时会牵扯到体悟作者的思想感情，过于开放的试题很少出现在试卷上。由此看来，高考古诗文阅读题的这种高度稳定性为我们应考提供了可靠的依据和便利。

同时，如果我们仔细研究2009年高考古诗文试题，我们也会发现一些微小的变化，这变化中也不乏一些新的东西。文言文阅读题难度有所降低，实词、虚词

考查就考一些很常见的词,如 2009 年试题考的实词有好多大家很熟悉,比如"谢""过""会""益"等就既简单又常见,虚词也考查出现频率高的"以""其""乃"等。从选材看,也在逐渐发生着变化,史传文一统天下的局面正在被打破。2009 年传记类文章中有五篇已经不是史传文,而是文人写的人物传记,较之过去的正史书中的传记,已变得更加有文气、有生气。2009 年湖北卷将苏轼和苏辙的两种不同文体的文章对比阅读,无疑是文言文阅读的一次有益的尝试。诗歌鉴赏题也有些许的变化。2009 年诗歌鉴赏题更体现考纲的要求,落实初步鉴赏的要求,试题命题立意十分清楚,层次性强,暗示语言恰当清晰,突出诗歌鉴赏基本要求,表现出命题的良性发展趋势,呈现出成熟的局面。全国卷的两套题目均从诗歌的意境命题立意,强化了鉴赏诗歌的根本。四川卷和重庆卷不回避陆游和孔尚任两位名家的著名作品,而命题易中有难,为诗歌鉴赏题健康发展吹进了一股清新的空气,弥足珍贵。

总之,2009 年古诗文阅读题命题稳中有变,变中有新,呈现出良好的发展态势。了解这些发展态势,可为我们 2010 年古诗文阅读应考提供莫大的帮助。

二、2010 年古诗文备考的策略和方法

2009 年古诗文命题稳中有变给我们应考指明了方向。下面笔者结合语文应考的实际,紧扣 2009 年命题的走势,借鉴不少高考语文成功者的经验,提请广大考生在 2010 年古诗文备考中,要始终牢记这六句话:知识积累,厚积薄发,强化训练,稳步提升,注重矫正,找到规律。

首先,要注重积累。既然古诗文考试试题稳定,难度适中,那么,我们每一位高三的同学,只要一步一个脚印地去努力,就一定能取得满意的成绩。将要进入高三的同学,千万不可因为自己过去古诗文学得不好而放弃。在古诗文应考时,一定要下苦功,要苦积累,多积累,勤积累,善积累。要有苦读多读的意识,并且要坚持不懈搞积累。不妨一周认真读一篇古文,读两三首古诗。多识记文言文基础知识和与古诗相关的文学、文化常识。与此同时,要善于积累。要对课本及资料的文言文和古诗知识有计划地理解记忆,争取化整为零,要注重梳理和整合知识,力求使知识系统化、条理化、网络化,形成自己古诗文复习的有机体系。另外要对照考纲和真题积累,做到考什么胸中有数,还要注重回归语言本源,多搞回归文本式的积累。只有这样,你的积累才会在高考中派上用场。

其次，注重应考训练。只积累是不够的。要攻克语文应考路上的古诗文这个"堡垒"，必须下苦功夫认认真真地去训练。也就是说，要多练，要精练，要巧练。道理很简单，没有强化训练做基础，你不可能一下子就理解流传几百年甚至几千年的中国古代的作品。所以在古诗文阅读中，最好的也是最有用的方法就是多练习。当然，还要精练加上巧练。比如说我们可以精心做一做 2009 年全国卷Ⅰ考查的姜夔的诗《次石湖书扇韵》这首诗。限定时间去做，做完后查找不足，以达到以少胜多、举一反三的目的。还可巧妙地去做，千方百计地靠近答案，力争拿分，逼迫自己拿分。一句话，要将多练、苦练和精练、巧练结合起来。

再次，要注重反馈和矫正。许多古诗文得分高的同学的成功经验是：在古诗文练习时，要认真矫正。事实上，及时认真矫正是稳拿语文高分的秘诀。当练习过一个阶段后，出现学习上的"高原现象"都是很正常的。因此，这时同学们更要努力。近年来古诗文试题已经形成风格，特点明显。考生如果自觉地研究这些特点，再结合老师讲述的一些方法技巧，自然会使自己应试的水平有显著的提高。特别是每次考练后要认真矫正，研究古诗文答题的方法和技巧。比如，文言文阅读对自己来说，按怎样的次序做最合理，如何读最好，每次大考完后要好好反思，以期发现自己存在的问题。还有，古诗鉴赏命题到底有什么规律，不仅要听老师讲，自己更要思考揣摩规律性的东西。总之，自主思考的机会一定要有。当然，遇到不懂的，要多与老师同学交流，只要交流就有提高，要特别把自己在考试中出现的困惑讲给老师，让老师帮你渡过难关。研究考题答案很重要，尤其应该研究古诗文阅读题中主观题的答案的生成过程，这样就有可能最大限度地靠近答案。有时记忆一两道翻译和古诗鉴赏真题答案之后仔细研究，也会大有收获的。

最后，愿同学们在古诗文复习中，把准高考古诗文命题的脉搏，多看多思，科学应考，取得满意成绩。

品读《师说》，打造议论佳作
——与高中同学谈议论文写作

高中学生写作议论文往往喜欢学习高考满分作文中另类议论文的写法，认为那样写新颖独特，定会拿高分，结果是邯郸学步，适得其反。实际上，经典文言议论文本身就是议论佳作。深刻领会其写作特色，有效借鉴其写法，就可以写出议论文佳作。韩愈的《师说》是学写议论文的绝好范例。品读《师说》，就可轻松写下满意的议论文。那么品味《师说》，我们同学在写作议论文时，应借鉴哪些呢？我认为，主要有以下四个方面。

一、论证思路要清

《师说》论证时体现了议论文的基本结构模式，它的结构是清楚的。全文先提出"古之学者必有师"这个中心论点，然后批判士大夫之族耻学于师的现象，接着论述"圣人无常师"的道理，经过这样正反论证阐述了文章的中心论点，最后以介绍写作缘由归纳全文。综观文章，论证严密，条理分明，是议论文的标准样式。

高中同学写作议论文也应如此。如果你对议论文的创新模式不很熟悉，那么不妨写成这种三段论式的议论文。开头开门见山提出观点，中间从正反两方面论证，结尾联系实际或材料进行总结。因为思路清晰是议论文的首要前提，即使一些杂文大家，他们也钟爱这种常见的议论文的结构形式。

二、论证要有层次

《师说》的结构层次从整体看是十分明了的，从部分看也是极为分明的。如第一段就很有层次。本段先提出观点"古之学者必有师"，再说明教师的职能"传道受业解惑"，而后从"人非生而知之者"的角度阐明为什么要从师的道理，最后论述怎样从师及择师的态度与标准。如此层层论述，显得十分严谨。

学生写作议论文常常注意了文章的整体思路，而对文章的个别部分却很不在意。要写好议论文关键要理清文章的脉络，同时也要注重文章的"细枝末节"。也就是说，在写前一定要想清再写，包括每一个段落．每一个句子。只有想清再写，才能使文章写得语气贯通，颇有气势。2006年湖南卷满分作文《谈意气》就不失为一篇条分缕析、说理透彻的议论佳作，全文总体结构体现了议论文"提出问题—分析问题—解决问题"这样的一般思路。开篇以诗句引出什么是意气，之后提出"人要有意气，有自己的意志和气概，要意气风发"的中心论点，然后从三方面阐述了应有什么样意气，最后在联系人生实际的基础上总结全文。文章总体思路缜密，而许多段落也很有层次。如论证"人有意气，才能千古留名，流芳百世，才能在国家危难之时挺身而出"这一分论点时，先提出此观点，紧接着用排比句分别列举岳飞、文天祥、苏轼、张骞的事迹，再点出人物的姓名，总说这些人"已映入史册"，成为民族的精神瑰宝"。段末以反问句"若无意气，他们怎么会有如此壮行？"从反面总结。整个段落思维是严密的，语句是整饬的，因而也是很有说服力的。

三、论证方法要灵活

《师说》在论证时，采用了道理论证、正反对比论证和事例论证等方法。在具体阐述时，作者在第一段主要是讲道理；在第二段从反面论证，论证时也采用了三组对比论证，批判"士大夫之族"的"耻学于师"；第三段用事例论证，阐述师道、师生关系，中间以孔子的话对传统观念提出挑战。正因为文章综合运用了多种论证方法，所以取得了以理服人的艺术效果。

高中同学写作议论文，论证的方法不要求很多，而对比论证、道理论证、正反论证、举例论证是最基本的方法。要学会灵活地整合使用各种论证方法，以求论证得深入透彻。但不一定每种都用，只有恰当地有选择性地使用才可以。任何一种论证方法都有它的长处，只有发挥其长处，注意几种论证方法的结合，才能使论证有的放矢、深刻透彻。上面举的满分作文就先后用了举例论证、道理论证、比喻论证、正反论证等方法，恰当地阐述了自己的观点，成为受阅卷老师青睐的议论美文。

四、兼及作文的话题和材料

"文以载道""文以明道"是韩愈的文学主张，当然也是对学生作文的总体要求。韩愈的文章是应时事、应时势而作的。这从文章结尾叙述写作缘由可以看出,这好比话题和材料。高中同学作文时千万不可脱离话题和材料,要据"材"而写,这样文章才会扣题紧、立意明。有的同学写的主旨或观点含蓄或不显豁的议论文,末尾一定要点亮话题、照应材料。如果你这样做的话,你的作文才会成为符合要求的议论佳作。

情缀美文吐心曲
——以情驭文，情盛文灿

【名师寄语】

作文是情感的宣泄，也是情感的宣言。以真挚的情感体察生活，感悟人生，连缀成文，你会发现高考作文实际上也十分简单。

【开门导言】

文学作品是用来传达真情实感的。大凡优秀的文学作品，多以作者真挚、深沉、炽烈的情感来感染人，打动人。而以抒写心灵感悟为核心的散文，更是以情感为媒介和纽带来抒情言志的。散文常常将作者饱含的深情浸透于所歌咏的事物中，以物传情，以情缀文，从而达到以情驭文、以情感人的目的。

【班门之作】

岁月的眼泪

韩传栋

两千多年前的孔子，站在滚滚东去的河岸上，发一声"逝者如斯夫，不舍昼夜"的感叹，生命的浩歌从此进入悲壮、平静的岁月，不再一步三唱，不再溢美时空。岁月的沧桑，像西天的一抹斜阳，又如东去的滔滔河水，在思想者的心中掀起无尽波澜。

匆匆岁月，走过秦汉，走过盛唐，走过颓宋。幽州的秋风，吹动着陈子昂的衣袂，于是那千古悲歌诞生了：前不见古人，后不见来者。念天地之悠悠，独怆然而涕下。那是铺设在整个宇宙间的大悲凉，又是茫茫苍野，千里白云，万里秋风，在诗人心中的折射。至此，历史的天空不再晴方日好，花团锦簇。在这大悲凉的朔风秋韵里，华发遍染的白居易，闻得琵琶一曲终，泪湿青衫涕染心。而饱受战乱之苦，历经岁月沧桑的杜甫又怎能不"感时花溅泪，恨别鸟惊心"。

岁月的脚步浩浩荡荡地从远古走来，又一路逶迤地向历史的纵深处走去，每当国将不国之时，便凸显我们这个民族坚挺的底色和不屈的意志。面对崛起在白山黑水间女真族的大举进犯，精忠报国的岳飞，抬望眼，仰天长啸：还我河山！那"还我河山"的浩歌，何尝不是大英雄椎心泣血、报国无门的绝唱。

草木枯荣，江河呼啸，岁月的脚步一路向我们走来。嗒嗒的马蹄声踏破了卢沟桥的寂静。1937年7月28日，如血的太阳旗飘扬在北平如血的夕阳里。梁实秋先生一边抚摸长女文茜的脑袋，一边涕泪滂沱地说："孩子，从明天起你吃的烧饼就是亡国奴的烧饼！"但断鸿声里的那一声悲叹，显示着他华夏子孙的一片冰心！

人如潮，歌如海，炮如雷。1949年10月1日，历经沧桑的天安门城楼上，人民领袖毛泽东亲手升起了第一面五星红旗。人们的热泪飘洒在十里长安街的金风里，领袖的眼泪抛洒在天安门的金风里。"忽报人间曾伏虎，泪飞顿作倾盆雨。"流吧，尽情地流吧！这是站起来的中国人自豪的泪，幸福的泪。

邓稼先与杨振宁，这是两个让中国人骄傲的名字。杨振宁在美国听人说：中国人的原子弹是由美国科学家参与做成的。他到了国内，很想问邓，但是没有启口，直到上飞机时，他问了："有没有美国人？"邓稼先没有直接回答，回家立即请示周总理，派人赶到上海杨振宁的送别宴上亲手交给他。杨振宁当场打开，一看，立即泪流满面地到洗手间去了。作为一个宴席的主宾，突然泪流满面，人们的惊讶可想而知。他流泪了。他当年在云南，后来在海外盼望过的强国梦，被他的同学实现了。这是他的祖国。中国人再不必有屈身向外之感了。他的泪水流在中国，中国接受着。

桃红柳绿，浪飞潮起。走在一弯浅峡边，望着那白鸥翩跹，诗人余光中泪眼蒙眬地边走边吟："当我怀乡，我怀的是大陆的母体啊！诗经中的北国，楚辞中的南方。"这就是血脉的泉源，思想的图腾，人格的标高。这就是根，这就是魂，这就是凛凛岁月里的点点泪花，如金如玉，如练如雨……（有删改）

【点亮技法】

"岁月的眼泪"其实就是爱国者的眼泪，看来"眼泪"是贯穿文章始终的线索，也是贯穿全文的一条抒情线索。作者以这条抒情线索将自己所写的材料统一起来，从而多方面地展开记叙描写和议论抒情。文章紧紧围绕"岁月的眼泪"来诠释爱国情怀，从陈子昂的怆然涕下、岳飞的椎心泣血，到梁实秋的涕泪滂沱、毛泽东的眼泪抛洒，最后到杨振宁的泪流满面、余光中的泪眼蒙眬，我们仿佛看到了"血脉的泉源，思想的图腾，人格的标高"。

作者把"岁月眼泪"饱含的深情倾泻在文章的字里行间，并以此编织全文，强化了作品激荡人心的爱国主义主题，有积极昂扬的精神充溢其中。读之，我们会被它荡气回肠的崇高的爱国主义精神所感染。

【学艺之作】

那一朵荷花给予我的

陕西省岐山高级中学　张驰

村头有一个大大的荷塘，盛夏时分，搽着淡妆的荷花欣然开放。因为，我与荷花有个约定。

那是一年前的盛夏，闲来无事，便漫步到村头那个大荷塘。水塘中的荷花争娇斗艳，使人仿佛置身于五彩缤纷的童话世界。我被眼前的景色陶醉，大声吟诵着"接天莲叶无穷碧，映日荷花别样红"的诗句。在那里，水被染成了红色，天也被映成了红色。

不经意间，我发现了一朵与众不同的荷花，柔弱的枝干顶起蓝色的莲蓬，形成一片红海中的一点蓝的奇特景色。细细观察，它的枝干是那么柔弱，仿佛一阵强风就能将它拔起，它的身躯是那么瘦小。要不是它水晶般的颜色，它真的会淹没在茫茫花海中。我怜惜地看着这一朵荷花，想用我眼中的一泓清泉给它浇灌，想把它捧在手心，想分享它的快乐与忧愁。天色已晚，我与它约定，明天再见。

快乐的时光总是短暂的。小小的人儿慢慢长大，各种烦恼增多了。一段时期，在学习上遇到了困难，受尽了别人的挖苦与冷遇，心里常常阴雨连绵。有一天，因为上课回答不出老师的问题，心里实在难受，就跑到那令我魂牵梦绕的荷塘。一个人坐在草地上无助地哭起来，静谧的荷塘无声地倾听，给我以心灵上的安慰。

突然，狂风大作，好像在发泄它对生灵的不满。不一会儿，暴雨倾盆,豆大的雨点儿落在我的身上,更落在了我的心里。抬眼望去,狂风摆弄着荷花疯狂地舞蹈。风更紧了,它仿佛想把荷花连根拔起,抛进无尽的深渊。那水晶般的蓝呢?狂风拉着它的枝干,疯狂地撕扯,想把它摔得粉身碎骨,但它任由狂风暴雨摆布,也不愿倒下。我的心随着它的遭遇一紧一紧的。风停了,雨歇了,一切又恢复原样,世界依旧是那么美好。我不敢睁开我的眼睛,我害怕失去蓝水晶。睁开双眼,我看见了!我看见了一片红海中的一点蓝。它已梳洗了自己的妆容,随着风向我招手呢!

我仿佛听到蓝水晶对我说:"生活不会总是一帆风顺的。不用在意别人的看法,欣赏自己的与众不同吧。不要绝望,不要放弃,经历狂风暴雨后定会等来胜利的彩虹。"

我明白了,成功之路是由人们脚踏实地走出来的。不付出汗水,哪会收获果实的香甜?从此,我与荷花有个约定,我们约定共同经历风雨,共同分享雨后的彩虹。

那一朵荷花给予我的,是敢于奋斗的勇气和毅力。

天色已晚,伴着点点星光,我离开了荷塘。回头一望,淡妆的蓝水晶向我微笑。心里默想,不要忘记我们的约定,我期待我们共同拥有的彩虹。

再见了!这蓝水晶般的荷花。

【学艺感言】

小作者以"那一朵荷花给予我的"为行文的线索,写了荷花给予"我"的精神力量。文中,荷花是作者倾诉深情的抒情线索,也成了作者生活的动力和源泉。在"我"高兴时,它与"我"一起欢乐、幸福;在"我"忧愁、苦恼时,它给"我"热情的鼓舞和力量。这种以物传情、以情织文的方法与例文有异曲同工之妙。

本文虽写出了真情实感,但与例文相比,主题不是很鲜明,也缺少深刻的思想内容。在语言上,本文语言比较平实,个别语句比较啰嗦,平时写作时应该多锤炼一下语言。

解读试题的"暗示话语"

诗歌语言本身就有咀嚼不尽的特点，而命题者设计的试题也含有许多暗示性的话语。应考中，考生如若能够细细品读这些"暗示话语"，就会抓住诗歌和试题的内核，进而开启鉴赏诗歌之法门，有效而准确地解答试题。

一、解读诗歌文本潜在的暗示话语

高考古代诗歌鉴赏所选诗歌都篇幅短小、抒情性强。因此，积累古代诗歌的相关知识是十分重要的。考生只有谙熟诗歌特别是古代诗歌的一些基本的常识和特点，才能准确地答好试题。

首先，要领会诗题的暗示语言。看人先看头，赏诗先赏题，诗歌的题目往往富含诸多信息。把握诗歌的题目就抓住了诗歌的重点和核心，使鉴赏诗歌能做到有的放矢。2005年全国卷Ⅱ要求鉴赏白居易诗《邯郸冬至夜思家》。在鉴赏时，只要从诗题中"思家"入手，就很容易感悟出诗中作者抒发的思乡思亲的思想感情。2006年四川卷鉴赏诗歌《夜归》，要求回答："本诗是怎样以'夜归'统摄全篇的？结合全诗简要分析。"实际上这个题目要求回答"夜归"在诗中是如何体现的。读文题可以看到和感到诗人感情的脉络，即"夜"是诗人所写之景，"归"是作者所写之情。故此，首句"夜深归客依筇行"点"夜深"，刻画出"归客"挂杖而行的疲惫之态。而以下诗中的"冷燐""萤""月"等意象渲染夜色的凄凉，以夜深仍在田塍、泥径中孤行的艰难表现出归家的心切。末句"竹窗斜漏补衣灯"以画面收束全诗，与先前的艰难和凄凉形成反差，更烘托出游子深夜归家的复杂心情，意味深长。从以上分析不难看出，读读诗题，品品诗题，鉴赏诗歌也是易于操作的事。

其次，要解读诗作者的暗示语言。古诗鉴赏都给出了作者，而许多作者同学们可以说耳熟能详。针对此种情况，联系作者的创作风格和时代背景去解答试题，显然大有裨益。2005年北京卷鉴赏陆游的词《夜游宫·记梦寄师伯浑》，要求比较"词中'自许封侯在万里，有谁知？鬓虽残，心未死'与陆游的《书愤》中'塞上长城空自许，镜中衰鬓已先斑'，两处表达的思想感情有何异同？"如果考生熟知陆游诗的主题大多为爱国主义，那么两处表达的感情的相同点"抗金报国建功立业的爱国之志和壮志未酬理想落空的伤感之情"就不难答出。2006年江西卷要求鉴赏南宋诗人杨万里的诗《三江小渡》，要考生分析"诗人采用了什么手法表达作品的主旨"。考生可以凭借自己对杨万里的了解，并结合杨万里的诗常常以比喻手法来穿透哲理，这样就能自然而然地找出本诗运用的比喻、对比、象征等艺术手法，也会说出这些艺术手法的作用和好处。

再次，捕捉形象的暗示语言。一般地说，形象是诗歌中表达作者情感的事物，包括抒情主人公的形象和诗歌描绘的意象。具体而言，形象与意象相关，意境是形象与意象的结合体。

要领会意象的深刻内涵。2005年江西卷考查吴涛的诗《绝句》，题目要求回答"此诗体现了怎样的季候特点"。如果考生能抓住诗中"游子""春衫""桃花""野梅酸"等意象，再结合"蛙声歇"意象的分析，答出"春夏之交乍暖忽寒"的季候特点也很容易。再如，2006年浙江卷要求鉴赏元曲《[正宫]叨叨令》，第一问题要考生从上片"溪边小径舟横渡，门前流水清如玉。青山隔断红尘路，白云满地无寻处"四句中找出两个能体现温润柔美特点和给人飘逸渺远感受的意象。考生如能结合"门前流水清如玉"和"白云满地无寻处"这两句，扣住"流水""如玉"的特点，抓住"白云""无寻处"的特征，填上"流水"和"白云"两个意象是很简单的。

要捕捉情景交融的意境的深层含义。2005年全国卷Ⅰ就是从意境角度设题的，要求考生阅读《春行即兴》，从"景"和"情"的角度来赏析诗。实际上，这只是将意境换了种说法，说成了"情景二端"。考生只需借助原诗把诗中所写的景与情一一落实，组织"'花自落'、'鸟空啼'之景显示了山中的宁静，从中更透出一丝伤春、凄凉之情"这样的答案要点也是很容易的。2006年四川卷鉴赏宋代周密的《夜归》，要考生赏析"竹窗斜漏补衣灯"这一耐人寻味的画面蕴涵的感情。这样的题目也是在考查学生对诗歌意境的掌握程度。结合全诗可以看出，这句诗所写之景（竹窗茅舍中，一缕昏黄的灯光从竹窗斜漏出来），是想象或是实写，而如此之景可以从中窥见诗人怀乡思归的感情，也表现出家中亲人对游子的关切和思念之情。应考者如能以情与景结合的意境来参悟这首诗的最后一句，说出画面的蕴涵是不成问题的。

二、解读试题蕴含的暗示话语

除诗歌文本外,试题也蕴含着许多暗示性的话语,解读试题是鉴赏诗歌的关键。

解读注释中的暗示语言。高考试题一般不注释,而作了注释的一定是很重要的,因此,要引起足够的重视。2005 年福建卷注释提供了《与夏十二登岳阳楼》是李白遇赦而作。据此可以看出这首诗的抒情基调是乐观的、高兴的。在比较"雁引秋江去"这一句与"雁别秋江去"这两句哪句更妙时,不管赞同哪一句,作者表达的感情都应该是一致的,也就是全诗表达了作者的喜悦之情,而这种感情均以诗人眼中所见之物传达渗透而出。再如 2006 年浙江卷注解了"侬"和"鹦鹉洲"的含义所指,这就明确提示了这首元曲是以隐士的口吻写的,很显然表现了隐士对"世外桃源"似的环境的喜爱之情和超然物外的隐逸情怀。考生在鉴赏时,细细品读注释,准确鉴赏也是可能的事。可见,鉴赏命题者的注释很重要,做题时一定要特别关注,做到有注释必读,有注释要细读。

解读题干的暗示语言。鉴赏题的题干标示着答案的指向和答题方向。把握其暗示性的话语,必须注意题干设题的语言特点,即指向性和层次性的特点。如 2006 年福建卷要求鉴赏李商隐的诗《端居》,问题有两个,一是就语言方面的炼字特点来理解诗句,二是就三、四句的艺术手法作简要分析。从指向性说,两个问题是要求考生从语言和艺术手法两个方面分别鉴赏这两首诗;从层次性说,前一个问题是回答后一个问题的基础和前提,答好第一问,才能答出第二问。

在解答试题时,我们还必须注意诗歌鉴赏题的三种模式。我认为,古诗鉴赏题的模式有如下三种类型:引语式试题、问答式试题和开放式试题。而不论哪种形式都给考生提供鉴赏的思路和角度,细读引语,深思问题,这样会有助于解答问题,从而有效地完成诗歌的鉴赏。

2003 年全国卷引出"诗眼"的说法后,要求考生紧扣这一术语来分层次赏析——先找"诗眼",然后结合全诗来分析。这是一道典型的引语式鉴赏题,读懂引语是解答的前提条件。2006 年江苏卷要求鉴赏元人魏初的词《鹧鸪天》,题目分为三个问题:一是说出前两句表达的作者思想感情,并说出"又"字的好处;二是说出"满林残照见归鸦"一句在表达技巧上的特点;三是说出最后两句"几时收拾田园了,儿女团圞夜煮茶"为什么写得感人,你是如何看的。三个问题有层次性,也有暗示性和指向性,这是典型的问答式的鉴赏题。解答此类试题,一定要循序渐进、逐一突破，这样才能答好试题。2006年湖南卷鉴赏题是一道开放式的试题。题目给出了《红楼梦》中薛宝钗和林黛玉的两首题为《咏白海棠》的同题诗，并且试题已鉴赏了薛诗，而要考生就两诗"着眼于白海棠之'白'，但绘形写神各不相同"的写法进行鉴赏。鉴赏时就必须吃透咏物诗形神兼备的写法特点，并仿照命题者给出的鉴赏思路来完成鉴赏。因此，先体悟"白海棠"外形之描写"梨蕊之白"和"梅花之魂"，然后联系黛玉的品行、人格，从中悟出体现的诗人的孤高傲世的精神。在此基础上，仿拟示例分析其采用的拟人手法、贬词褒用等艺术技巧。如此一来，分析不仅切合了原诗，而且与命题者的立意也相靠近。当然开放式的鉴赏题还会有一种根据要求写鉴赏短文的形式。不过，这种鉴赏毕竟太随意了些，因而各省市试题还未出现。可以预见，这类试题一旦出现，必以明确的要求来限定鉴赏的范围和角度，所以注意题干的暗示性和指向性仍然是十分重要的。

诗歌是含蓄的艺术。鉴赏诗歌时，我们除了挖掘诗歌文本潜在的内涵外，还要吃透试题蕴涵的暗示性语言，抓住了所有这些暗示性和指向性的语言，就抓住了诗歌跳动的脉搏，鉴赏诗歌时也会渐入佳境。

瞄准赋分，精细作答
——高考现代文大阅读的答题技巧

高考现代文大阅读大多考查的是散文。本文以2009年全国卷Ⅰ大阅读材料当代作家雷抒雁的散文《彩色的荒漠》为例，具体说明一下如何瞄准试题赋分、精细作答的方法和技巧，以期对广大考生有抛砖引玉之效。

一、瞄准赋分，精细查找，准确概括

在解答现代文大阅读题时，我们都有一个共识，那就是要始终关注文本，不做无根无据的解读，不生造答案。因为大家都知道：现代文大阅读的答案，一般至少有一道题的答案在文章中可以直接查找到，还有一道题的答案可以在整合原材料的基础上回答出来；即使最后一道鉴赏评价类题目，它的第一小问的答案也常来源于原文。并且，高考现代文阅读是一种浅层次的共识性阅读。因此，我们不用脱开文本来编造答案，而要紧扣原文，寻找答案，即使距离原文比较远的题目，也应该以原文为起点回答。

具体到做题时，考生一定要对照赋分，细心查找答案，学会准确概括和巧妙整合答案。假若赋分是4分，问题又分为两问的话，一般地讲，两问得分是各占2分。有时第一问1分，第二问是3分，这是第一问比较简单时的赋分情形。看清和猜准了赋分后，就可以在原文中查找答案了。查找时，要重视题干中的"哪些""什么"等词语，如果是"哪些"，就不能答一点，至少有两个要点。如果赋分多的话，还要找三到四个要点。2009年全国卷Ⅰ《彩色的荒漠》设计的第一个问题是："文章第一段描写了戈壁滩的哪些特点？联系全文，谈谈作者这样写有什么用意？"这个题目，第一问比较简单，回答时，要找全原文的信息，从"哪些"这个词来看，至少应该有两点。经过查找原文，第一段中的"黄沙漫漫""戈壁""残棋""艰难地进行命运的博弈"等词语，可以概括"戈壁滩环境的恶劣"这样的特点；而从"灰色，到处都是灰色"这样的词语中，可以概括出"戈壁滩色彩的单调"的特点。至

于后一问，题干要求你"联系全文"回答，你就必须通览原文。浏览原文，你会发现全文所写不是顺着这个意思写，而是从反面写的，下文写的石油工人的劳动和他们工作服的颜色，提示答案要点至少有两点：一是为下文写石油工人的劳动埋下伏笔；二是从色彩上形成对比。再能补充答出这种写法的名称——欲扬先抑的写法，就更完整了。做这样的题目，一定要查仔细，想全面，写周全。全国卷阅读题的第二道题目"解释下列两句话在文中的含义"这道题，仍然要先在原文找出原句，然后结合上下文来理解。理解文章重要的句子，简单地说，就是将原文中有意蕴的句子的意思说直白一些、通俗一些，通常就是把原文的比喻、象征等含蓄的句子还原为人人都能听懂的、人人都能明白的语言，并注意说出作者的思想感情的倾向。从赋分讲，此题共 4 分，每小题 2 分。每小题要理解的句子是各有两个分句的句子，每个分句的理解看来是各占 1 分。回答时，就是要在查找和阅读原文的基础上，把这两句话解释一下。要说出"只有荒凉的沙漠，没有荒凉的人生"这一句的含义，就要先查找。查找之后，发现这句话在文章的倒数第三段，结合前面写的内容，可以看出作者显然是在写石油工人的劳动生活。因此，这句话前面说的是沙漠环境的"荒凉"，而后面说的是石油工人的劳动改造荒凉的沙漠。要说出"我喜欢这些树，视它们为上天兆示给人类的精神榜样"这句话的含义，同样要在原文中找到该句。经查找可以肯定，显然写胡杨树倾注了作者的感情，作者由胡杨树的精神升华到人的精神，据此可以从两个角度来回答：一是胡杨树包含人的感情，二是具体包含怎样的感情。如此回答，就切合试题的赋分要求。第三题要考生回答为什么"在他所看到的一切色彩中，最鲜艳夺目的是石油工人身上工装的颜色"。这道题实际上直接查找就可以回答，而赋分 6 分的提示暗示要写出 2～3 个要点，如果信息多的话，最好要找出或概括出三个要点。精读原文倒数第三段，很容易找出三点来：一是"最鲜艳夺目"；二是"肃然起敬的颜色"（仰慕和赞颂之情）；三是"有如朝霞，有如春花，更似共和国飘扬的旗帜"（爱国精神）。对准赋分找出这三点之后，稍加概括整合就是很完整的答案。不过找到的答案要整合和概括，整合和概括时各个要点的意思不能重复，否则，会丢掉分数的。

二、瞄准赋分，精细思考，写好答案

有人认为，高考现代文阅读的解答过程就是考生与文本、考生与作者、考生与命题者互相对话的过程。这话说得不无道理。而要对好话，考生就必须学会深入仔细的思考。因此，做现代文大阅读题时，一定要对准赋分，冷静思索，精细思考。思考什么呢？一是要思考文本的主旨，思考题干之所问，思考命题者之意图，尽量与命题者的意图相靠近；二是对照赋分，思考答案的内容要点以及答案的层次和思路。一句话，就是紧扣赋分确定回答问题的条理和内容。在深入思考之后，就要着手组织语言了。写答案之前仍然要再结合赋分思考一番。为了使写的内容充实一些，可以在草稿纸上很潦草地打草稿，至少应该在草稿纸上有意识地画一下。这种胡写乱画的意识往往可以点燃考生创造的火花，有助于写出最完美的答案。这里，提醒大家一定要有"想清再写"，特别是在回答大阅读的最后一道主观性题目时，千万要对照赋分思考答案。如果赋分是 8 分，题目为两问，最少每小问要答出两大点。在组织答案时，虽然最后一道题一般都是考查考生的鉴赏和评价文学作品的能力，但是仍然要从文本出发来回答问题，要将叙述文本的语言和效能性的语言结合起来，使写出的答案层次清楚，有血有肉。不少同学写的答案常常只重效能性的语言，忽视对文本的领悟分析，缺少血肉；相反，有的同学只概括文本，忽视现代文大阅读过程中读者与文本、作者、命题者交流的特点，理悟不深，缺少必要的效能性的语言，或者领悟肤浅。造成以上的失误的原因，简单地说，就是没有瞄准赋分进行深入思考。我们看 2009 年全国卷 I 大阅读的最后一道题："在文章最后，作者是采用哪些方法来写克拉 2 号气井的？表达了什么样的思想感情？请简要分析。"这道题赋分值为 8 分，有两个问题，其中第一问简单一些，围绕表现手法来回答就可以，而问题的重心应该是第二问。推测一下，第一问回答正确绝对不会得到一半的分数。但回答第一问是回答第二问的前提。在原文中查找以后发现，这个问题要在文章的倒数第二段寻找，很容易找的句子有："和沙漠地貌截然不同"，这里显然是在将沙漠和气井之地对比着来写；"打下了井，钻出来气，修成了路，铺下了管道"，这一句很明显是排比；"急促喘息声"这样的词语，这是拟人化的写法；而"我真想"领起的几句，也很显然是作者的联想和想象。这里强调的是，回答第一问很容易，关键是回答第二问，要回答好第二问，就要写好描述文本内容的语言和体现表现方法的效能作用的语言。应该先说明表达技巧在文中的具体表现，而后再说明在文中的效能和作用，要结合表现方法的一般作用来具体回答。

当然，要瞄准赋分，写好答案，还要加强平时的现代文阅读的考题训练和考题研究，尤其是要多做真题，多研究真题的答案。如能这样，在考试中就会游刃有余地拿到现代文阅读题的满意分数。

织就清晰脉络，缝缀无缝"天衣"
——高考作文行文过渡技法例谈

一篇文章，句与句之间，段与段之间，一定有必然的衔接，这衔接就是过渡。恰当安排文章的行文过渡，既可以使文章脉络清晰，行文自然，结构谨严，又可使文章层次结构新颖、鲜活。

一、过渡总领全篇，内容纲举目张

文章开头部分总有一种引出下文的句段，这样的句段就是总领性的过渡，往往起到提挈全篇的作用。

在记叙文中，总领性的过渡常常以倒叙或插叙的形式出现。朱自清的《背影》一文，开篇就这样写道："我与父亲不相见已二余年了，我最不能忘记的是他的背影。"这样的开头，有总领全文的作用，也为全文的抒情奠定了基调。在插叙中，这种过渡除了总领下文外，还有承接上文的作用。鲁迅的小说《故乡》一文中，在叙写"我"与母亲的对话后插入了对少年闰土的回忆，用"这时候，我的脑海中忽然闪现出一幅神奇的图画来"这样的句子来过渡，不仅与上文自然承接，也引出了下文对少年闰土的回忆。

议论文也采用这种总领式的过渡方式。2012年课标区满分作文《带着善心上路》一文，文章开头写道："人生本是一场修行，一个人做出的每一个选择，都有其对应的结果。带着善心上路，终会收获善果。"这里，作者在论述人生修行之后，提出了人生要"带着善心上路"的观点，点明了文章中心论点。而正文部分，又分别从"带着善心上路，你会收获一条碧溪""带着善心上路，你会收获一场春雨""带着善心上路，你会收获一颗明珠"三个角度论述，三个分论点又分别对下面的论述有总领作用，全文以这种总领式的过渡结构全篇，形成文章脉络分明、结构严谨、行文自然的显著特色。

二、过渡承上启下，行文前后相应

承上启下是过渡的基本特色。记叙文和议论文的过渡都有这样的特色，但因其文体的不同而其作用略有不同。

记叙文这类过渡有两种基本形式：承接式过渡和对比式过渡。2012 年的江苏卷要求以"忧与爱"为题作文，两位考生都选择记叙文来写，但过渡是有区别的：一考生叙写自己由于参加夏令营怕母亲担心，于是与母亲通了电话，当作者描写完通话情景之后，考生以"挂电话的那一刻，我分明听到母亲那一头传来一声忧郁的叹息"这一句过渡，引出下文母亲与自己交流的往事，这显然是承接上文写的。而另一位考生写的是自己的父亲，开头写"我"由于考试失利，欲挨父亲斥责，结果父亲不吃晚饭走了；接下来作者写道："一走就是半个多月。可昨天，你又'神奇'地出现在家里。"最后以细腻的笔触生动描写父亲对自己的关心，与开头父亲的深沉形成鲜明的对比，体现了考生高超的欲扬先抑的写作技巧。

议论文的这种过渡有多种形式，概括地说，有下面两种基本形式：

（1）正反对照式过渡。这种过渡一般就是将正面论证与反面论证结合，前后论证构成相互对照的特点。如 2012 年安徽卷满分作文《转变思维方能创造辉煌》一文，先用邓亚萍和"重庆莘子"的事例，论证了在人生的历程和追求理想的路上"需要我们转变思维"，作者接着说："如果不懂得转变自己的思维，我们的人生又将会怎么样呢？"然后文章列举了项羽和屈原事例，从反面论述，强化了文章的中心论点，不仅使文章的前后论述内容紧密结合，而且使文章的结构上下贯通、自然流畅。

（2）引申式过渡。主要有大与小事例之间的引申、古今事例之间的引申、多与少事例之间的引申、并列事例之间的引申、特殊与普遍事例之间的引申等。例如：2012 年浙江卷满分作文《鼓掌是一种精神》在后半部分论证时，论述自己为班级运动会鼓掌事例后，考生用"生活就是这样，不参加不代表没有参与"这一句过渡，由小到大，深化了中心论点，自然贴切；重庆卷满分作文《拿出真诚的心》先分析文题中这位工人忠于职守的品格获得救助，接下来作者以"在我们身边，还有很多和那个工人一样的人，真诚地对待每一个人"这个句子作为过渡段，引出下文，体现了前后过渡的由少到多、由个别到一般的引申关系，增强了文章论证的说服力；广东卷满分作文《活在自己的时代》一文，先列举曼德拉的事迹，然后用"活在自己的时代的还有蒂姆·波顿"这一句过渡到对这位伟大的荒诞电影之父的引述，体现了前后过渡的并列引申关系，也使文章的论证更深刻；天津满分作文《数星星的孩子与懵懂的鱼》一文，先详述张衡的事例，接着以"时光流逝。现在的孩子们，还有几个有张衡那样的'数星星'的幸运呢"这一句作为段落过渡，前后文显然是古今对照的关系，这样论述，既有正反对照的特点，也把论述引向了深入，强化了议论的现实针对性。

叙议水乳交融，举例巧妙灵活
——议论文如何举例论证

谈到议论文的论证，我们自然会想到"摆事实讲道理"，其中的"摆事实"就是举例论证。运用举例论证就要将叙述的事例与发表的议论结合起来，不过在举例时要巧妙灵活，这样才能表明作者的观点和态度，达到以理服人的目的。

【技法揭秘】

一、叙议结合，阐发观点

叙述与议论的结合是举例论证时通常采用的两种表达方式，其形式一般有以下三种具体形式：

先叙后议。这种形式用在开头，一般就是先叙述一个事例，而后得出结论。比如恩格斯的《在马克思墓前的讲话》一文开头写道：

> 3月14日下午两点三刻，当代最伟大的思想家停止思想了。让他一个人留在房里还不到两分钟，当我们进去的时候，便发现他在安乐椅上安静地睡着了——但已经永远地睡着了。

接下来一段，作者以议论的方式对马克思的逝世的影响评价道："这个人的逝世，对于欧美战斗的无产阶级，对于历史科学，都是不可估量的损失。"如此先叙后议的形式，自然恰当地点明了文章的中心论点。

先议后叙。就是先发表议论，然后再叙写事例。例如杨澜的文章《人的成长需要寻找三个坐标》在提出人生要找"时代坐标""自己的优势坐标"和"自己内心的坐标"三个坐标的观点后，详述了自己前后采访基辛格博士的具体事例，具体深刻地阐明了自己的观点，在如此先议后叙的基础上，文章末尾自然地点明了文章的中心论点。

边叙边议。事实上，议论文事例论证时总是采用边叙边议的形式来写，也就是说，作者在论述时一般都是带着自己的观点来叙述的，如此论述就有很浓厚的议论色彩。鲁迅的《纪念刘和珍君》第五节第三自然段三个句子就是用这种夹叙夹议的方式来写的：第一句三个分句，前两个分句前半部分是叙述，后半部分是议论；而中间一句"当三个女子从容地辗转于文明人所发明的枪弹的攒射中的时候，这是怎样的一个惊心动魄的伟大啊"，这一句是叙议结合；最后一句"中国军人的屠戮妇婴的伟绩，八国联军的惩创学生的武功，不幸全被这几缕血痕抹杀了"。在叙述中融入了议论。这个段落以叙议结合的方式很好地传达出作者极度悲愤的思想感情。

二、灵活举例，印证观点

单个举例印证观点。全篇文章除了对材料进行分析论证外，主要用一个事例来阐述观点。蔡元培的《就任北京大学校长之演说》开篇写道：

五年前，严几道先生为本校校长时，余方服务教育部，开学日曾有所贡献于学校。诸君多自预科毕业而来，想必闻知。士别三日，刮目相见，况时阅数载，诸君较昔当为长足之进步矣。予今长斯校，请以三事为诸君告。

这篇演讲稿开头叙述一个事实，全文就围绕这个事实展开议论，这个事例是全文议论的出发点，文章的所有议论都是由此事实生发出来的。

鲁迅先生的《拿来主义》全篇仅仅就当时现实中的"送去主义"的几种现象，进行深入剖析，然后反向思考，提出"拿来主义"的观点，切中时弊，达到了振聋发聩的艺术效果。

枚举事例印证观点。枚举事例就是列举众多的事例来证明中心论点，有两种基本形式：一是为证明中心论点列举多个事例。著名历史学家吴晗的《谈骨气》，为了证明"我们中国人是有骨气的"这个中心论点，分别列举了文天祥的事例、不食嗟来之食的事例和闻一多的事例，充分而有力地证明了文章的中心论点。二是为了证明分论点，列举多个事例证明观点。比如林家箴的《说勤》在论述"勤出成果"这个分论点时，依次列举马克思、司马迁、歌德、陈景润和上海女青年等人的勤学事例，很好地阐述了作者提出的这个分论点。

正反事例印证观点。就是列举正反两个方面的事例来证明观点。具体有单个正反事例对比、多个正反事例对比、多个正面事例与单个反面事例对比、单个正面事例与多个反面事例对比等多种举例方式。例如：作家赵锁仙的文章《伯乐就是你自己》一文为了证明中心论点"伯乐就是你自己"，文章先列举了贾平凹、勃朗特三姐妹以及毛遂自荐的正面事例，而后又反面分析了姜子牙的事例，在正反对比中阐明了作者的观点；作家杨柳的《找寻生命最初的善良》一文列举现实生活中郑渊洁和曹文轩两位作家一正一反的事例，对照鲜明，观点突出，<u>丝丝</u>入扣地证明了中心论点。

【佳作展示】

细节绽放人生美丽的花

安徽一考生

天下大事，必作于细。

——老子

月下的昙花懂得，生命的绚丽只有一次，所以，它细心地绽放每片花瓣，让花瓣绽开的每个细节都精心精致，因此它的高雅吸引雅士赞叹的目光。

天上的彩虹明白，生命的美丽只有一次，所以，它细心地呈现每缕色彩，让云霞浸染的每片细节都浓淡适宜，因此它用灿烂装点成天空美丽的花园。

年少的我们读了关于梯子的客户建议，我们应该明白，梯子不用时应该横着放，虽是微不足道的一件小事，却暗示我们，对于细节的关注，进一步确保了更多人生命的安全。其实，生活中，还有更多的细节需要我们关注。有时，细节改变命运，甚至决定成败。所以，关注细节，幸福之花才能静静地绽放在成功殿堂里。

细节决定成败，古人专注于细节因而维护了国家尊严。面对着诡谲的战国风云，大智大勇的蔺相如面对专横的秦王，善于把握每个细节，不但能够完璧归赵，而且在渑池之会上廷叱秦国群臣，有礼有节，捍卫国家尊严，正是因为他充分利用每个细节、完全把握了每个细节，他也因此名垂青史。如果不能充分关注并把握每个细节，只能给个人和国家带来千古遗憾。一代名士荆轲英勇过人，虽然也曾有"执秦王之手，握秦王之袖"的千载良机，可是他没有把握好细节，因而良机错过，刺秦不成，反而加速了燕国的覆灭，荆轲的遗憾告诫我们，如果不能充分把握细节，不但个人殒身丧命，也可能让国家毁于一旦。

细节决定成败，今天的科技工作者专注于细节，实现了我国科学技术的飞速发展。

中国的航天事业能够飞速发展,"神舟七号""神舟八号"和"天宫一号"之所以接连成功发射,正因为祖国的航天人认真细致,每一次火箭发射,他们都悉心检查每个数据、每个程序,专注于每个细节,所以我们的航天发射能够屡创奇迹。而美国的航天飞机发射多次发生坠毁事件,究其原因,就因为有些细节没有关注到。因为微不足道的细节造成科学事业的巨大损失,又何止航天飞机的失误啊?

细节决定成败,古今中外的艺术家正因为专注于细节才实现了人生的辉煌。

您曾记得因为沉思于"推敲"而苦吟的贾岛吗?您曾感叹于"吟安一个字,拈断数茎须"的卢延让吗?您曾仰慕于"草枯鹰眼疾,雪尽马蹄轻"的王维吗?他们之所以能立足于华夏诗坛,正是因为他们专注于诗文中的每一个细节。贝多芬注重推敲每个音符,他的交响乐才持续震撼人们的心灵;王羲之注重书写每个笔画,他的《兰亭集序》才始终吸引书法爱好者竞相模仿。

年轻的朋友们,梯子横着放,虽然只是个微不足道的细节,相信你已经懂得:细节决定成败,只有专注于细节,我们才能够作出伟大的贡献。

月下的昙花专注于细节才展现高雅,天上的彩虹专注于细节才谱就绚烂,风华正茂的年轻学子啊,只要我们也专注于细节,我们的人生就一定能够绽放美丽。

【亮点扫描】

立意深刻、思路清晰是本文的突出特点。全文紧扣中心论点"细节决定成败",开篇以两个文采段引出第三段对原材料的论述,中间部分从三个方面来阐述中心论点,分别列举蔺相如与荆轲、中国航天发展与美国航天发展以及贾岛、卢延让、王维和贝多芬、王羲之等事例,这些事例中前面两组是用正反对照的事例来论述的,后一组是用枚举事例的形式来论述的,这种形式的论证结构,便于分层表达作者的观点,给人文体鲜明、结构谨严的感觉。

【金题预测】

阅读下面文字,根据要求写一篇不少于800字的文章。

最近作家梁晓声在他的文章中说:"在法国巴黎,打扫卫生的清洁工与巴黎市长有同样的快乐,甚至清洁工的幸福感更强一些。"著名学者易中天也曾经说过,他从来反对所谓的励志教育。我们的社会现实却与之相反,我们一味地强调干大事,赚大钱,享受充分的成就感。

实际上,做一个优秀市长也好,做一个出色的清洁工也好,都是好的,这个好使我们的社会不断进步和发展,也使我们的这个世界更加和谐美满。

要求选准角度,明确立意,自选文体,自拟标题;不要脱离材料内容及含意的范围作文,不要套作,不得抄袭。

【思路点拨】

这个新材料作文有让人耳目一新之感。材料传达出干工作与生活幸福的关系问题,实际探讨的就是幸福和快乐的问题,这很有哲理。同时,材料的现实性很强,由材料可以谈幸福观的问题、教育观的问题、励志成才成人等问题,可以列举感动中国人物中的郭明义、阿里木、白芳礼等正面事例,也可以对热点素材甘露露母女爆粗、"狼爸"和"虎妈"等现象进行分析。可以说,这道新材料应该预示着2013年课标区高考作文的命题方向。

紧扣文本，调动积累，精细作答
——鉴赏古诗人物形象和事物形象的方法和技巧

鉴赏古诗的人物形象和事物形象也是高考诗歌鉴赏经常考查的内容。鉴赏古诗的人物形象和事物形象，简单地说，要遵从以下三个方面：紧扣文本、调动积累和精心作答。

一、紧扣文本，演绎形象

诗歌鉴赏究其实就是从文本出发来回答问题，对诗歌人物形象和事物形象的鉴赏也是这样。不管怎样的鉴赏，答案的起点都必须来自文本。因此，鉴赏诗歌，一定要认真阅读文本，静心阅读文本，文本是鉴赏的起点，鉴赏的结论必须来自文本。下面我们具体分析以下有关诗歌人物形象和事物形象鉴赏的两道题目：

1.（2011 山东卷）阅读下面这首唐诗，回答问题

咏山泉

储光羲

山中有流水，借问不知名。映地为天色，飞空作雨声。
转来深涧满，分出小池平。恬澹无人见，年年长自清。

这首诗中的"山泉"具有什么品格？诗人借咏山泉表现了怎样的情怀？

要回答山泉的品格，就要对文本进行认真阅读，结合文本中开头两句写山泉自然、平凡的句子和三、四两句写山泉不平凡的方面，还有山泉恬淡自守的特点，就能写出答案。

【参考答案】这首诗在表现山泉得天地之声色，具满涧平池之能的同时，又表现了山泉恬淡自然、清高自守的品格。诗人借咏山泉表现了淡泊清高、任性自然的情怀。

2．（2011 四川卷）阅读下面的宋诗，然后回答问题

怀天经、智老，因访之

陈与义

今年二月冻初融，睡起苕溪绿向东。

客子光阴诗卷里，杏花消息雨声中。

西庵禅伯还多病，北栅儒先只固穷。

忽忆轻舟寻二子，纶巾鹤氅试春风。

请简要概括诗中诗人的形象特点。

这道试题是对诗歌中抒情主人公形象的鉴赏。同样读原作是十分重要的。作品的开篇写时间变化，一夜之间，春水已涨，尽向东流，顿生怀友、访友之意，笔意至此，先出一折，写自己安于贫贱，甘于淡泊，在吟诗作赋的生涯中，看到杏花春雨又送来一个春天，心中充满了顺适之感。自己如此，友人也是一样，所以下面写己即写友，写友即写己，二者交相为用，互为生发，以见出心灵的相契，见出溪涨思友的心理依据。有了前面的铺垫，末二句就顺理成章地踏上了访友的路途，至于见到友人后的情形，却留给读者自己去想象。"客子光阴诗卷里"写客中吟咏送日的宁静、淡泊，"杏花消息雨声中"写一个清丽的境界，从而构成一个和谐的整体。

【参考答案】诗人形象：情趣高雅、珍视友情、风流飘逸。

二、调动积累，定格形象

古诗鉴赏时，人物形象和事物形象是有一定规律性的。比如人物形象一般分为诗歌中刻画的人物形象和抒情主人公自身的形象两大类。事物形象，就是物象，即被作者人格化了的描写对象。中国古典诗歌有一大类叫"咏物诗"即是托"物"言志。对咏物诗的鉴赏，不要停留在其外形特点上，要挖掘事物内在的神韵、品格、精神，找到与"志"的契合点。诗人常借助具有一定象征意义的物象来隐喻、传达、透射出自己的品格节操、思想感情。作者塑造事物形象是为了言志、抒怀，这是咏物诗的一个重要特点。

不仅如此，要对一般的人物形象和事物形象的类别了如指掌，以此定格诗人笔下的人物形象和事物形象。

概括起来，古代诗歌中常见的典型人物形象有以下几种：①孤独、寂寞、思

乡怀亲的旅人形象，多出现在羁旅诗和送别诗中。②征人形象，多出现在边塞诗中。③隐士形象，山水田园诗中常见，主要体现田园生活的闲适。④悲士形象，所谓"悲士"，多是怀才不遇、被贬他乡、功业难成或报国无门的形象。⑤狂者形象，多具有不慕权贵、豪放洒脱、傲岸不羁的特征。⑥身怀绝技或驰骋沙场的英雄形象，诗人多用其来自况或对比。⑦宫女形象，诗中多描写其生活和精神状态，诗人寄予同情；也可能以宫女自况，反映不受重用的失落，等等。⑧思妇形象，思念的对象多是为博取功名而远游或为征战而远征的人，诗人也多借此反映社会问题。当然，古诗中的人物形象是很丰富的，还有下层的劳动者、行侠仗义的侠客、天真活泼的孩子等。从人物形象与诗歌作者的关系来看，这些人物类型又可归纳为三种情况：一是诗人在诗歌中刻画的人物形象；二是抒情主人公的形象，即诗人自己（有别于小说中的"我"，小说中的"我"很多时候不是作者自己）；三是刻画的形象与诗人自己合二为一。

至于事物形象，我们必须把握物象的特殊内涵。比如：①以冰雪的晶莹比喻心志的忠贞、品格的高尚（洛阳亲友如相问，一片冰心在玉壶）；②对月思亲——引发离愁别绪，思乡念国之愁（小楼昨夜又东风，故国不堪回首月明中）；③以折柳表惜别；④以蝉喻品行高洁；⑤以草木繁盛反衬荒凉，以抒发盛衰兴亡的感慨（过春风十里，尽荠麦青青）；⑥菊花——坚贞高洁的品质（朝饮木兰之坠露兮，夕餐秋菊之落英）；⑦梅花——傲霜斗雪，不怕打击挫折，纯净洁白（零落成泥碾作尘，只有香如故）；⑧松——坚贞高洁（愿君学长松，慎勿作桃李）；⑨莲——表达爱情（采莲南塘秋，莲花过人头；低头弄莲子，莲子清如水）；⑩梧桐——凄凉悲伤的象征（梧桐更兼细雨，到黄昏、点点滴滴）；⑪杜鹃鸟——凄凉哀伤的象征（杨花落尽子规啼，闻道龙标过五溪。我寄愁心与明月，随风直到夜郎西）；⑫鹧鸪鸟——离愁别绪（江晚正愁余，山深闻鹧鸪）；⑬鸿雁——游子思乡怀亲之情和羁旅伤感；等等。

定格形象除了注意以上积累外，还要结合具体的背景和语境对形象进行具体的分析和理解。比如陆游通常是以庄严、凝重的爱国者的形象出现的，但《看梅绝句》却把自己写成了一个狂者："尊前作剧莫相笑，我死诸君思此狂。"如何理解这个反常的"狂者"形象呢？恐怕只有联系陆游的际遇了。陆游的理想抱负长期不得实现，心中强烈的情感压抑太久，宣泄爆发就会采取一种反常的"狂"的形式，这是一种抗争，也是一种从庸常的生活状态下解脱出来的轻松。黄巢的《题菊花》："飒飒西风满院栽，蕊寒香冷蝶难来。他年我若为青帝，报与桃花一处开。"诗中写菊花开时正是寒秋季节，蜂蝶不来采冷香，诗人以此来抒发自己科场失意、生不逢时的怨气；又以司春之神青帝自拟，要使菊花和盛极一时的桃花同在春天里一起开放，寄托了改变现实的叛逆精神。

三、精细作答，丰满形象

在具体的答题过程中，考生要学会精细作答。简单地说，就是搞懂所问，明确所答，注重答案的过程，最终达到丰满人物形象和景物形象的目的。

具体到事物形象鉴赏，应从以下三步来回答：①概括事物形象特点；②找出"物"与"人"的相似点；③结合背景，体味物象隐喻、传达、透射出的作者追求的品格节操、思想感情。

例如下面这道高考题：

木芙蓉
吕本中

小池南畔木芙蓉，雨后霜前着意红。
犹胜无言旧桃李，一生开落任东风。

窗前木芙蓉
范成大

辛苦孤花破小寒，花心应似客心酸。
更凭青女①留连得，未作愁红怨绿看。

注①青女：传说中掌管霜雪的女神。

两首诗中木芙蓉的形象有什么不同？

要比较就要先概括形象特点，再找出"物"与"人"的相似点，最后分析诗歌蕴含的情感和哲思。所以答案是这样表述的：吕诗着重描写的是逍遥闲适，任由风吹雨打的形象；范诗写的木芙蓉孤苦、心酸，处境凄凉，但作者并没有把这花看作愁苦。前者是闲适之士的豪迈与大度的形象，后者是在凄苦孤独的环境中的乐观者形象。

而准确分析诗歌中的人物形象，必须抓住以下步骤：概述形象（概说性格、身份）、分析特征（展开分析）、点明意义（情感、理想、追求、性格等）。

例如下面一道题目：

山中与幽人对酌
李白

两人对酌山花开，一杯一杯复一杯。

我醉欲眠卿且去，明朝有意抱琴来。

诗中描写的主人公是一个什么样的形象？作者运用了什么描写手法来刻画这个人物形象？

回答这个题目就要从三个方面来诠释：先说出是怎样的形象，而后再说形象的特征，最后点明形象的意义。因此参考答案是这样表述的：诗中描绘了一个随心所欲、恣情纵饮、不拘礼节、自由随便的超凡脱俗的狂士形象。主要运用了动作、语言描写来刻画人物，例如一杯一杯复一杯地开怀畅饮的动作描写，接连重复三次"一杯"，极写饮酒之多和快意之至。"我醉欲眠卿且去""明朝有意抱琴来"等语言，话语很直率，却活画出饮者酒酣耳热的情态，也表现出不拘礼节、自由随便的态度，在读者面前展现出一个高度个性化的艺术形象，表达了诗人自由奔放的感情。

【跟踪训练】

1. 阅读下面这首唐诗，完成下面题目

辋川闲居赠裴秀才迪
王维

寒山转苍翠，秋水日潺湲。倚杖柴门外，临风听暮蝉。

渡头余落日，墟里上孤烟。复值接舆醉，狂歌五柳前。

这首诗前三联描写了哪些富有季节性景物形象？展现了怎样的山水风景画面？抒发了诗人怎样的感情？末尾两句，用了哪两个典故塑造了诗人和朋友怎样的共同形象？

2. 阅读下面这首唐诗，完成下面题目

咏风
王勃

肃肃凉风生，加我林壑清。驱烟寻涧户，卷雾出山楹。

去来固无迹，动息如有情。日落山水静，为君起松声。

这是一首咏物诗。诗人笔下的"风"具有怎样品质的形象？请作简要赏析。

[参考答案]

1. 描写了寒山、秋水、暮蝉、落日、孤烟等富有季节和时间特征的景物，构成一幅和谐静谧的山水田园风景画。抒写诗人的闲居之乐和对友人的真切情谊。以狂人接舆和隐者陶渊明这两个典故，用陶潜自况，用狂人接舆赞许自己的朋友裴迪，从而形象地刻画了诗人和裴迪两个堪称知己的隐士形象。

2. "风"是能急人所急、慷慨奉献的高大形象。诗的着眼点是"有情"。"肃肃"凉风吹散浊热，使林壑清爽；它驱散涧上烟云，使"我"寻到涧底的人家；它卷走山上的雾霭，现出山间的房屋；当日落西山、万籁俱寂的时候，它又不辞辛苦地吹响松涛，奏响大自然的雄浑乐曲，给人以欢愉。

品鉴诗歌韵味，提升人生境界

【文题呈现】

阅读下列唐诗宋词，品味其中饱含的理趣，选取一位或几位诗人的诗句，以"人生的智慧"为题，结合现实和自己的人生体验，写一篇不少于800字的议论文。

①草木有本心，何求美人折？（张九龄《感遇》）
②竹杖芒鞋轻胜马，谁怕？一蓑烟雨任平生。（苏轼《定风波》）
③不畏浮云遮望眼，自缘身在最高层。（王安石《登飞来峰》）
④蚍蜉撼大树，可笑不自量。（韩愈《调张籍》）

【写作指导】

这个材料是以唐宋诗词为对象，从所给的诗句看，这些诗句都有很深的意蕴，而文题也强调写作时要"品味其中饱含的理趣"，因而弄懂每位诗人传达的哲理是审题立意的关键。张九龄的诗可从个性、地位、尊严等角度立意，苏轼的诗可从境界、胸怀、乐观等角度立意，王安石的诗可从眼光、毅力、目标等角度立意，韩愈的诗可从谦虚、自负、见识等角度立意。当然，既可就一位诗人的诗蕴含的哲理立意，也可以将几位诗人传达的哲理结合起来立意。

文体已经有明确的要求，因此，必须写成议论文。不过在议论文结构形式上可以有所不同：若论述几位诗人的诗句，就写成有分论点形式的并列式结构；若论述某一位诗人诗句，就写成递进式结构。

这个题目还要选好素材，注意论证方式。首先要用足所给材料暗含的与诗句有关的作者的事迹素材，比如苏轼的诗句就是他个人旷达情怀的再现，所以议论时不妨围绕苏轼来阐发议论。其次，要紧扣现实，或针砭时弊，或讴歌新风、新人、新事，突出新意，这也是议论文写作的基本要求。再次，论证方式与文章结构一样，一定要既明确，又灵活，千万不能搞成主体部分每个段落一个论证模式，那样只能使文章"老气横秋"，缺乏生机和活力。

【学生作文】

人生的智慧

陕西省岐山县岐山高级中学　程梦泽

有人说，这是一个"拼爹"的时代，只有傻瓜才会去拼命。这话听来蛮有道理，但仔细想却让人难以接受。如果大家都去"拼爹"，去啃老，那么我们不都成了"衣来伸手，饭来张口"的不劳而食者吗？我们又与其他低等动物有什么区别呢？因此，一个有追求的人的人生不应当这样的。智慧的人生应该是为自己活着，靠自己活。

"草木有本心，何求美人折？"唐代诗人张九龄在他的这首《感遇》诗中就形象告诉了我们这个道理。草木有自己的本心，没有必要借助美人的攀折而艳丽、芬芳。一个人也是如此。当代教育家陶行知先生在自编的《自立歌》中也这样写道："滴自己的汗，吃自己的饭。自己的事，自己干。靠天靠地靠祖上，不算是好汉。"一个人要做一个有所作为的人，就得靠自己。我们没有必要躺在父母的"功劳簿"上去睡大觉，也更不能依靠祖上的荣光沾沾自喜，颐养天年。

人生就要靠自己创造人生的价值。美国前总统奥巴马，从小就立下远大志向，发誓要成为美国第一位黑人总统。他凭着自己的不懈努力，经过数十年的奋斗，终于圆了自己的梦。如果奥巴马不靠自己，在美国那样一个至今仍然存在种族歧视的国家，他的梦想绝对是不可能实现的。一个智者，总是会凭借自己的睿智和勇力去开创自己生活的，而生活回报给他的一定是丰硕的果实。

处在当今这个经济社会里，为自己活，靠自己活，就必须活出自我的尊严。活着，就要不屈从于金钱，不屈服于权势，不出卖自己的人格。文学经典中的人物和社会生活中的人物，都为我们树立了典范。窦娥指斥天地，让我们感动；鲁侍萍蔑视金钱，让我们敬仰；朱自清"不食美国救济粮"的铮铮铁骨，更激发了我们的一腔爱国之情。

草木有本心，不求美人折！作家梁晓声曾经说，在法国巴黎，清洁工有着与市长一样的幸福，甚至清洁工的幸福感会更强一些。我相信，在不久的中国，我们全体中国人也会共享这份优厚待遇的，因为"让全体中国人活得更有尊严"是我们的政府向世界发出的最强音,因为"人民对美好生活的向往就是我们的奋斗目标"是我们新时代的领航人掷地有声的庄严承诺。

让我们依靠自己,做生活的智者,活出人生的美丽,活出人生的精彩,用我们共同的美丽和精彩传递出我们这个时代的正能量、正价值!

〔点评〕

开篇在批驳反面观点的基础上提出中心论点,让人耳目为之一新。主体部分注重论证的层次,先援引材料中的古诗进行阐述,后以陶行知的名言印证分析,接着从"创造自身价值"和"活出自己的尊严"两个角度列举典型事例剖析,结尾呼应、深化中心论点,篇末引述梁晓声和国家领导人的话,切近现实生活,收束很有力。文章紧扣一位诗人的诗句立意,立意准确、恰当,行文思路明晰,举例典型、充分,论证具体、深刻、透彻,语言准确、简练、流畅,是一篇可资借鉴的议论文佳作。

人生的智慧

陕西省岐山县岐山高级中学　肖雪

"人生一世,草木一秋。"感叹也罢,忧伤也罢,我们都要活着。不管怎样,我们都要感悟人生的真谛,探寻人生的智慧。那么,人生的智慧到底是什么?我认为,人生的智慧就是要拥有谦虚的态度、开阔的眼界和豁达的胸襟。

谦虚是人生必备的功课。一代伟人毛泽东说"谦虚使人进步"。一个人要进步发展,就必须谦虚。韩愈有感于当时有人对李白、杜甫的诋毁,写下"李杜文章在,光焰万丈长"的诗句,对"李杜"给予高度评价,并且说这些人只不过是"蚍蜉撼大树,可笑不自量"。事实上,韩愈自己就很谦虚,那篇有名的《师说》不正是他谦虚品质的体现吗?任何时候,我们都应抱着谦虚的态度,并将这种态度内化为自己的一种品质。只有这样,我们才可能扬起事业的风帆,奋勇前进。

智慧的人生还要眼界开阔。井底之蛙的故事,大家耳熟能详吧。井底的青蛙之所以见识浅陋,就是因为它把自己囿于一个极小的圈子,所见自然就狭窄,视野也就很难开阔。北宋改革家王安石,站在飞来峰上,眼界宽阔，所以就不惧怕"浮云"，义无反顾举起变法的大旗，被伟大导师列宁誉为"中国11世纪的改革家"，名垂青史。我们每个人都要有眼光，有目标，作为年轻的我们，更应该如此。

　　智慧的人生更要有豁达的胸襟。人生一世，谁能保证永远一帆风顺呢？当我们不如意时，请你不妨想开一点，然后微笑着去面对它。大文豪苏轼，多才多艺，可谓是才华横溢。然而，命运却始终在捉弄他：不论新党执政还是旧党专权，太追求完美和实际的他，总是受尽折磨，仕途坎坷，一贬再贬，而那场"乌台诗案"差点要了他的命，但是，苏轼硬是凭着他的乐观、旷达的心胸挺了过来。一句"一蓑烟雨任平生"是他的心声，一句"也无风雨也无晴"是他的情怀，一句"吾与子之所共适"更是他坦荡胸襟的真切写照。解读苏轼，品味这些佳词丽句，我们不应该只是为那文句击节赞叹，而更应为苏轼的这种囊括宇宙万物的博大胸怀顶礼膜拜，他是我们精神的领袖、行动的航标、困境中的导师。

　　"会当凌绝顶，一览众山小。"人生的智慧没有"绝顶"，但是谦虚的态度、开阔的眼界和豁达的胸襟是开启智慧人生的金钥匙。要靓丽人生，美丽生活，成就梦想，请你把这三把智慧的金钥匙拿起来吧！朋友，为了你的人生和事业，你不会不打算行动吧。

〔点评〕

　　这篇文章选取材料中三位诗人的诗来阐发自己对人生的体验和现实的感悟，立意准确，内容充实，有很强的现实教育意义。全文采用"总—分—总"的思路来论述，论证条理清晰，结构严谨，三个分论点的阐述，论述方法灵活多变，论证清晰、具体、透彻，语言整散结合，为全文平添了论证的力量。

聪敏和谋略过人，政绩与口碑名世
——走近贞观贤相房玄龄

【故事导入】

"吃醋"的由来

据说，唐朝的宰相房玄龄惧内是出了名的。一日，唐太宗请开国元勋赴御宴，房玄龄经不起同僚的挑逗，吹了几句不怕老婆的牛皮，已有几分酒意的唐太宗乘着酒兴，便赐给了房玄龄两个美人。房玄龄不料酒后吹牛被皇上当了真，收了两位美人，想到霸道且精明的妻子，愁得不知怎么才好。果然，房玄龄的老婆不管皇上不皇上，一见房玄龄就大发雷霆。此事马上便被唐太宗及群臣知道了。李世民想压一压宰相夫人的横气，便立即召宰相房玄龄和夫人问罪。房玄龄夫人也知此祸不小，勉勉强强地跟随房玄龄来见唐太宗。唐太宗见他们来到，指着两位美女与一坛"毒酒"说让房玄龄的夫人从这两者中做出选择。房夫人见事已至此，看了看二女容颜，知自己年老色衰，一旦这二女进府，自己迟早要走违旨抗命这条路，与其受气而死，不如喝了这坛"毒酒"痛快。于是举起坛子，"咕咕咚咚"地将一坛"毒酒"喝光。房玄龄急得老泪纵横，抱着夫人抽泣，众臣子却一起大笑。原来那坛装的并非毒酒而是晋阳清源的食醋，根本无毒。唐太宗见房夫人宁死不从，只得长叹一声作罢。从此，"吃醋"这个词便成了女人间妒忌的代名词。

【人物档案】

房玄龄（579—648），名乔，字玄龄，唐朝初年宰相。他是一位出身"书香门第"的纯正儒生，跟随秦王十年艰辛征战，辅佐太宗二十载稳任首宰。他协助李世民经营四方，削平群雄，夺取皇位。李世民称赞他有"筹谋帷幄，定社稷之功"。贞观中，他辅佐太宗，总领百司，掌政务达二十年；参与制定典章制度，主持律令、格敕的修订，又曾与魏徵同修唐礼；调整政府机构，精简中央官员；恪守职责，不自居功。房玄龄是唐代初年著名良相、杰出的谋臣，大唐"贞观之治"的主要缔造者之一。后世以他和杜如晦为良相的典范，合称"房谋杜断"。

【精彩片段】

好学孝顺

房玄龄从小很聪慧，但他像他的父亲一样，非常好学，博览经史，擅长书法，在隶书和草书方面有相当的造诣。他擅长写文章，常常写文章时是一气呵成，很受人赞扬。在秦王府的十多年中，他常主持管记。每当要写军中文书和上奏皇上的书表，他顷刻之间就写成，文辞简练，道理充分，从不拟草稿。唐高祖曾经对身边的大臣说："这个人很懂得事理，足以委托重任。每每见他为我的儿子世民陈述事情，一定能领会别人的心意，虽然在千里之外，好像在对面说话似的。"

房玄龄是个孝子。他父亲卧病在床100天时间，他在跟前尽心服侍，给他喂汤药和饭食，从没有脱掉衣服睡过安稳觉。等到他父亲病故，又是五天不吃东西守丧。

【素材点睛】

勤奋是一个人成就事业的关键，而孝道也是一个人为人的必备素质。如果我们大家都能恪守中华民族这两种美好的品德，那么我们的国家和社会就会更加和谐与美好。

素有远见

房玄龄小时候就很有远见。曾经跟随他的父亲到京师，当时天下太平，商讨时政的人都认为国运将永世无穷，论者咸以国祚方永，玄龄却避开左右的人对父亲说："隋朝的皇帝本来就没有什么功德，只是欺骗迷惑百姓，不为后代作长远的打算，把嫡庶关系搞乱，使他们相互倾轧，各位藩王，竞相崇尚淫靡奢侈的生活，最终必然是内部相互残杀，不能保全家国。现在天下虽然太平无事，但国家灭亡已翘足可待。"他的父亲认为儿子有奇异之才。十八岁考中进士，担任羽骑尉一职。吏部侍郎高孝基一向以善于识人著称，见到他很感慨地说："我见的人多了，没有见过这样的人。这个青年人一定会成大器,只遗憾我不能看到他出人头地了。"

房玄龄32岁时,王簿起兵长白山,房玄龄没有动;窦建德起兵高鸡泊,房玄龄没有动;翟让李密起兵,房玄龄只是袖手旁观。甚至在39岁那年李渊起兵,他也只是在远处观望。后来,他抛弃了他驻守的城市,徒步七八百里,穿过猎猎军旗,扶杖来到一支军队的帅帐,自荐于营帐之外。这支队伍的主帅,是当时年仅19岁的李世民。房玄龄抛弃了自己原来相当于市长的官位,做了19岁将军麾下的一个小小的书记员。史载,他们"一见如故",是忘年之交,也是一生之交。房玄龄将自己的才华、自己的抱负、自己的精力和心血全部倾注于这位将领。而李世民也不以部属看待他,而以朋友相待。他们两人的结合也成就了中国历史上的"贞观之治"。

【素材点睛】

有远见表现为有远大的人生目标。青年人,一定要有理想,有追求,要眼界开阔,不要一叶障目,只见树木不见森林。我们既要脚踏实际,又要有"会当凌绝顶"的气魄和境界。

谦虚低调

房玄龄虽身居相位,名贯天下,却从不居功自傲,更不贪权图利。唐太宗曾经召集大臣,讨论世袭之事,封房玄龄为宋州刺史和梁国公。唐太宗之所以要封房玄龄为宋州刺史,目的是为了让房玄龄的子弟世袭。但房玄龄觉着自己身为宰相,应为各位大臣作出榜样,不应贪图私利,便上奏唐太宗说:"臣已经担任宰相,现在又封为宋州刺史,这样恐怕会使大臣们争相追逐名利,使朝政大乱。臣认为不妥,请陛下先罢免臣的刺史职位。"唐太宗便依了房玄龄的奏折,只封他为梁国公。房玄龄辞掉了宋州刺史之后,朝中大臣纷纷仿效,辞去能世袭的官职。唐太宗十分感慨地说:"上行下效,朝中大臣今天能有这样行动,都是玄龄的功劳!"后来,房玄龄又加封为太子少师,当他初到东宫见皇太子时,皇太子要拜他。房玄龄慌忙躲避一旁,坚决不受。人们看到当朝宰相如此谦虚恭谨,不由得暗中称赞,都说他是亘古未有的贤相。

【素材点睛】

一个人不论处于怎样的地位，都要谦虚谨慎，高调做事，低调为人。房玄龄做到了，他流芳百世，让我们敬仰，而那些好讲排场的贪腐者，只能是遗臭万年，将永远遭到世代人民的唾弃。

选良去冗

房玄龄是位卓越的实干家。他担任宰相以后，首先裁减大量的冗员。唐太宗曾对房玄龄说："官在得人，不在员多。"根据唐太宗的诏令，房玄龄在贞观初年对中央在职官员进行了大量裁员，最后核定文武官员646人。地方行政机构也大量裁并，全国根据地理位置的划分，设十道，三百余册。这是贞观初年全国性的一次重大改革。

房玄龄不但果断地裁去大量冗员，且善于因人授任，选贤任能。早在秦王府时，房玄龄发现杜如晦聪明识达，有佐王之才，就向秦王李世民推荐："必欲经营四方，非此人不可。"从此，李世民开始重用杜如晦。杜如晦辅佐太宗，功勋显著，成为与房玄龄齐名的贤相。张亮是个贫寒人士，"素寒贱，以农为主"，但"倜傥有大节"，有智谋，经房玄龄荐举，官至刑部尚书，参与朝政。但张亮胆气不足，无将领之才。房玄龄只用其长，并不"以备求人"。

房玄龄选良才、去冗员，对唐朝政治、经济的巩固和发展有着重要的实际意义，是出现贞观之治的一个重要原因。

【素材点睛】

发现人才很重要，但善于使用人才更是重要。房玄龄不仅善于学习别人的长处，还善于使用人的长处。学会用人之长，避人之短，不"求全责备"，这对我们有着重要而现实的启示意义。

病中劝谏

贞观二十二年，房玄龄病情加重，但对国事仍然十分关注。当闻知皇上将要征伐高丽时，他就对各位官员恳切地说："我自己感觉已经生命垂危，而皇上的恩德却更深，如果辜负圣命，就会死有余辜。当今天下太平，万事得当，只有东讨高丽没有停止，这是国家的忧患。君王怀着怒气作下这个决断，臣下我本不敢触犯龙颜；如果我知道不说，那么我会带着遗憾离开人世。"于是，房玄龄向皇上呈上了上千言的奏章，引经据典，详细陈述了其中的利弊，抒发了自己对皇帝知遇之恩的感激之情，入情入理，感人肺腑。

唐太宗看到表章后，对房玄龄儿子的妻子高阳公主说道："这个人衰竭成这样，还能够忧虑我们国家。"房玄龄后来疾病加剧，唐太宗就让在他家的花园的墙上凿了一个小门，多次派宦官来慰问他。皇上亲自光临，与他握手临别，悲伤难以控制。

【素材点睛】

房玄龄在年老体弱之际，完全可以功成名退，但是他在病中仍然心系国家，忠言直谏，这种品德是多么珍贵啊！正是这种品德为他赢得了君王的器重，也赢得了万世的敬仰。

跋：静心致远

虽说编写过几十本教辅书，但一直以来，我还是很想出一本真正属于自己的书，可始终未能如愿。如今总算有机会能够实现这一愿望了，我自然十分高兴。

全国著名特级教师黄厚江老师说过：优秀教师成长依照"三法"，那就是从"想法"出发，从"做法"入手，最后形成"说法"——教学主张。"三法"中，"做法"是根本。当代众多名师大家都在身体力行践行自己的教学主张和思想。他们都是我学习的榜样，他们在指引着我不断奋斗前行，我也试图构建自己的教学理念，提出自己的教学主张。

回溯30多年前刚参加工作时，囿于乡村简陋的条件，我别无选择地去静心阅读、静心写作。可随着时代的发展，我一度也随大流差点陷没于浅表化和媚俗化的阅读和写作模式之中而不能自拔。浮躁的社会、躁动的校园、纷乱的课堂，带来教学的无趣和教学方法的无所适从。我经历过、苦闷过、彷徨过，甚至沉沦过……所幸的是，一次次的苦思冥想之后，静而思之，我感到还是应该去静心阅读、静心写作。

古人云："静能生慧。"智慧是在安静的情况下产生的。诸葛亮在《诫子书》中也说："夫学须静也，才须学也，非学无以广才，非志无以成学。"这都在强调静对学习的重要意义和价值。实际上，静就是心静。明代王阳明在《传习录》中谈到做学问时说，"初学时……且教之静坐息思虑。久之，俟其心意稍定……须教他省察克治"。"静坐息心"是研究学问入门的功夫,静心是阅读和写作的基础和前提。

　　静心阅读、静心写作是我30多年教育教学实践的总结,既是教学和教研的态度,也应该是一种教学和教研的方法。近10多年来,我坚持静心阅读和静心写作,读完了10多本教育专著,撰写和发表了近百篇教学文章,教学成果"以静心阅读提升解读经典作品的实践研究"获市级基础教育成果二等奖,这些将为进一步构建我的"静心语文"的思想创造一定的条件。

　　虽然如此,在拙著即将付梓之际,我"犹抱琵琶半遮面",忐忑惶恐之情难以言表,但千言万语汇成了一个个真诚的感谢。首先,衷心感谢我校的各位领导和全体师生对我的大力支持,是岐山高级中学这个平台成就了我;感谢省市县各级领导和同志们的厚爱与帮助,是你们给了我继续奋斗的底气和勇力;感谢我的家人,特别是我的妻子对我的包容与支持,是家人们的倾力相助为我赢得了更多的时间和精力。同时,感谢国家级教学名师、全国著名特级教师、我的师友李仁甫教授为我的书欣然作序,感谢我的同学和朋友田宗昌老师的精心审读和修改,感谢西北大学出版社编辑老师的辛勤付出。

　　静心能致远,踔厉勇前行。实现语文梦,永怀草木心!

　　愿以此与同仁共勉。

程浩平

2022年8月